ed:m 아이엘츠

아이엘츠
실전모의고사

ACADEMIC

ed:m 어학연구소

아이엘츠 실전모의고사

ACADEMIC Vol.1

초판 1쇄 발행 2019년 05월 10일

12쇄 발행 2024년 11월 07일

지은이	ed:m 어학연구소
펴낸이	서동성
펴낸곳	㈜ ed:m education 서울특별시 서초구 서초대로 77길 55
총괄	최원혁
연구	이혜림 문희찬
검수	Heather Cho, Sophia Lee, Christine Lee, Jacob Tae, Peter Jang, Johnny Carroll
디자인	유병현
마케팅	오길훈 최소라
동영상 강의	www.edmclass.com
고객센터 (교재관련문의)	02-562-5091

목차 Contents

스크립트, 정답 및 모범답변

부록

아이엘츠 소개

IELTS(International English Language Testing System)란?

캠브리지 ESOL과 영국문화원, 호주IDP가 공동 주체하는 국제공인인증 영어시험으로서
매년 백만 명이 넘는 수험생들이 영연방 국가(영국, 호주, 뉴질랜드 등)로의 이민과 유학을 위해서 응시하고 있는
영어시험입니다.
IELTS는 대학, 대학원 과정 지원 시 필요한 Academic 모듈과 이민 준비 시 필요한 General Training 모듈이 있습니다.

온라인 접수 방법

응시료 : 260,000원 (IELTS for UKVI는 305,000원) - 19년 4월 기준
　　　※ 신용카드, 온라인 결제 가능 접수 완료 후 시험날짜 및 장소를 확인합니다.

방 법 : 인터넷접수는 영국문화원 또는 IDP에듀케이션 사이트에 방문(회원가입 필요)
　　　※ 연기 및 취소는 지원하신 문화원에서만 가능하며 5주 안에 해야 합니다.
　　　※ 시험 당일 준비물은 신분증과 연필(샤프, 연필 가능), 지우개 - 반드시 신분증 지참하여야 합니다.

방문 접수방법 및 준비물

방문 시 준비물 : 여권 사진 2매, 신분증 (원서에 기재한 신분증), 신분증 복사본 1장, 응시료 카드 결제 가능
　　　※ Academic, General Training 모듈을 확인 후 정확한 시험일정을 확인합니다.
　　　※ 선착순 접수이므로 마감현황을 잘 확인합니다.

아이엘츠 시험유형

Listening　(40문항, 30분+10분)

· 총 40분(30분 시험과 10분 답안지 적을 시간을 줌)
· SECTION 1, 2, 3, 4로 나누어진다.

문제유형　① Multiple Choice(객관식)
　　　　　② Short-Answer(단답형)
　　　　　③ Sentence-Completion(문장완성)
　　　　　④ Summary(요약:Blank 채우기)
　　　　　⑤ Labeling a diagram(도형 빈칸 채우기)
　　　　　⑥ Matching(연결하기)

Reading　(40문항, 60분)

· Academic의 경우 총 3 passages 구성되어 있으며,
　각 passage 당 13~14개 문제가 있다. 총 1시간 동안
　40문제를 풀어야 한다.
· General의 경우 4~7개 passages 나뉘며, 총 40문제를
　한 시간 안에 풀어야 한다. 2009년 5월 이후 바뀐 형태의
　경우 Academic module과 비슷한 형태이다.

문제유형　① Multiple choice(객관식)
　　　　　② Gap-filling(빈칸 채우기 : 보통 3단어 이하로 쓰임)
　　　　　③ Short answer(단답형)
　　　　　④ True/False/Not-given(사실, 오류, 내용 없음 문제)
　　　　　⑤ Summary(요약 : 빈칸 채우기)

Writing　(Task1+Tastk2, 60분)

· 1시간 안에 Writing Task 1(150자), Task 2(250자) 작성한다.

Task 1　· Academic module : line, pie, bar, table, diagram 분석
　　　　· General module : writing letters

Task 2　· Write an essay on academic topics
　　　　· 문제유형 : 장/단점, 찬/반, 문제점/해결책
　　　　　(크게 3가지 유형)

Speaking　(1:1인터뷰, 녹음, 10~15분)

· 총 3 파트로 구성되어 있으며 총 12~15분가량 examiner과
　함께 One to One 형식으로 진행된다.
· Part 1 에서는 간단한 일상생활의 정보를 물어본다.
　(직업, 날씨 등)
· Part 2 에서는 examiner가 topic이 적혀 있는 쪽지를
　건네주며 약 1분간 생각할 시간을 주고 1분 30초에서 2분
　가량 그 Topic에 대해 이야기한다.(좋아하는 영화, 친구,
　재미있는 법 등의 다양한 주제)

IELTS Overall 7을 위한 최적의 실전서! edm아이엘츠 실전모의고사!

이렇게 활용해보세요!

STEP 01

MP3 다운

아이엘츠의 명가(名家), edm아이엘츠 사이트 (www.edmclass.com) 의 교재/MP3 메뉴에서
본 교재의 MP3 자료를 다운 받아보세요.

STEP 02

실제 시험을 치르듯 문제 풀기

교재에 수록된 Answer Sheet를 활용해서 실제 IELTS 시험을 치는 마음으로 문제를 풀어보세요.
실전 감각이 쑥쑥 오른답니다!

STEP 03

정답 및 Sample Answer 확인

교재 뒷부분에 제공해드리는 Listening & Reading 정답과 Speaking & Writing Sample Answer를
본인의 답과 비교 확인해보세요! 특별히 Speaking 시험의 Sample Answer는 MP3로도 제공되니
시험 전에 꼭 확인해보세요!

STEP 04

한국어 해석으로 복습

타 교재와는 다르게 edm 아이엘츠 실전모의고사에는 한국어 해석본이 수록되어 있습니다.
틀린 문제를 다시 한번 확인해서 똑 같은 실수를 하지 않게 복습해보세요!

STEP 05

온라인 해설 강의

edm아이엘츠 홈페이지(www.edmclass.com)에서 친절한 유료 해설 강의를
들으실 수 있습니다!

이제, edm아이엘츠 실전모의고사로 당신의 꿈을 이뤄보세요!

Test 1

SECTION 1   *Questions 1-10*

Questions 1–3

Choose the correct letter, **A**, **B**, **C**, or **D**.

1 On what date will the guest leave the hotel?
   A June 28th
   B July 2nd
   C July 4th
   D July 10th

2 What is the price for a single room?
   A $160
   B $135
   C $120
   D $110

3 What type of room does the guest decide to book?
   A a single room
   B a double room
   C a twin room
   D a suite

Questions 4–10

Complete the booking form below. Write **NO MORE THAN THREE WORDS AND/OR A NUMBER** for each answer.

The Redwood Hotel

Telephone reservation form

Personal details

First name(s): **4** _____

Surname: **5** _____

Email: **6** _____ @hotmail.com

Phone: **7** _____

Credit card details:

Type (tick one): **8**   VISA ☐   MASTERCARD ☐   AMERICAN EXPRESS ☐

Number: 4 5 9 3 - 7 1 9 7 -   **9** _____ - 1 2 5 0

Date of expiry: **10** _____ , 2021

SECTION 2   *Questions 11-20*

Questions 11–15

Complete the summary. Write **NO MORE THAN THREE WORDS AND/OR A NUMBER** for each answer.

Speke Hall

Speke Hall is the finest half-timbered mansion in England. It was built between

11 _____ and 1612. The oldest section is the southern side of the Hall.

Speke Hall was owned by the Norris family until the **12** _____ century.

Richard Watt, a wealthy **13** _____ from Liverpool, bought the house in

1795. He, his son and **14** _____ restored the house. In 1943, Speke

Hall was put under the care of the **15** _____ , who look after the Hall

today.

Questions 16–20

Choose the correct letter **A**, **B**, or **C**.

16 Which room has wood panels on the walls?
    A the small dining room
    B the games room
    C the library

17 When was the kitchen changed to the games room?
    A in 1550
    B in 1624
    C in the 1860s

18 On what themes are the books on the shelf?
    A art
    B religion
    C business management

19 What does the guide say the Gun Room was possibly first used as?
    A a library
    B a storeroom
    C a chapel

20 From what period is the furniture in the great hall?
    A the 15th and 16th centuries
    B the 16th and 17th centuries
    C the 17th and 18th centuries

Questions 21–28

Write **NO MORE THAN THREE WORDS AND/OR A NUMBER** for each answer.

Attitudes to Work

Sample size:

21 _____ people

Employment sector:

SECTOR	%
education	**22** _____
services	23
23 _____	16
government	13
agriculture	**24** _____
others	8

Length of service:

Most people in job for 10+ yrs or less than 2 yrs. **25** _____ of people in jobs 2–10 yrs.

----

26 _____ :

NO. OF STAFF	%
1–10	21
11–20	**27** _____
21–100	16
101–500	23
500+	**28** _____

Questions 29–30

Choose the correct letter **A**, **B** or **C**.

29 What did people most like about their jobs?

  A   Earning good salaries.

  B   Short hours

  C   Interesting work

30 Which of these was not in the top three reasons for disliking a job?

  A   Salary

  B   Hours

  C   Colleagues

Complete the notes below. Write **NO MORE THAN THREE WORDS** for each answer.

The business of sustainability

Some businesses can make money and have a **31** _____ value for everyone.

Businesses should look at more sustainable, **32** _____ production models.

Dave Hakkens
- Dutch designer and environmentalist
- focusses on plastics, principally **33** _____ and reusing.
  * 300m tonnes of plastic waste created annually, less than **34** _____ recycled
  Problem : People need greater incentive to approach domestic waste recycling.
  Solution : highlight ways to turn plastic waste into something **35** _____.
- 'Precious Plastics' system : 3 pieces of machinery in a home recycling centre
  1 shreds plastics, others heat and mould into products: lamps, containers, etc.
- To ensure users see commercial benefit, Hakkens has created an **36** _____ _____ to sell these.
  Incentive drives demand!

Sam Stranks
- scientist from MIT
- developing lightweight solar conductors from Perovskite
  Perovskite : cheap & easy to produce
  (salts mixed making **37** _____ which is printed into thin film)
  Lighter / efficient panels : many benefits
- **38** _____ to where needed most; extend solar farms; last longer
- cheap installation vs. useful – usual cost is a key **39** _____ to renewable uptake
  Coloured Perovskite panels
- solar cells as coating for skyscrapers, helping new & existing builds to cut down **40** _____ footprint

You should spend about 20 minutes on **Questions 1–13**, which are based on Reading Passage 1 below.

Wildlife Corridors

Not all animals live a stationary existence. The movement of species may occur for a variety of reasons, including the search for prey or breeding grounds. As habitat loss becomes a greater problem, these migratory species are coming into more frequent contact with human populations. This can create a crisis situation whereby animals inadvertently destroy farmers' crops, or local people block a key route that has been used by these species for generations. Wildlife corridors provide a solution to this problem.

In the main, it is possible to predict the movements of many wild animals, especially once the groundwork has been done in terms of studying their behaviour through the use of tag and release programs. Modelling this data can aid researchers to find flash points where animals and humans may come into contact. Based on this research, the correct use of wildlife corridors can ensure that animals are free to move from one place to another without impacting on the lives of local people.

As forest space is reduced, it is essential to maintain clear links between areas making up the core habitat: undeveloped land that is already protected. Different areas may be linked in ways that are not always obvious to an outside observer. For example, elephants may frequent one part of a forest through most of the year but move to another during periods of drought. In order to facilitate this movement, local governments need to preserve smaller areas of forest that function as a stepping stone between two larger protected areas. The animals can then move freely without entering heavily populated areas.

The scale of the problem is difficult to imagine. A single elephant herd may have a range of over a thousand kilometres, especially where forest cover has already been destroyed. This movement will be affected by any large-scale building work, which may also include the construction of railways which criss-cross land that is being used by the elephants.

The solution is not simply earmarking land to be protected as reserves because these reserves would need to be extremely large. The only realistic answer is to manage the land effectively.

Wildlife corridors alone cannot hold back the ravages of habitat loss. They work best when included as part of a suite of measures to conserve and expand the local environment.

In many cases, wildlife corridors can be facilitated by exploiting natural boundaries such as rocky or hilly areas, which would be unsuitable for pastureland. Using these to delineate the limits of the corridor removes some of the burden on local authorities in managing the terrain.

Habitat loss is not necessarily permanent. Farmers who live on the fringes of natural parks can be encouraged to grow native plants on their land as a process of revegetation. By enlarging the amount of forest cover, they will provide further distance between themselves and local wildlife. Greater flora means more habitat protection for fauna.

Regenerating the habitat may just entail allowing nature to take its course. Flood plains around rivers can cause great damage to property if people build on them, but by leaving this terrain and allowing rivers to flood it periodically, new plant growth can be encouraged.

Furthermore, education can save farmers from seeing their land damaged by migrating animals. Elephants are extremely adept at finding sources of food. If farmers plant tasty crops on the land that touches the natural parks and elephant reserves, they are effectively encouraging the animals to come into contact with them. Elephants don't respect human boundaries and no wild animal is going to pass up the opportunity of a free meal.

Without needing too much hard work on the part of local people, wildlife corridors can be put in place and shielded from the human population by exploiting the inherent features of the landscape and by predicting the behaviour of the species in question. It is one environmental innovation which is a win-win for all concerned.

Questions 1–5

Read the text and label the diagram 1–5 using words from the box.

A	core habitat
B	flood plain
C	natural boundaries
D	revegetation
E	roadside vegetation
F	stepping stone

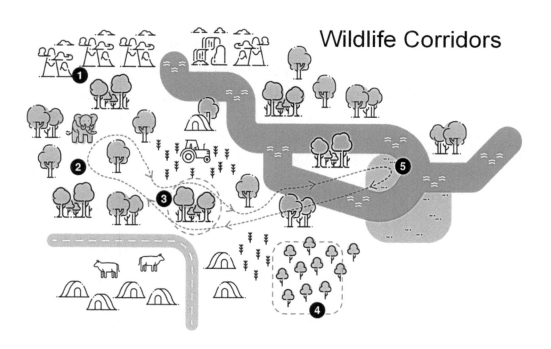

Wildlife Corridors

Questions 6–13

Do the following statements agree with the information given in **Reading Passage 1**?
Write

TRUE	if the statement agrees with the information
FALSE	if the statement contradicts the information
NOT GIVEN	if there is no information on this

6   Computer monitoring of animals is important in designing wildlife corridors.

7   Extremes of dry weather are one factor encouraging migration.

8   The core habitat is made up of stepping stones.

9   Individual elephants move over a wider area than groups of elephants.

10   Higher ground is useless as part of a wildlife corridor.

11   Wildlife corridors can partly be created by the environment itself.

12   Elephants are attracted to fields of fruit around the natural parks.

13   The author concludes that it is extremely complicated to build a wildlife corridor.

You should spend about 20 minutes on **Questions 14–29**, which are based on Reading Passage 2 below.

Fashion Students Learn How to Weather the Storm

A Climate change is wreaking havoc worldwide. Flooding is causing devastation in Bangladesh, while parts of Australia are caught in the 'the Big Dry'. They are experiencing one of the longest periods of drought in living memory. Alongside these global tragedies, there are other everyday effects of climate change, which, while they are less dramatic, can still have a devastating impact on people's lives. One such problem is gripping the fashion industry, but today's students are already learning how to solve it.

B The fashion industry is one which is particularly vulnerable to changes in the weather. When stores introduce their winter lines, they will have a large number of scarves and similar garments on sale. However, if their target market experiences a warm winter, many of these items will remain on the shelves. Conversely, a cool, damp summer can lead to a huge drop in sales of items such as shorts and T-shirts. Although they are not perishable goods like butter or meat, which can spoil over a period of time, the stores cannot just box these items up and leave them in store for next year. Fashion changes fast, and consumers want to see clothes that are new, not the previous season's look. Thus unpredictable weather patterns can damage the profitability of clothing stores and even put them out of business.

C Like all investors, clothing stores and others involved in the supply chain are keen to achieve avoidance of risk. Risk is the unknown, events that take place without our foreknowledge. Yet the weather is a particularly random and unquantifiable phenomenon. As a result, one solution has been the development of 'seasonless clothing'. The principle is to create clothing that can be worn at any time of the year so that what's on the shelves will be unaffected by weird weather fluctuations. It certainly removes dependence on a nice summer or a frosty winter. Critics of this approach have pointed out that such seasonless clothing is only suitable for people who spend a great deal of their time in air-conditioned places around the world, where the temperature is always the same. Out on the street in drizzly Britain or scorching Spain, what is happening outside your window will have a greater impact on what you wear.

D If it is unrealistic to change the clothes to fit the market, another, more scientific approach is needed. This is why the Fashion Institute of Technology in New York (FIT) has introduced a new course entitled 'Predictive Analytics for Planning and Forecasting'. The basic idea is to use case studies, data analysis, graphs and equations to predict what the future may hold. The course is geared more towards those with an interest in merchandising and marketing than the Institute's former alumni, such as Calvin Klein, whose typical focus was in tailoring and fabrics, not computer spreadsheets.

E It may be argued that retailers have always had an eye on the future when ordering their stocks. A main clothing store will have its new swimwear line launched in spring in time for people's summer holidays, since there is no point in trying to sell swimming costumes to people who are already out of town and on the beach. However, the FIT course moves the science of predicting the weather to a whole new level, one that could have huge repercussions for the health of the industry. It is hard not to be impressed.

F Instead of just looking back at the last year's season, the students on the Predictive Analysis course observe longer-term trends. In a competitive marketplace, this can make the difference between success and failure, with the losers being those who just glance at the previous season's highs and lows. Though there remains plenty of margin for error, correct predictions over a wide timescale mean that mistakes will be evened out in a way that cannot happen when taking an approach that uses 'hit and miss' to make the final call.

G One other aspect of their work is 'de-seasonalising'. Predictive Analysis can help retailers respond to the reality of the weather, rather than blindly following what it says on the calendar. Imagine a scenario where the weather is unseasonably warm in Chicago. A shop there might have a large amount of unsold coats in their storeroom. Using data analysis, experts can study the weather patterns and buying behaviour of consumers elsewhere, and act on it by moving the coats to where the demand lies.

H By cutting down on waste in this way, the course is not just responding to climate change, it is actively helping to reduce the problem. Businesses can increase their sales whilst reducing their carbon footprint, further evidence of the many real-life applications provided by the course.

Questions 14–19

The reading text has eight paragraphs labelled **A–H**.

Write the correct letter, **A-H**, in boxes 14-19 on your answer sheet.

NB You may use any letter more than once.

14 how people with mathematical skills are becoming involved in the clothes industry

15 the author's opinion of the new argument

16 the increasing use of data on managing goods in stock

17   a comparison of the clothes industry with the food industry

18 the impact of analysing the weather and the clothes industry over an extended period

19 the relative merits of designing clothes in a particular way

Questions 20–24

Choose **NO MORE THAN THREE WORDS** from the text for each answer.

20 What is the name of a major drought?

21 What influences to clothing shops to get out of their business?

22 What was invented to try to avoid uncertainty in the clothing business?

23 What were students at FIT more interested than tailoring and fabrics?

24 To succeed in the marketplace, what should people observe?

Questions 25–29

Choose the correct letter **A**, **B**, **C** or **D**.

25 According to the text, shops
    A   cannot risk selling very fashionable clothes.
    B   are always in danger from seasonal changes in the weather.
    C   should have summer and winter clothes on sale at the same time.
    D   frequently close as a result of extreme weather events.

26 Seasonless clothing is only good for people who
    A   aren't really interested in fashion.
    B   live outside of Europe.
    C   spend most of their time indoors.
    D   travel a lot for work.

27 Students on the Predictive Analytics Course at FIT do NOT
    A   examine past events to learn why things failed.
    B   learn how to make diagrams.
    C   develop computer models for designs.
    D   use algebra to analyse fashion.

28 The author of the article criticises some clothing stores for
    A   being lazy.
    B   not listening to consumers.
    C   not having enough different designs.
    D   setting prices too high.

29 The author concludes that in the future, the fashion industry will
    A   have almost no waste.
    B   reduce its prices.
    C   suffer more from the weather.
    D   be greener.

You should spend about 20 minutes on **Questions 30–40**, which are based on Reading Passage 3 below.

How Memory Creates Identity

Who are you? What is it that makes you, you? We are not merely a machine programmed by DNA. We also have a personality, a character, an identity. To a greater or lesser extent, that identity is created by what we have experienced in our lives. However, what we experience and what we remember are two different things. Modern research is now suggesting that our personal identity is created by our memory. The problem is that memory is not as trustworthy as we sometimes like to believe.

Memory is selective. The mind has a monitoring system. This effectively chooses which mental concepts to record and keep as memory. These memories tell us who we are. Not all memories are equal to the monitoring system, so it will select which experiences are the most relevant to be stored in this way. Naturally, these are most likely to be emotionally powerful ones. They may also be ones where we experience exciting and interesting moments, things we want to remember in the future.

Using these memories, our mind constructs a personal history. This personal history creates and reaffirms our self-image. The monitoring system will choose memories that fit our existing personal history, and possibly reject memories that don't fit. For example, if we think of ourselves as a fun member of our social circle, it may choose not to retain a memory of a time when we were uncommunicative when out with friends. Not fitting the personal history, this event does not need to be stored alongside other memories.

Memory is fluid. It creates the identity that we have or that we need. Sometimes a person may take on a new role which requires different skills from a previous position. Perhaps a person may be promoted from being a member of a team to assuming a leadership role, responsible for guiding the work of others. In this case, the individual's identity may alter as he or she thinks of himself or herself as a more decisive, responsible person.

Thus the memories that the monitoring system chooses tend to become ones that reinforce this new identity, as we establish a new personal history. In addition, the mind will start to dig up events from the past that had previously been passed over simply to expand this revised personal history. In this case, our recently promoted person will remember moments when he or she had been called into performing leadership tasks, such as captaining a sports team at school.

It is possible to take these theories and use them to make positive change in our lives. For example, in 2018, the England football team surprised everyone, including themselves, by reaching the semi-finals of the World Cup. Part of the cause of their sudden success had been a greater reliance on team psychologist Dr Pippa Grange. Although Grange had been working with the team for some years, previously players had simply been notified that her services were available. Few took up the offer.

In 2018, new manager Gareth Southgate integrated Dr Grange's work more intimately with his preparations for the tournament. Grange asked the players to express their hopes for the future and their fears. She also asked them to focus on their lives and previous achievements and discuss them together. This would strengthen their self-image and help them build on past success for the future.

By sharing their experiences, the intention was for the players to create their own personal narrative of who they are and where they are going in life. Owning their history means that they can control how they see their future. The success of this approach was evident on the pitch as the players put in much more consistent and effective performances.

Our mind creates our identity using our memories. Psychologists can show people which memories to use in creating this self-image, and have a major impact on how people live their lives, as shown by the work with the England team. If such success can be achieved with people who are already over-performers, such as elite athletes, the possibilities for people in other fields of life are limitless.

Questions 30–34

Choose the correct letter **A**, **B**, **C** or **D**.

30 The main purpose of the article is
   A to explain how we can control our memory.
   B to defend recent research into the memory.
   C to help sports teams improve their performance.
   D to warn people about the problems with memory.

31 Our personal history is
   A as much fiction as fact.
   B being edited all the time.
   C dominated by happy memories.
   D a perfect record of the past.

32 When we take on a new role in life, the mind's monitoring system
   A changes our memory of how past events happened.
   B finds it difficult to adapt to the new situation.
   C may look for memories that we had forgotten.
   D starts to create a completely new identity for us.

33 When the England players heard about Doctor Grange's work,
   A they believed in her completely.
   B they were perplexed by her.
   C they understood her.
   D they mostly ignored her.

34 The author concludes that these theories about the mind
   A are mainly useful in high-pressure environments.
   B can only work in a limited way in the real world.
   C have the potential to make changes in everyone's life.
   D may not function in the way we expect.

Questions 35–40

Choose **NO MORE THAN TWO WORDS** from the text for each answer.

35 People's personality is not just a product of _____ .

36 The monitoring system most probably records _____ experiences.

37 A person will want to feel more decisive when being _____ .

38 In 2018, the England football team succeeded suddenly due to the presence of a

_____ .

39 Dr Grange asked the England players to talk about their lives and _____ .

40 The main aim was for the England players to make a _____ to help

them in their careers.

WRITING TASK 1

You should spend about 20 minutes on this task.

The charts below show the most popular courses by admissions at UK universities in 2007 and 2014.

Summarise the information by selecting and reporting the main features, and make comparisons where relevant.

Write at least 150 words.

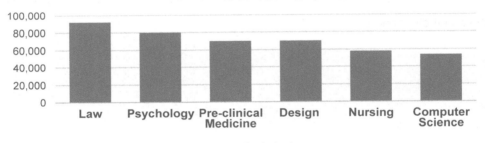

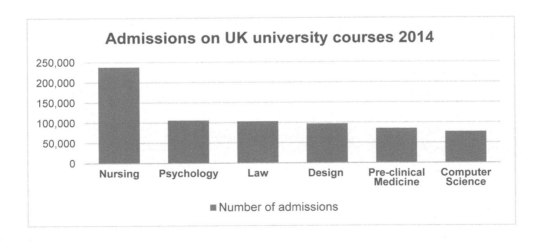

WRITING TASK 2

You should spend about 40 minutes on this task.

Write about the following topic:

> **Gender equality has not been achieved in our society. Women still do not have the same rights and opportunities as men.**
>
> **To what extend do you agree or disagree?**

Give reasons for your answer and include any relevant examples from your own knowledge or experience.

Write at least 250 words.

PART 1

The examiner asks the candidate about him/herself, his/her home, work of studies and other familiar topics.

EXAMPLE

- Talk about your family.
- Talk about where you live.
- Are you a student or do you work?
- Talk about your/job/studies.
- What do you usually do at the weekend?
- Where do you like to go on a holiday?

PART 2

Describe your favourite means of transport.

You should say:
when you started liking it
whether you like it for long or short distances
when you last used it

and explain why you like it.

You will have to talk about the topic for 1 to 2 minutes. You have one minute to think about what you're going to say. You can make some notes to help you if you wish.

PART 3

Discussion topics :

Talking about some more about transport

Is public transport good in your country?
Do a lot of people use it?
Would it be easy for tourists to use?

Talking about how we could improve transport

What are some of the problems caused by transport?
Can you think of ways to solve those problems?
Is public transport good for the environment in your country?

Test 2

SECTION 1   *Questions 1-10*

Questions 1–4

Choose the correct letter, **A**, **B** or **C**.

1 How did he order the bike?
   A in the shop
   B by post
   C on the internet

2 Why are mechanics currently looking at the bike?
   A They think that the bike is damaged.
   B They want to know the bike works well.
   C They have had problems with these bikes before.

3 What reason does the customer give for buying the bike?
   A He wants to cycle to work.
   B He wants to win races.
   C He wants to cycle easily.

4 Why does the customer want to change his delivery details?
   A He wants the bike delivered at work.
   B He is going on holiday soon.
   C He isn't happy with the delivery times.

Questions 5–10

Complete the form below. Write **NO MORE THAN THREE WORDS AND/OR NUMBERS** for each answer.

NAME:	Andrew Holmes
HOME ADDRESS:	16 View Hill Road
DELIVERY ADDRESS:	Audiology Department, Newlands **5** _____, Bath BA1 5PQ
DELIVERY OPTION:	**6** _____ delivery, by **7** _____
DELIVERY DATE:	**8** _____, 7th
DELIVERY TIME SLOT:	from **9** _____ p.m.
DELIVERY PAYMENT:	by **10** _____

SECTION 2   *Questions 11-20*

Questions 11–13

Choose the correct letter, **A**, **B** or **C**.

11 Why did the local authorities choose to invest in Greenhill?

   A They wanted to raise employment levels.

   B They wanted to improve the local area.

   C They wanted to make the area look nicer.

12 Which kind of people benefit from the services offered by the centre?

   A Anyone who is actively looking for work.

   B Anyone who has mental or physical health problems.

   C Anyone who lives within the local community.

13 What does the speaker feel is important about the classes offered at the centre?

   A They help students to become more focussed.

   B They have brought more money to the community.

   C They don't cost community members a lot of money.

Complete the diagram below. Write **NO MORE THAN THREE WORDS AND/OR A NUMBER** for each answer.

Greenhill Community Centre   Floorplan

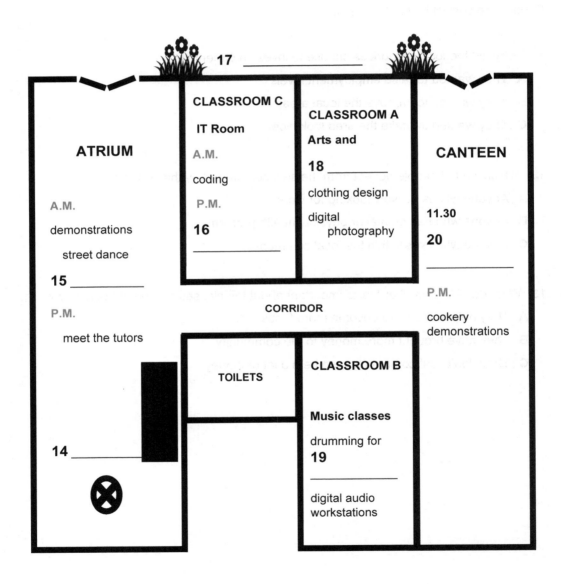

17 _____

ATRIUM

A.M.

demonstrations

street dance

15 _____

P.M.

meet the tutors

14 _____

CLASSROOM C

IT Room

A.M.

coding

P.M.

16 _____

CLASSROOM A

Arts and

18 _____

clothing design

digital photography

CANTEEN

11.30

20 _____

P.M.

cookery demonstrations

CORRIDOR

TOILETS

CLASSROOM B

Music classes

drumming for

19 _____

digital audio workstations

S E C T I O N 3   *Questions 21-30*

Questions 21–25

Write the correct letter **A**, **B** or **C** next to **Questions 21–25**. You may choose any letter more than once.

> **A** Katie will do it.
>
> **B** Katie may or may not do it.
>
> **C** Katie won't do it.

21	Communication Skills	_____
22	Design Thinking	_____
23	Introducing Statistics	_____
24	Financial Fundamentals	_____
25	Management Practice	_____

Questions 26–30

Complete the sentences below. Write **ONLY ONE WORD** for each answer.

Katie has difficulty in **26** _____ her essays.

Academic staff suggests students address **27** _____ on their first essays.

An academic writing skills tutor provides sessions **28** _____.

Academic staff recommends building **29** _____ skills to help with listening in lectures.

The study skills courses offered by the university are available for **30** _____.

S E C T I O N 4 *Questions 31-40*

Complete the information in the table below. Write **NO MORE THAN THREE WORDS AND/OR A NUMBER** in each space.

Changes in Distance Education

	1998	2002
Number of students taking distance/31 _____	700,000	23 million
Distance learning students as a percentage of all higher education students	32 _____	15%

Differences between distance learning and traditional learning

- the instructors and students are in 33 _____
- uses special technology, e.g. CDs, CD-ROMs, 34 _____ , TV & radio
- **35** _____ between instructor and learner

Advantages and disadvantages

Advantages	Reason
36 _____	students can take courses where they like
flexibility	students can study when they want and at their own pace
37 _____ (availability)	students can select from a huge range of courses, especially via the internet
time savings	students don't waste time traveling to class
greater diversity	greater mix of older students from different 38 _____
continue working	of great importance to students with families

Disadvantages	Reason
commitment	students may find it difficult to find time to study
39 _____	problems for students in meeting deadlines, coping with course work
computer know-how needed	not suited for students who are uncomfortable with technology
feeling of isolation	students may not be prepared for 40 _____ of distance learning

READING PASSAGE 1

You should spend about 20 minutes on **Questions 1–13**, which are based on Reading Passage 1.

Questions 1–7

Reading Passage 1 has seven paragraphs **A–G**. Choose the correct heading for each section from the list of headings below.

	List of Headings
i	Improving everyday electronics
ii	Generating power through graphene
iii	The environmental impact of graphene
iv	The reasons we require new materials
v	Reducing risk through graphene use
vi	Recognising potential
vii	The challenges of graphene production
viii	First discovery of graphene
ix	The role of graphene in saving lives

1 Paragraph A   _____

2 Paragraph B   _____

3 Paragraph C   _____

4 Paragraph D   _____

5 Paragraph E   _____

6 Paragraph F   _____

7 Paragraph G   _____

The materials of modern life

A We are a species of consumers, and whether the materials we consume are used as fuels, foodstuffs or for the purposes of comfort and entertainment, the amount we need is ever-growing. According to United Nations Population Division projections, by 2050 there will be nine billion people living on the planet – all requiring greater resources to meet their needs. The environmental impacts of carbon-based fuels and single-use plastics are well documented, but we also consume vast amounts of rare earths and minerals in the batteries, screens and components of many modern devices. With high demand and limited availability, the pressure is on to discover and develop new materials which will be stronger, and last longer, than anything we have used before.

B One new material that has the potential to change the way we make and use things is graphene. First discovered by researchers at the University of Manchester in 2004, graphene is a two-dimensional material with exceptional properties. In its basic form as a carbon sheet one atom thick, graphene is 200 times stronger than steel, and the lightest and most conductive man-made material on earth. It is also stretchable, transparent and extremely flexible. These qualities make it an ideal material to address our growing needs, and the range of applications is vast.

C One of the most effective ways of benefitting from the qualities of graphene is to combine it with existing products to make composite materials. Take, for example, the smartphone. Recent statistics tell us that approximately one in five users in the UK have cracked their mobile screens at some time. As conventional touchscreens have to be sensitive to pressure, they are often made with lightweight oxide materials. However, this also means they are easily damaged. By applying a thin coating of graphene to a smartphone screen, manufacturers could ensure functionality and make sure that they are more durable. Or they can go even further, creating a flexible electronic device which is essentially unbreakable.

D Graphene composites and coatings aren't just restricted to electronics though. When mixed with paint, graphene creates a material which protects from rust and corrosion. A ship or bridge painted in this way would have long-term protection from water damage, potentially saving industry an annual figure of £1.5 trillion in repairs and replacements. Similar coatings can be applied to cars to absorb impact in crashes.

Researchers predict that adding a strong graphene composite to the paintwork of a car of could reduce damage by 20–30%, saving lives in the process.

E There are further applications of graphene that have the potential to save lives in other ways. When layers of graphene oxide are placed on top of each other, they form a material called a membrane. This acts like a skin which can prevent liquids or gases passing through it. In such a form, graphene membranes can be used as packaging to keep foods or medicines fresh. But perhaps more importantly, similar membranes can be used to filter water. In the case of polluted water, tiny water molecules pass through the membrane, while any impurities such as bacteria are trapped. The same membrane technology can be used to extract fresh water from sea water by trapping salt molecules. Given that by 2025 the UN predicts 14% of the global population will experience water scarcity, such processes have increasing relevance.

F Similar to water, other natural resources are being quickly used up. Most of us are aware of the impact our modern lifestyles have on fuel reserves. Recent statistics suggest that we have around 100 years of coal and 50 of natural gas and oil left on the planet. However, to meet climate change goals, we cannot continue burning fossil fuels at current rates. Renewable solar and wind power is vital to meeting our needs, but is currently difficult to store for long periods. With its high surface area, flexibility and ability to conduct energy, graphene could be used to make batteries which charge faster than traditional lithium ion examples, and store the energy for longer. Given that it is extremely lightweight, graphene-based charging devices could be sewn into clothing to ensure that individuals generate their own energy supply – either via body heat or solar power. Each one of us would have the potential to meet the majority of our energy needs without using any finite resources.

G In terms of materials science, graphene is an exciting prospect as it has the qualities which allow for diverse research goals across many different areas of study. For the rest of us, it has the potential to change the way we use everyday items and address our most challenging problems. Sometimes the simplest of materials makes all the difference.

Questions 8–13

Do the following statements agree with the information given in **Reading Passage 1**?

Write

TRUE	if the statement agrees with the information
FALSE	if the statement contradicts the information
NOT GIVEN	if there is no information on this

8   There are a limited number of uses for graphene.

9   Graphene-coated mobile devices are currently being sold.

10   Graphene has the potential to reduce maintenance costs.

11   Membrane technology for water purification is untested.

12   Graphene-based batteries compare well with conventional models.

13   Over time graphene becomes a less effective source of energy.

You should spend about 20 minutes on **Questions 14–26**, which are based on **Reading Passage 2**.

Going back to nature

As many natural environments are placed under pressure by the drive towards urbanisation, there has been a marked shift in focus in terms of approaching ecosystems that are affected by human activity. Greater attention is now being given to protecting existing wilderness areas and restoring any natural processes which may have been disrupted by agriculture or development. Large-scale conservation projects, known as rewilding, seek to protect and connect landscapes, reintroduce keystone species, and ultimately create a natural environment which requires little human-based ecological management in the long term. First developed as a method to preserve functional ecosystems and reduce biodiversity loss, rewilding has become a high-profile, and often contentious, philosophy within current land management.

A key principle of rewilding is that people, communities and livelihoods play a significant part in the success of the project. As a form of land management, rewilding is very much reliant upon local communities acting as stewards of the landscape, but their role should not be overstated. In its purest form, rewilding seeks to reinstate natural processes – meaning that the outcome is not determined by people, but nature itself. Human involvement should, theoretically, only go as far as supporting natural processes. In some circumstances this may mean removing non-native plant or animal species to allow a greater biodiversity to thrive. In others it may require the reintroduction of missing species to re-establish a balanced food chain. Once that process has been set in motion, human involvement should be kept to a minimum, allowing free movement of rivers, and natural patterns of grazing, habitat succession and predation.

The most high-profile rewilding successes have followed such an approach, often overcoming opposition from neighbouring landowners. When grey wolves were reintroduced into the Yellowstone National Park in the 1990s, they had an immediate impact on both flora and fauna. With an apex predator controlling deer and elk populations, a more natural balance was achieved. Trees and shrubs began to grow in the valley floors, and the birds and beavers which had previously lived there returned too. As the beavers dammed rivers, and newly established trees controlled erosion, the flow of water slowed, creating new habitats. In turn, bears, raptors and a range of other species found a place to thrive. Results of the trial have provided supporters of rewilding with much positive data; however, reintroducing carnivores is a controversial step which often fails without adequate support. Furthermore, rewilding in a confined, unconnected space or without bringing in an apex predator can also have disastrous outcomes. When herbivore populations get out of control, such as happened at the Oostvaardersplassen reserve in the Netherlands, there is a danger of overcrowding and animal starvation. Such examples raise ethical concerns over 'natural' land-management.

From a socio-economic perspective, many critics of rewilding claim that through various projects, productive farmland is being abandoned to nature at a time when global food needs are increasing. Their view is that in prioritising the support of these vulnerable ecosystems, governments and local environmental agencies are avoiding the realities of supply and demand. However, it should be noted that globally farming is being conducted by fewer farmers on a larger scale using the best available sites. Mountainous uplands, such as the Rocky Mountains have long been avoided as it would require considerable initial investment to make farming there worthwhile. This is also true of marshlands and river deltas. It is these sites which are prime locations for longer-term ecological development, and supporters of rewilding would highlight the opportunities for diversification that such an approach offers. Many rural areas which have been returned to a wilderness state provide revenue streams that are more varied and better distributed than conventional farming.

For many advocates of rewilding, the end goal is both a revitalised natural and human ecosystem. Their overall aims include revitalising rural communities through the development of nature-based economies which generate employment opportunities. They propose that such developments would ensure that young people are given the skill sets to stay in rural areas and thrive. Certainly, rewilding tends to increase tourism and recreational activities in rural areas, sustaining an economy for landowners and local inhabitants alike. Worldwide, the annual eight billion visits to national parks and nature reserves contribute in the region of £450 billion to local economies. Nature-based adventure and eco-tourism also plays a significant role in sustaining economies as typically 65% of the total costs of a trip stay in local economies. Such is the case in Scotland's Moray Firth, where visits to see dolphins earn the community £9 million per year.

While the economic value of the wilderness as a tourist destination is significant, it should also be noted that there are other projected long-term benefits that impact more widely. Naturally functioning forest and peatland ecosystems are shown to absorb more CO_2 than commercial tree plantations, and forested uplands absorb large amounts of rainfall, ensuring that costly flooding is minimised. This has been demonstrated in England's Lake District where reforestation has reduced the impact of winter storms on lower lying surroundings. A better natural balance also ensures that soil erosion is reduced, meaning that agricultural areas retain the best materials for more successful food production. At its core, rewilding offers an opportunity to improve landscapes and rural communities for the benefit of future generations. And that, it would seem, is a natural choice to make.

Questions 14–17

Choose the correct letter, **A**, **B**, **C** or **D**.

14 According to the text, the main purpose of rewilding is

    A to reverse the effects of environmental damage.

    B to improve survival rates among endangered animals.

    C to remove people from the process of land management.

    D to increase opportunities for nature tourism.

15 The rewilding experiment conducted at Yellowstone

    A benefitted one particular species.

    B resulted in increased prey species.

    C resulted in increased predator species.

    D benefitted a wide range of species.

16 A number of people feel that rewilding is the wrong approach to land management

    A because it encourages population growth in dangerous animals.

    B because it prioritises nature over the needs of people.

    C because it costs vast amounts of money to support.

    D because its success is nearly impossible to determine.

17 According to the text, nature-based economies are

    A beneficial to most stakeholders.

    B unpredictable and seasonal.

    C unlikely to grow.

    D creating uneven wealth.

Questions 18–22

Look at the following statements about natural spaces and the list of places below. Match the statements to the correct place, **A–E**.

A	Yellowstone Park
B	Oostvaardersplassen
C	The Rocky Mountains
D	The Lake District
E	The Moray Firth

18   The revenue generated there stays locally.   _____

19   There is little of agricultural benefit here.   _____

20   Reintroduction of carnivores was positive.   _____

21   A lack of planning affected the rewilding process.   _____

22   Work was done to reduce the amount of rain which falls on the land.   _____

Questions 23–26

Complete the flowchart with words taken from **Reading Passage 2**. Use **NO MORE THAN THREE WORDS** for each answer.

The challenges of the reintroduction of apex predators

1 Local opposition
2 Ensuring a natural balance

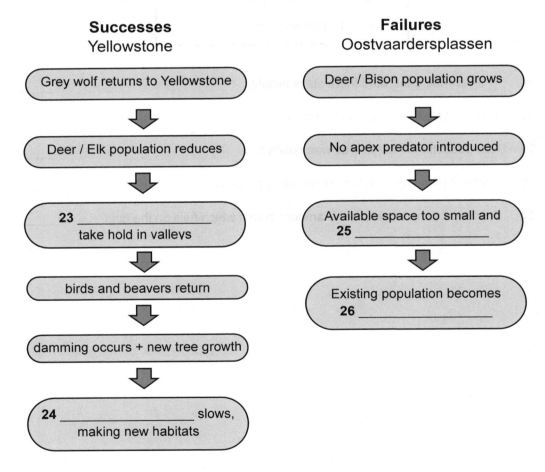

Successes
Yellowstone

Grey wolf returns to Yellowstone

Deer / Elk population reduces

23 _____ take hold in valleys

birds and beavers return

damming occurs + new tree growth

24 _____ slows, making new habitats

Failures
Oostvaardersplassen

Deer / Bison population grows

No apex predator introduced

Available space too small and 25 _____

Existing population becomes 26 _____

Free play

The intense activity that children display during free play is recognised by psychologists as an essential learning process that facilitates the development of the highly complex skills necessary for adult life. When given free time, children invest a great deal of energy, enthusiasm and concentration into exploring their world and as they do so, they gain experience, knowledge and skills relevant to their own lives. This type of learning is self-directed and meaningful and therefore retained in the long-term memory.

Essentially, for the child, learning is play, and this has been the case throughout human history. However, according to experts, this vital part of childhood is being eroded by modern society with potentially devastating consequences.

Although the importance of play is widely recognised for pre-school children, there is a general assumption that once a child is 'of school age', the best way for them to learn is in school in same age groups. But while the concept that school education results in children 'learning' is widely believed amongst educators and parents, many experts claim that adult-directed learning of this type is detrimental to child development.

In his book *Free to Learn*, Developmental Psychologist Peter Gray explains that the need for children to play extends far beyond the pre-school age, but that once they begin school and are exposed to predominantly adult-directed activities, their innate curiosity is essentially switched off.

Children are genetically hard-wired to play and as a result they learn all they need to know through real experiences which have meaning to their lives. The learning they derive from this is intrinsic (coming from within) so is highly motivating and engaging. However, once a child goes to school, a distinction is made between learning and play. Generally, learning is said to occur during periods when the children – usually while sitting down – complete teacher-directed lessons according to a set curriculum, while play is an activity allowed only during a designated 'play time'.

In school the majority of lessons are theoretical because the children only read or hear about the world beyond the classroom – they don't experience it. They are rarely given time to question or discuss a subject in detail as doing so might affect the teacher's ability to complete the lesson in the allotted time. The purpose of school becomes the memorisation of facts or the production of work to please adults. Creativity is stifled and the child's thirst for learning wanes, making rewards and coercion necessary as a means of motivation. Such adult-directed, performance-related activities erode the child's sense of self-esteem and individuality.

The fact that children have few opportunities to play with older or younger children is a particular concern. Research shows that children learn best when they work collaboratively in mixed-age groups. This is because essential skills such as explaining concepts, negotiating rules, thinking critically, solving problems, and assessing risks are developed. Older children hone vital empathy and care skills looking after the younger ones while the younger ones benefit from the support, encouragement, and behaviour-modelling of the older children, increasing emotional literacy for all. The concern is that if today's children miss out on mixed-age free play, society will create adults who are lacking in many social and communicative skills.

Unfortunately, most children are not free once the school bell goes because they attend after-school clubs and activities. Performance testing in schools and increasing competition for university places and jobs has led to a sense that children need to be prepared for the competitive stresses of adulthood from an early age. Play is seen by many parents as a waste of valuable learning time – the more time spent on résumé-building, the better. While on paper, out-of-school activities may give the illusion of a well-rounded childhood, they bring none of the benefits of free play because, like school, they are adult-directed. When children do have free time, they are mostly restricted to their own home due to parents' safety concerns. Although the media frequently highlights concerns about the amount of screen time that many children and young people have in our modern society, Gray points out that may not necessarily be detrimental because the virtual world is one place where they can 'play freely without adult intervention and direction.' In his opinion, 'Nothing that we do, no amount of toys we buy or "quality time" or special training we give our children, can compensate for the freedom we take away. The things that children learn through their own initiatives, in free play, cannot be taught in other ways.'

While society has changed, children remain children and therefore, as a society we need to value childhood and ensure that they are given greater opportunities for free play in all settings whether at school, in the community or at home.

Questions 27–30

Do the following statements agree with the information given in **Reading Passage 3**?

Write

TRUE	if the statement agrees with the information
FALSE	if the statement contradicts the information
NOT GIVEN	if there is no information on this

27 Schools enhance creativity and motivation.

28 Children need mixed-age free play in order to develop their social skills.

29 Studies show that children are displaying similar levels of stress to adults.

30 According to expert opinion, screen time may have benefits for children.

Questions 31–35

Complete each of the following statements with the best ending **A–H** from the box below.

A	this might affect the teacher's schedule
B	performance-related activities erode the child's self-esteem
C	exploring their world
D	children can engage in free play in a variety of settings
E	learning is self-directed and meaningful
F	a waste of valuable learning time
G	widely believed amongst educators and parents
H	they have few opportunities to play with older or younger children

---

31 Children put a lot of energy, enthusiasm and concentration into

32 The concept that school education results in effective learning is

33 Children rarely have the opportunity to discuss a subject in detail because

34 Many parents regard play as

35 As a society we need to ensure that

Questions 36–40

Complete the summary of Reading Passage 3. Use **NO MORE THAN THREE WORDS** for each answer.

Free play develops the highly complex skills required in adulthood. During free play, children explore their world and gain knowledge and skills relevant to their own lives. According to experts, adult-directed learning has a negative effect on **36** _____.

Schools make a distinction between **37** _____. The lessons are mainly theoretical as the children do not experience a subject beyond the classroom. However, children learn best through free play in mixed-age groups because they hone essential skills such as critical thinking, **38** _____ and risk assessment. A lack of mixed-age free play could create adults with poor social and communicative skills.

Most children now spend their free time at home due to parents' **39** _____. But the virtual world is one place where they can play freely without adult direction.

As a society we should **40** _____ and enhance opportunities for free play.

W R I T I N G T A S K 1

You should spend about 20 minutes on this task.

> **The chart below shows the range of activities performed online by individuals in the United Kingdom in 2018.**
>
> **Summarise the information by selecting and reporting the main features, and make comparisons where relevant.**

Write at least 150 words.

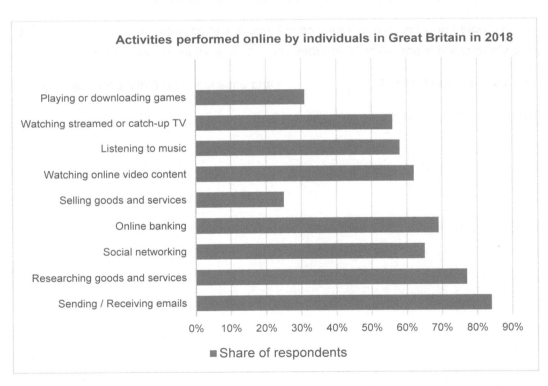

Source: Office for National Statistics (UK) © Statista 2018

WRITING TASK 2

You should spend about 40 minutes on this task.

Write about the following topic:

> **Online news is not a reliable source of the truth; we should only trust recognised journalists.**
>
> **To what extent do you agree or disagree?**

Give reasons for your answers and include any relevant examples from your knowledge or experience.

Write at least 250 words.

PART 1

The examiner asks the candidate about him/herself, his/her home, work of studies and other familiar topics.

EXAMPLE

- Talk about your family.
- Talk about where you live.
- Are you a student or do you work?
- Talk about your job/studies.
- Do you have any hobbies?
- What do you normally do in the evening?

PART 2

Describe your favourite season.
You should say:
    if you have always liked it
    what activities you associate with it
    if it is different in other countries
and explain why you like it.

You will have to talk about the topic for 1 to 2 minutes. You have one minute to think about what you're going to say. You can make some notes to help you if you wish.

PART 3

Discussion topics :

Seasons

What is your mood like in different seasons?

Which shops are influenced by seasons?

What do you associate with each season?

Seasons and Tourism

When is the best time to visit your country?

Does it look very different in different seasons? How?

What different activities can you do depending on the season?

Test 3

SECTION 1   *Questions 1-10*

Questions 1–5

Complete the form below. Write **NO MORE THAN THREE WORDS AND/OR A NUMBER** for each answer.

Palace Catering
Special dietary requirements

Event	Wedding of Alex Pound and Eliza Arundell
Date	6th July
Venue	**1** _____ Castle
Address	1 Mile Hill, Eastbourne
Postcode	**2** _____
Budget (per adult guest)	**3** _____
Vegetarian meals	**4** _____
Vegan meals	**5** _____

Questions 6–10

Choose the correct letter **A**, **B**, or **C**.

6 Melanie asks Alex about

    A   allergies.

    B   music.

    C   desserts.

7 Peter Green has a problem with

    A   salmon.

    B   mushrooms.

    C   peanuts.

8 The guest who is allergetic to shellfish is

    A   Peter.

    B   Anthea.

    C   Alex.

9 Alex then asks for

    A   drinks to be served with the coffee.

    B   soya milk to be available.

    C   hot chocolate to be served.

10 Alex would like a box of chocolates for

    A   the children.

    B   his fiancée.

    C   every guest.

S E C T I O N 2   *Questions 11-20*

Questions 11–15

Complete the gaps with the words in the box. There is one extra.

```
broccoli        dairy products        peanuts

popcorn         spinach         sunflower seeds
```

Where can you get your vitamins?

VITAMIN B3	**VITAMIN B6**	**VITAMIN B12**	**VITAMIN C**
chicken	bread	meat	fruit, especially in citrus fruit (oranges)
11 _____	eggs	12 _____	

PROVITAMIN A	**VITAMIN D**	**VITAMIN E**	**VITAMIN K**
13 _____	sunshine	eggs	kale
and carrots		14 _____	15 _____
			Brussels sprouts

Questions 16–20

Choose the correct letter **A**, **B**, **C**, or **D**.

16 You should frequently eat
  A   vitamin A.
  B   vitamin B.
  C   vitamin E.
  D   vitamin K.

17 Vitamin supplements should be taken by
  A   everyone.
  B   mothers of small children.
  C   pregnant women.
  D   elderly people.

18 When talking about Vitamin B3, the speaker mentions
  A   the blood.
  B   the brain.
  C   the skin.
  D   the skeleton.

19 Vitamin D is particularly important in maintaining
  A   a healthy liver.
  B   resistance to disease.
  C   strong teeth and bones.
  D   the nervous system.

20 If you don't get enough vitamin K, you can have trouble with
  A   breathing.
  B   healing.
  C   sleeping.
  D   thinking.

SECTION 3   *Questions 21-30*

Questions 21–24

Complete the notes below. Write **NO MORE THAN TWO WORDS AND /OR A NUMBER** for each answer.

Lara says that removing all road signs would result in **21** _____.

Rohonda thinks that in places without road signs, people drive **22** _____.

In Drachten, they reduced the number of traffic lights from fifteen to **23** _____.

The result was   **24** _____ from road accidents in seven years.

Questions 25–30

Choose the correct letter **A**, **B**, **C** or **D**.

25 The inventor of removing traffic lights, Hans Monderman, is a
    A   computer scientist.
    B   politician.
    C   psychologist.
    D   town planner.

26 Hans Monderman compares his idea to
    A   swimming.
    B   playing football.
    C   skiing.
    D   ice skating.

27 The speakers complain about the
    A   anger of drivers on British roads.
    B   impatience of drivers on British roads.
    C   number of cars on British roads.
    D   the speed the drivers on British roads.

28 The speaker says, compare to drivers in Britian, the Dutch are
    A   more careful.
    B   more responsible.
    C   happier.
    D   cleverer.

29 The fewer the road signs, the greater
    A   traffic lights.
    B   parking signs.
    C   the national projects.
    D   the driver's concentration.

30 Ian wants to research the use of
    A   parking signs.
    B   street lights.
    C   traffic lights.
    D   white lines on roads.

Complete the notes below. Write **NO MORE THAN THREE WORDS AND/OR A NUMBER** for each answer.

Pop-up talk – Solar-powered planes

Biggest problem of the aviation industry is **31** _____

Flight New York > London = 2.5 tons CO_2/passenger

Normal adult generates **32** _____ of CO_2 per year.

About **33** _____ of our carbon footprint is caused by air travel.

Solar-powered flight effectively means planes that are powered by electricity using a battery.

The low-cost airline EasyJet is working with an American company to build a **34** _____ electric commercial airliner but this would not be solar-powered.

The solar-powered plane, Solar Impulse 2 travelled around the world but it needed to carry **35** _____ solar cells to do it. The speed is **36** _____ per hour.

Unfortunately, solar-powered planes are small and cannot fly in **37** _____.

Hybrid planes are not yet a reality because the batteries we have at the moment are **38** _____.

A solution to the air industry's pollution is urgent because its production of CO_2 might **39** _____ by 2050.

Change can come **40** _____ in the aviation industry. The very first commercial airliner appeared very soon after first manned flight in 1903.

R E A D I N G

R E A D I N G   P A S S A G E   1

You should spend about 20 minutes on **Questions 1–13**, which are based on Reading Passage 1 below.

Questions 1–6

Read the text and then choose the best heading from the list for each section of the text. Use each heading once only. You do not need to use every heading.

i	Finding words quickly
ii	Knowing when to use the dictionary
iii	Reasons for using a dictionary
iv	Finding the right English translation of a word in your language
v	Using an online dictionary
vi	Knowing which dictionary to use
vii	Finding the right spelling
viii	Bilingual dictionaries
ix	Finding the right meaning of an English word

1 Paragraph **A** _____

2 Paragraph **B** _____

3 Paragraph **C** _____

4 Paragraph **D** _____

5 Paragraph **F** _____

6 Paragraph **G** _____

How to use a dictionary effectively

A

Dictionaries are extremely important tools for anyone learning a new language. At a fundamental level, dictionaries can be used for looking up the meaning of English words you see or hear, or for checking the spelling of a word. Good dictionaries can also provide additional useful information such as the plural of a noun or past tense of a verb and other grammatical information about a word. If the dictionary is a bilingual one, then users can check the English translation of a word in their language. More advanced users may wish to use dictionaries to look up the collocations of words or find out about the register of a word. Dictionaries are also useful for checking the pronunciation of a word, something that is especially easy if the user has an electronic (talking) dictionary.

To be a good dictionary user, however, it is not enough to know what to use the dictionary for. Students must also decide which is the best dictionary for any of the purposes previously mentioned, and additionally students need to be able to find what they are looking for quickly; you need to be sure that you have found what you were looking for; and, most importantly, you need to know when to use your dictionary.

B

Electronic dictionaries are the best choice for ESL students, and most of them contain native-language equivalents and explanations, as well as definitions and example sentences in English. They can pronounce English words, and they are easy to carry around. However, on the down side, they are expensive and easy to lose. A more cost-effective alternative for students who regularly work at the computer is to use an online dictionary. Alternatively, if you open Google and type the target word, you will get a long list of different definitions. A good monolingual dictionary is recommended for students who already have a high standard of English and want to learn about word use.

C

This is a skill that students need to practise. All students need to know the English alphabet perfectly, so practise this, especially with elementary level students. Students should be encouraged to refer to the guidewords at the top of each dictionary page and keep practising until they can find any word within ten seconds. Students should also practise finding words in their own language in bilingual dictionaries, and if they are using an electronic dictionary, ensure students take some time at home to learn how it works, and encourage them to practise finding words quickly.

D

Very often when looking up a new English word, students find that it has more than one meaning. If they are unsure which meaning is correct, students should check through all the meanings and select the one that makes most sense in the context where they found the word. Guessing the meaning of unknown words using contextual clues is a very important skill in language learning. If they are still uncertain about the meaning, students can think what the word is in their own language and look it up in a bilingual dictionary. If one of the English translations is the original word they looked up, then they can be satisfied that they have found the correct meaning.

E

Another frequent problem facing many learners is that they want to check their spelling but can't find the word they're looking for. Bilingual dictionaries may help here, but it is essential that learners also try to develop their skills by predicting spelling, possibly through comparison with similar-sounding words or considering other (possibly shorter) words that they might expect to encounter in the same word family, and again, if all else fails, a bilingual dictionary can help.

F

When searching for a word in their own language in a bilingual dictionary, students will probably find that there is more than one English translation. If they have doubts over which to use, they could try a back translation. This involves looking up the English translations one by one in a monolingual dictionary, and if a word has a definition that matches the word in their language, it is safe to use.

G

If students hunt for every new word they see or hear, they may spend their whole day with the dictionary in their hand, and that's not what they should be doing! Students have to be clever and choose the right words to check and the right time to do it. In order to become much more efficient language learners, students should not check meanings immediately. For example, when reading, they should finish the sentence (or better, the paragraph) before even thinking about the dictionary. If they haven't guessed the meaning and it still seems important, then and only then should they look it up. To avoid interrupting their reading for too long, students should check meaning in their own language using a bilingual dictionary. In the classroom, if students hear a new word or the teacher has written it on the board, they should wait and continue listening. Typically, what the teacher says next may help them to understand the word without having to resort to dictionaries, and simply turning straight to the dictionary may result in students not hearing what follows, and this will make understanding the lesson more difficult.

Questions 7–13

Complete the sentences using words from the text. Write **NO MORE THAN THREE WORDS AND/OR A NUMBER** for each answer.

7   Online dictionaries are more _____ than electronic ones.

8   Higher-level students should use _____ dictionaries.

9   Students should use _____ clues to help them guess the meaning of words that they don't know.

10   Working out the spelling of unknown words is _____ for learners to develop.

11   Not immediately looking up the meanings of unknown vocabulary is an example of the behaviour of language students who are much _____.

12   Students need to _____ when they hear a new word from the teacher in class.

13   When listening to a teacher, students may get help understanding a word by listening to what s/he _____.

You should spend about 20 minutes on **Questions 14–29**, which are based on Reading Passage 2 below.

Web-based Communication

A The origins of the internet reach back to the 1960s when the US government undertook research to develop robust, fault-tolerant computer networks. Short for 'internetwork', the internet is free of any kind of centralised governance. This means that networks are free to develop and set their own policies regarding access and usage.

B The only two guiding policies which govern all internet users are those regarding protocols for naming spaces on the internet. These policies specify that websites hosted in New Zealand will include the suffix '.nz', for example, and that '.com' sites are for commercial, or business, purposes.

C The terms 'internet' and 'world wide web' are often used interchangeably in everyday speech. However, in reality the internet refers to the global computer network that connects millions of computers across the globe. The world wide web is just one (although probably the most used) of the many services that run on the internet. It refers to content, though, rather than hardware. Most internet users will be familiar with the abbreviated 'www' typically used at the start of website addresses. However, today it is becoming increasingly more common for websites not to require 'www' when users are connecting to sites (try it with Google!).

D Probably the most used form of communication on the internet is email. The concept of email predates the internet, although early systems existed only within corporations and had limited usability. Today email forms one of the most common types of daily communication worldwide. It allows users to send information across the globe instantly at the click of a button. Emails enable users to share documents, pictures and other media by sending attachments. It also has the added benefit of allowing messages to be sent to multiple users at the same time.

E   Since it became popular in the late 1990s, internet usage has seen tremendous growth, experiencing a surge in popularity during the first decade of the new millennium. During this period, the number of internet users globally rose from 394 million to 1.86 billion. By 2010, 22 per cent of the world's population had access to computers. There were 1 billion Google searches every day and 2 billion videos viewed daily on YouTube.

F   Globally, over 50 per cent of people now use the internet, and that figure is over 80 per cent for people in the developed world. English is clearly the dominant language of information on the internet, with over 50 per cent of website content in English. While this may not seem that dominant, the second most popular language for web content, German, makes up under seven per cent of content, and all other languages account for no more than five per cent of content each. English is also the most used language in emails and other social interaction on the web, making up 27 per cent of communication. However, the second most popular language, Chinese, already accounts for 23 per cent of communication and is rapidly closing the gap on English.

G   Interestingly, men spend more time online than women, and their user habits also differed. Men were more likely to pay bills online or download music, whereas women tended to email or communicate on social network sites more. Surprisingly, men and women were equally likely to use the internet for shopping and banking.

Questions 14–20

Choose the correct letter **A**, **B**, **C** or **D**.

14 Internet policies are governed by
    A   the US government.
    B   two different groups.
    C   websites in New Zealand.
    D   the internet networks.

15 'The world wide web'
    A   means exactly the same as 'the internet'.
    B   refers to the documents and information on the internet.
    C   is a type of hardware.
    D   is not used by Google.

16 Email is
    A   not as popular today as in the past.
    B   a more recent invention than the internet.
    C   widely used worldwide.
    D   common in companies with limited usability.

17 Between 2000 and 2010 the number of internet users
    A   climbed slightly.
    B   grew to over two billion.
    C   rose by 22 per cent.
    D   more than tripled.

18 More than half of the people around the world
    A   watch YouTube daily.
    B   have access to the internet.
    C   regularly use the Google search engine.
    D   send emails in English.

19 Most of the communication on the web
    A   is in German, not English.
    B   is from men, not women.
    C   may soon be in Chinese.
    D   is for things like shopping and banking.

20 Men and women are just as likely to use the internet for
    A   banking.
    B   paying bills.
    C   downloading music.
    D   chatting online.

Questions 21–27

The passage has seven paragraphs **A-G**. Choose the correct heading for each paragraph from the list of headings below.

21	Top three languages	_____
22	Massive rise in usage	_____
23	How it got its name	_____
24	Connectivity through mail	_____
25	Web or net?	_____
26	Different gender, different use	_____
27	What you can call a site	_____

You should spend about 20 minutes on **Questions 28–40**, which are based on Reading Passage 3 below.

Climate change: its causes and consequences

Climate change is not a new phenomenon. Our planet has been experiencing climate changes for billions of years, and over the last 450,000 years, it has moved through several ice ages, followed by warmer periods. Most of these climate changes occur due to slight alterations in our planet's orbit, which in turn affect the amount of solar energy that reaches the earth. These changes have been important in the development of our ecosystems and organisms and are part of a natural process. As climate changes occur, ecosystems and organisms are forced to adapt themselves or face extinction. Animals and plants we know today have evolved over a long period of time under the pressure of a changing environment. While climates and habitats have inevitably changed in the past, the difference today is that these changes are happening faster than ever before. The evolution of organisms is normally a very slow process. However, the rate at which our environment is changing today allows organisms little or no time to adapt. While in the past climate change has occurred naturally and gradually, today it is largely due to human activity and is moving at an unprecedented speed.

Human activity across the world has destroyed the natural balance of greenhouse gases in the atmosphere. Over the last two centuries, deforestation, urbanization, industrialization, large-scale agriculture and huge changes in people's lifestyles have contributed to a dangerous increase in greenhouse gases such as carbon dioxide (CO_2) and methane (CH_4). The rising population's hunger for energy has resulted in the burning of more and more fossil fuels, like natural gas, coal and oil. These fossil fuels, which provide us with electricity and power our industries as well as our vehicles, produce CO_2. In fact the world's population releases more carbon dioxide than any other greenhouse gas. Another consequence of the world's growing population is the expansion of large-scale farming which is required to provide the ever-increasing demand for food. Cattle and sheep produce CH_4, the next largest form of greenhouse gases emitted across the world. Methane is released when livestock digest their food and their manure also releases amounts of CH4. Although emissions of CH4 may be less than CO2, it has around 23 times the global warming potential of CO2.

In order to understand the idea of climate change more clearly, we need to look at the greenhouse effect. The greenhouse effect is a natural process that keeps the planet warm. Without it, the earth would be a lifeless planet. The greenhouse effect is caused by certain gases in the atmosphere, like carbon dioxide, methane and water vapour. The effect works just like a greenhouse, as the name suggests. Energy from the sun travels through the atmosphere and directly heats the earth. Some of this heat is absorbed by the earth and oceans, but a lot of it returns into the atmosphere. The greenhouse gases prevent some of the heat escaping back into space and this keeps the earth warm. This natural process has sustained life on earth for millions of years. However, the increase in greenhouse gases due to human activity has now created a thick blanket over the atmosphere. This blanket traps more heat than the planet needs, thus raising the temperature of the earth. It is this rise in temperature that is now having a huge impact on our climate and environment.

Today we are continually coming into contact with the devastating effects of climate change in our world. A total of 950 natural disasters were recorded in 2010, killing hundreds of thousands of people and displacing many others. The earthquake in Haiti, floods in Pakistan and storms in Mexico were among these disasters. Since then we have seen heavy floods in Brazil and Australia and terrible earthquakes in New Zealand and Japan. As the oceans become warmer and glaciers melt, the sea level is rapidly rising. It rose by 15 to 20 centimetres during the last century and could rise by more than a metre by 2100. If the sea continues to rise at this rate, countries like Bangladesh, Pakistan and many Pacific islands could lose land on the coast, making large numbers of people homeless. Climate change is destroying our ecosystems and endangering our wildlife. As the sea becomes warmer, fish are disappearing, making it hard for seals, larger fish and polar bears to find food. In the future, many animals will not survive the rapid change in climate. A warm and wet climate will increase diseases carried by mosquitoes and these could easily spread to western countries. Supplies of drinking water may be contaminated by rain and floods, and this is another way in which more diseases could be passed on. Hotter summers in many countries could cause more people to die of heat stroke or heart attacks. From all angles, the consequences of climate change do not look positive.

Questions 28–33

Do the following statements agree with the information given in **Reading Passage 3**?

Write

TRUE	if the statement agrees with the information
FALSE	if the statement contradicts the information
NOT GIVEN	if there is no information on this

28 As the environment changes, many organisms change to cope with these new challenges.

29 Our modern environment continues to change in the same ways it has done in the past.

30 The increased emissions of CO_2 and CH_4 have changed people's behaviour and the way they live.

31 Fossil fuels provide the population with many essential forms of energy.

32 In order to feed a growing population, there has been an increase in methane emissions from livestock.

33 CH_4 is more damaging to the environment than CO_2.

Questions 34–40

Write **NO MORE THAN THREE WORDS AND/OR A NUMBER** for each answer.

34 Life on earth would not exist without _____ .

35 Some heat from the sun's rays is soaked up by the _____ .

36 The increase in greenhouse gases has created _____
which prevents heat escaping.

37 Present climate change constantly puts countries up against _____ .

38 The increased sea temperature may be indirectly linked to _____
in countries like Haiti, Japan and New Zealand.

39 As the seas get warmer, it will be difficult for animals to _____ .

40 Diseases may spread through drinking water which is _____ .

WRITING

WRITING TASK 1

You should spend about 20 minutes on this task.

The chart below shows information about student enrolments at three different English language schools for the year 2017.

Write a report for a university lecturer describing the information below.

Summarise the information by selecting and reporting the main features, and make comparisons where relevant.

Write at least 150 words.

Total number of student enrolments per two-month period

SCHOOL	JAN –FEB	MAR –APR	MAY –JUN	JUL –AUG	SEP –OCT	NOV –DEC
New Zealand Centre for Languages (NZCL)	314	406	515	683	601	496
Mayfair School of English(MSE)	135	157	198	253	321	472
Best Communi-cation English Academy(BCEA)	398	491	367	212	267	209

WRITING TASK 2

You should spend about 40 minutes on this task.

Write about the following topic:

> *Most of the world's poor live in countries where tourism is a growth industry. The issue is that tourism does not benefit the poor.*
>
> *How can the income generated by tourism benefit the poor? And how can we ensure that tourism does not destroy traditional culture and ways of life?*

You should use your own ideas, knowledge and experience and support your arguments with examples and relevant evidence.

Write at least 250 words.

SPEAKING

PART 1

The examiner asks the candidate about him/herself, his/her home, work of studies and

other familiar topics.

EXAMPLE

Sport

  What sports are popular in your country? [Why?]
  Do you like playing sports? [Why?/Why not?]
  Do you play more sport now than when you were a child? [Why?/Why not?]
  Do you think all children should play sports at school? [Why?/Why not?]

Books

  Do you have many books in your house? [Why?/Why not?]
  Did your parents or teacher read to you when you were a child? [Why?/Why not?]
  Do you read more now than when you were a child? [Why?/Why not?]
  Do you prefer reading printed books or on a computer or mobile device? [Why?]

PART 2

Describe a thing that you really wanted to buy but could not afford.
You should say:
What this thing is. **Why you wanted to buy it so much.** **What you did when you couldn't afford it.**
and explain how you felt about it.

You will have to talk about the topic for 1 to 2 minutes. You have one minute to think about what you're going to say. You can make some notes to help you if you wish.

PART 3

Discussion topics :
Money and Credit
Why do people still like to buy things that they can't afford?
Is it too easy today for people to borrow money? [Why?/Why not?]
What are some of the problems of borrowing too much money?

Consumerism
How much does advertising affect people's choice of what things to buy?
Are the most expensive items always the best quality items? [Why?/Why not?]
Do people buy more things luxury items today than they did in the past? [Why?/Why not?]

Test 4

SECTION 1   *Questions 1-10*

Complete the booking form below. Write **NO MORE THAN THREE WORDS AND/OR A NUMBER** for each answer.

Keep safe – luggage receipt for **1** _____ items

Time now	**2** _____
Departure time	Flight leaves **3** _____ **tomorrow**
Name	**4** _____
Flight number	**5** _____
Telephone	**+64 6** _____
Address	Zip code **7** _____
Street	**580, 8** _____ **St**
Apartment number	**9** _____
Total amount	**10** _____

SECTION 2   *Questions 11-20*

Questions 11–13

Choose the correct letter, **A**, **B** or **C**.

11 Which island has the largest population?

    A   North Island

    B   Stewart Island

    C   South Island

12 What does the speaker say New Zealand is known as?

    A   South Pacific Island

    B   the birthplace of Captain Cook

    C   one of the last countries in the world to be inhabited

13 Why was it called New Zealand?

    A   Because it was part of Australia.

    B   It was named after a region of Holland.

    C   Cook thought that the island was shaped like a letter Z.

Questions 14–20

Complete the notes below. Write **NO MORE THAN THREE WORDS AND/OR A NUMBER** for each answer.

1769
Captain James Cook first visited.

1790–1830
Europeans traded with Maori offering **14** _____ in return for wood, food and water.

Settlers arrived from **15** _____ in Europe.

1840
Treaty of Waitangi was signed on **16** _____ by 500 Maori chiefs.

1854
Parliament founded.

1860s
Discovery of **17** _____ . Dunedin became largest town in country.

Settlers took up fishing, logging **18** _____ .

1869
Wellington became capital.

1893
First country in the world to give the **19** _____

20th century
Soldiers sent to two World Wars

20 _____
Edmund Hillary and Sherpa Tensing first men to climbed Mount Everest

21st century
Success in physics, cinema and sports

SECTION 3   *Questions 21-30*

Questions 21–24

Answer these questions using **NO MORE THAN TWO WORDS**.

21   What language was the course taught in last semester?

22   What was the overall pass rate as a percentage?

23   Along with organising your material what other study skills are mentioned?

24   What place will the participants visit?

Questions 25–30

Write the correct letter, **A-J**, next to Questions 25-30.

```
A       Student's point of view
B       Working in groups
C       Presentations
D       Time management
E       Referencing
F       Publishing
G       Plagiarism
H       IT
I       English language
J       Study skills
```

25 In order to know how to deal with citation, take a session on _____.

26 Professor Dawson runs a session on   _____.

27 Some international students are not used to   _____.

28 The helpful session for students who are not good at making slides is _____.

29 To learn how to manage system, students need to take a session on _____.

30 Top students will come and talk about the course in _____.

SECTION 4   *Questions 31-40*

Questions 31–35

Choose the correct letter, **A**, **B** or **C**.

31 Today, Shell is best known for

   A   transportation.

   B   petroleum products.

   C   investment.

32 150 years ago, the Shell company sold

   A   oil.

   B   ships.

   C   shells.

33 In 1892, Shell built their first

   A   motor car.

   B   oil tanker.

   C   tools and machinery.

34 Shell is an example of a company that

   A   has done the same type of business since it first started.

   B   has failed to keep up with changes in trade.

   C   adapted to remain successful.

35 These days Shell is involved in

   A   finding oil.

   B   selling oil.

   C   both of the above.

Questions 36–40

Complete these notes from the lecture using **NOT MORE THAN THREE WORDS AND/OR A NUMBER** for each question.

	Country	First success	Key period	Mistake	Now
Nokia	36 _____	37 _____	Mobile phones market leader 1998-2012	Joint venture with Microsoft	Mobile networks core business
Kodak	USA	Cameras	By 1976 had 38 _____% of the world market for cameras	Didn't develop the digital camera	Shares have lost a lot of value
Smiths	UK	Jewellery, then moved to 39 _____	Working with automobile and aviation businesses	None	Very successful. Experts at reinvention. NOT the world's 40 _____ brand

READING PASSAGE 1

You should spend about 20 minutes on **Questions 1–13**, which are based on **Reading Passage 1**.

A 'One of your five a day' appears on food labels globally to encourage consumers to purchase larger quantities of fruit and vegetables for them or their families to consume. Food manufacturers dedicate substantial financial budgets to advertising and marketing campaigns but, unfortunately, they are not always totally clear about the contents of their products. If fruit juice is produced from natural fruit then we think we can safely presume it is nutritionally rich. Unfortunately that is not necessarily the case.

B Medical research has discovered that the reality behind the carton of juice in the fridge is different from the perceived image. Practitioners argue that consuming too much juice can be an unnecessary extra source of sugar and calories, and moreover it does not contain the same fibre and nutrients that raw fruits do. So what happens to all the goodness between the picking of the fruit and the bottling of the juice?

C Let's use orange juice as an example. From about the middle of the 20th century, it became an incredibly popular drink in the United States, Canada and Japan for both its flavour and its value as a healthy product to drink. These days, places like Florida in the United States or the state of São Paulo in Brazil employ thousands of people in what has become big business. In the 1960s, Florida lost a lot of trees through frost and in 2005 they lost more to the citrus greening disease. This allowed Brazil to become a key player in the global orange juice market. These two remain the market leaders in this sector. Today, thousands of hectares of orange groves produce perfect fruit to meet these international needs. But what happens to the fruit over the next part of the process?

D The production of fruit concentrates and fruit juice starts with the raw material which is transported to the plant and then unloaded using one of two methods: hydro-unloading; and dry unloading. The difference between the two is the fact that water is used in the former but not in the latter. Once the raw produce has been unloaded from the tipper, it is then sorted using a spiral sorter to separate any impurities such as branches, leaves, stones and dirt. A conveyor belt then transports the raw material to giant metal refrigeration chambers where it is stored ready to be turned into liquid.

E The next stage of the process is to rinse the fruits with hydraulic jet sprays before removing the peel. The peel of an orange is thick and bitter and would affect the sweetness of the juice. The raw materials are then transferred to a metal inspection belt or roller table where any oranges which do not satisfy requirements are rejected. Sorted materials are directly transported using a feeder made from acidproof materials to the mill where pressing rollers begin the pulping process. The unclarified juice from the presses proceeds to a pasteurisation and aroma recovery process in an evaporation station. During this process enzymes are deactivated to obtain microbiological stabilisation.

F From this stage onwards the pulp remains in monstrous oxygen depleted storage tanks and can be stored for up to a year before it is diverted into the plethora of fruit-based products on the market. This storage tends to remove most of the original flavour, causing many manufacturers to add flavour packs to the pulp to return the flavour that was lost during processing. Nutritionists argue that fruit juice is often watered down to such an extent that all nutritional value is absent and consumers are drinking fruit-flavoured sugar water that is very far removed from the fruit in its original state.

G Of course there are still many manufacturers who use a more organic process, but their products remain more expensive than the market leaders and so out of reach to many customers. Things have changed a lot from the times when families used to squeeze their own orange juice. The problem with that approach was the number of oranges required to make one glass and often the amount of sugar added to improve the flavour. An equally unhealthy approach!

Questions 1–5

The passage has seven paragraphs **A-G**. Write the correct letter for each one.

1 Two regions dominate global orange juice sales. _____

2 Making your own juice is not always economical or healthy. _____

3 The marketing message about fruit juice might not be completely true. _____

4 Turning the chilled fruit into liquid is a sophisticated process. _____

5 Doctors argue a lot of goodness is lost during the process. _____

Questions 6–10

Match the following statements with the best ending **i–vi** from the box below. One ending is not used.

i	lost in the process.
ii	both removed and added.
iii	removed because it is bitter.
iv	thought to be high in nutrients.
v	a popular drink from the mid of the 20th Century.
vi	pasteurised before storage.

6 Natural fruit juice is   _____

7 Orange juice became   _____

8 During the process, water is   _____

9 After pressing, the pulp is   _____

10 A lot of flavour is   _____

Questions 11–13

Do the following statements agree with the information given in **Reading Passage 1**?

Write

TRUE	if the statement agrees with the information
FALSE	if the statement contradicts the information
NOT GIVEN	if there is no information on this

11   The recent findings about the production of fruit juice has led to a pollution.

12   The acid in the fruit could affect the sweetness of the juice.

13   There can be up to a year fruits stored in oxygen depleted tanks.

You should spend about 20 minutes on **Questions 14–27**, which are based on Reading Passage 2.

The IUCN Red List of Threatened Species

The Red List is an official inventory, compiled by the International Union for the Conservation of Nature (IUCN), of species which are in some way endangered. It was first compiled in 1964 and is now the most comprehensive database of information on all species; animals, plants and fungi. The list currently comprises around 100,000 entries and the aim is to reach 160,000 by 2020. Of current entries, nearly 25% are already endangered in some way. The information in the list is used by organisations and governments to plan policies to reduce those numbers.

The list provides an extensive range of information on any given species. The first category is the population, broken down into sub-populations. These numbers are collated regularly by scientists on the ground and numbers which are declining are flagged. By way of an illustration, the tiger is currently stated as having a population of between 2,154 and 3,159. This number is in decline based on data collated from the thirteen countries where tigers still exist. Only animals which are capable of reproducing are included in these figures. Other categories reported on include the habitat and ecology – in other words, where and how the species is living and which other species it is interacting with. An animal such as the black rhinoceros relies on trees, bushes and fruit for its survival and any changes to that habitat will have a direct result on their survival.

The survey details any threats to the species, both natural and man-made. Human activities which can have a negative impact include commercial developments, residential housing and mining and drilling. Any building project or extraction of resources from the ground or the sea should be done in a measured, planned way which reduces the risk to all forms of life. Drilling into the sea bed as a way of exploring for oil can cause significant damage to marine life, as can the transportation of the equipment to the drilling site in the first place.

It is not only industrial operations which can affect animals and plants. Recreational activities such as hiking, camping or snorkelling can all lead to a deterioration of plants and corals. Animals which are not used to humans will not always be keen to share their habitat and will move away. Other animals can be perceived as pests by humans as towns and cities spread into the countryside. The urban fox is an example of an animal which has been forced to live in towns and has become a target for humans keen to eradicate them.

Other factors which can result in species becoming vulnerable include dam construction, river diversion and beachside developments. Any of these can have a detrimental effect on species. The parodia, for example, a kind of flowering cactus endemic to Brazil, has a rapidly declining population, currently set at 2,300 due to a range of activities happening to its natural habitat over the last few years. The plant grows at heights of over 200m and has been affected by quarrying, water management and landslides, which have destroyed large numbers.

As well as the information already stated, the list collates all current conservation activities as well as recommendations for future plans. As an example of this, the yellow-eyed penguin, a native of New Zealand and Antarctica, currently is perceived as endangered because of the small number of pairs still alive. Females only lay two eggs per year and so the probability of a recovery in numbers is dependent on the strategies put in place. Regional scientists have set up a monitoring scheme across all known geographical areas, introduced a tagging system to allow closer tracking and developed education programmes for local schools. Areas where the penguins breed and feed have been designated as conservation areas and any dangerous invasive species have been identified. Overall, this constitutes a well-conceived and developed protection plan for the species.

In terms of endangerment, the list has nine degrees ranging from Extinct (EX), when the species no longer exists (like a dodo), to Data Deficient (DD) meaning that more information is required on this species before a rating can be given. Extinct in the Wild (EW) means that a species still exists in gardens or zoos, but is no longer found in the wild. The strategy in these circumstances might be to reintroduce the species if suitable conditions can be created to aid its future growth. The three sub categories which make up the endangered category are Critically Endangered (CR), Endangered (EN) and Vulnerable (VU) in descending order of urgency. Any species in either of these categories would need a strategic plan conceived to protect it. The other two categories to make up the nine are Near Threatened (NT) and Least Concern (LC).

The continued compilation of the list is a major part of IUCN's contribution to maintaining the natural balance of the planet. To lose 25% of the planet's species would be an extremely poor return on human investment over the last hundred years.

Questions 14–18

Choose the correct letter, **A**, **B**, **C** or **D**.

14 Approximately how many current species are endangered?
  A   10,000
  B   25,000
  C   100,000
  D   160,000

15 Data is collated by scientists
  A   in 13 countries.
  B   who are capable of reproducing.
  C   to break down populations and sub-populations.
  D   to identify species which are declining.

16 Natural threats to species include
  A   sea-bed drilling to find oil.
  B   construction of new housing.
  C   other commercial developments.
  D   low fruit harvests.

17 According to the text, which of these can not be a threat to coral?
  A   hikers
  B   campers
  C   snorkellers
  D   urban foxes

18 Which of these has not had an impact on the parodia plant?
  A   soil erosion
  B   invasive species
  C   excavation
  D   water control

Questions 19–23

Read the information and answer the questions using words from the text. Write **ONLY ONE WORD OR A NUMBER** for each answer.

19 What is the target number of species to be recorded by the end of the decade?

20 Only animals capable of what are included in the population figures?

21 What system have scientists introduced to help preserve the yellow-eyed penguin?

22 Which of the nine endangered species categories can we do nothing about?

23 Which of the nine endangered species categories relates to species that can only be found in captivity?

Questions 24–27

Match the species with the threat or action associated with it in the list, **A–F**. Choose only one letter for each species. You do not have to use all the letters.

> **Threat / Action**
>
> **A** water management
>
> **B** fungal infections
>
> **C** destruction of trees and bushes
>
> **D** regional scientists
>
> **E** water sports
>
> **F** human targeting

Species

24 the black rhinoceros _____

25 the urban fox _____

26 the parodia _____

27 corals _____

READING PASSAGE 3

You should spend about 20 minutes on **Questions 27–40**, which are based on **Reading Passage 3**.

Trees of life or the life of trees

Since the beginning of time, man has cut down trees to use wood, one of the most useful and common materials on the planet. It is still used for a wide range of purposes such as building houses, making furniture and producing paper. Because we know that trees are so valuable, however, we are much more careful about cutting them. In this way, future generations will continue to benefit from them. Despite our best efforts, however, certain forests are still the target of massive, illegal, activity.

According to experts, man started making tools over half a million years ago. At first, they used animal bones, stones and wooden branches. These tools were used for cutting, hunting and farming as well as making clothes, cooking and eating. Wood was a good material to use to make shelters because it is flexible and strong, and the shelters were both waterproof and well insulated. They also lasted a long time and one wooden house in Britain dates from around 3,000 years ago.

As man discovered metals such as bronze and copper, it became possible to make stronger tools. Larger quantities of wood could then be dealt with. The axe was used for cutting the trees down and the metal saw for dividing the trunks to the size required. This was essentially the beginning of the timber industry. In 2560 BCE, the Egyptians used nearly all the wood they could find to help build the largest constructions in the world, the pyramids. They were made of huge stones, and wood was used to move them around and upwards as the building work progressed.

In the Iron Age, the thousand or so years until the Romans invaded many parts of Europe, bricks began to be used for building. Timber was still vital as the bricks were made in moulds made of wood. As the Romans began to become dominant in the world, they used timber for both military and engineering purposes. Wooden catapults could throw massive objects at the enemy and help destroy walls. At the same time, they were developing the wooden crane used for lifting large objects to very high heights. Cranes helped them build some of the most impressive buildings in the world.

Throughout history, wood has been a part of the construction of important buildings. In China, the famous Nauchan Temple is made of wood and dates from 782 AD and there are similar buildings throughout south-east Asia. In the Middle Ages, being a carpenter was a respected job. Many buildings such as palaces and cathedrals used wood to help build stunning roofs and domes. Wood could burn easily, however, so the combination of stonework and wood soon became the safest way to build.

As countries started to explore and trade with other countries, they often travelled by sea. The wooden ship became a key form of transport for both commercial and military purposes. Countries like Spain, Portugal and Britain used masses of wood from both domestic and foreign forests to build their ships. It is also said that millions of the native trees of Brazil were cut to make a red dye used for military uniforms. Many of these trees have disappeared for ever.

By the 19th century, forests were cut down all over the world. Wood was used to drive steam engines, construct buildings and build fences and railways. Forests were also cleared to provide land for farming. In the United States, over 30% of the forests were removed in just fifty years. Fortunately, people began to realise this could not continue without careful planning for regrowth. Today, of course, wood is more carefully protected and is seen by most environmentalists as a sustainable material which must be looked after.

Wood continues to be both helpful and destructive and as global warming increases, there are more and more examples of wildfires burning out of control, destroying all the buildings in their paths. Recent events in California, Australia and Greece prove that this is a global phenomenon and man needs to remain cautious about the dangers of trees in times and areas where there is little rain and strong winds.

Trees are absolutely vital for the future of mankind. They produce oxygen and provide huge amounts of sustainable building materials. In return we need to be vigilant in ensuring that trees, which can live to up to 5,000 years, remain intact for future generations.

Questions 28–31

Choose the correct letter, **A**, **B**, **C** or **D**.

28 According to the text, one of the first uses of wood was

    A   for making clothes.

    B   as a tool.

    C   to make bronze and copper tools.

    D   for making paper.

29 During the Iron Age,

    A   Romans dominated the world.

    B   wood was used for military purposes.

    C   the Pyramids were built using stone and wood.

    D   wood was used to make bricks.

30 In the Middle Ages, buildings were made from stone and wood because

    A   it was safer than building with wood alone.

    B   carpenters were very skilled at that time.

    C   it allowed builders to construct more important buildings.

    D   they were popular construction materials across south-east Asia.

31 According to the text, wood from forests in other countries was used for

    A   shipbuilding.

    B   farming.

    C   making food products.

    D   building catapults.

Questions 32–36

Do the following statements agree with the information in the **reading passage 3**?

Write

TRUE	if the statement agrees with the information
FALSE	if the statement contradicts the information
NOT GIVEN	if there is no information on this

32   Early buildings made from wood were warm and waterproof.

33   The wooden catapult was the Romans' greatest weapon.

34   Wooden roofs were usually quite plain in design.

35   Approximately a third of US forests were lost in just half a century.

36   The threat to forests caused by weather-related problems is happening in many parts of the world.

Questions 37–40

Look at the following uses of wood and the different nationalities or countries below.
Match each event with the correct nationality or country, **A–F**.

```
A   Egyptians

B   Romans

C   Chinese

D   British

E   Brazil

F   Americans
```

37 Making colouring for uniforms   _____

38 Building ships to transport goods   _____

39 Making equipment to lift heavy objects   _____

40 Moving stone for large construction projects   _____

WRITING TASK 1

You should spend about 20 minutes on this task.

> **The chart shows information relating to UK music sales from 1990 to 2020.**
>
> **Summarise the information by selecting and reporting the main features, and make comparisons where relevant.**

Write at least 150 words.

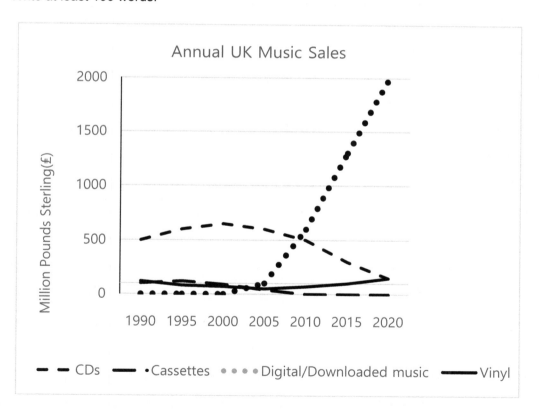

WRITING TASK 2

You should spend about 40 minutes on this task.

Write about the following topic:

> **Present a written argument or case to an educated non-specialist audience on the following topic. Globalization has led to the introduction of many new international products into local shops and markets.**
>
> **What do you think are the main advantages and disadvantages of this example of globalization?**

You should use your own ideas, knowledge and experience and support your arguments with examples and relevant evidence.

Write at least 250 words.

SPEAKING

PART 1

The examiner asks the candidate about him/herself, his/her home, work of studies and other familiar topics.

Weekends

Are you busy most weekends?

Do you prefer to be active or passive at the weekends?

What do you usually do?

Do you ever watch films?

Film

Do you prefer watching films at home or at the cinema? Why?

What sort of films do you like? Is action more important than the story?

Do you watch films more than once? Why?

Do you like old films or modern ones?

PART 2

<table>
<tr><td>

Describe a favourite film or TV show you have watched recently.

You should say:

- what it was about
- when it was set
- who was in it

and explain why you liked it.

</td><td>

You will have to talk about the topic for 1 to 2 minutes. You have one minute to think about what you're going to say. You can make some notes to help you if you wish.

</td></tr>
</table>

PART 3

Discussion topics :

Entertainment

Are cinemas still popular in your country? What about the theatre?

Do young and old people have similar viewing habits?

What can cinemas do to improve their offer?

Online Entertainment

What are the advantages of viewing online?

Do you expect to pay to watch online?

Do you like seeing advertisements as you watch?

In the future, do you think cinemas and theatres will continue to exist?

Audioscripts

TEST 1

SECTION 1

A Good morning. The Redwood Hotel. How can I help you?

B Err, yes, good morning. Can I ask you a question about your hotel?

A Sure. What would you like to know?

B Well, this might sound a bit odd, but is your hotel the one in the movie *Goldfinger*? I'm a bit of a James Bond fan, you see.

A Yes, it is. And don't worry – we get a lot of bookings from James Bond fans. They even hold conferences here every year.

B Great. In that case, I'd like to book a room, please.

A When did you want the room for?

B I'll be arriving on June 28th and leaving on <u>July 2nd</u>. That's four nights, right?   Q1

A OK. Just let me check to see what we have available. Yes, we have single, double and twin rooms available, as well as a choice of suites.

B Well, I'm travelling by myself, so I would probably only need a single room. Is there much difference in price between your single and double rooms?

A Well, <u>our single rooms are $110 a night</u>, including tax, and our double rooms are $160 a night. We do have a special offer on twin rooms for guests staying midweek, at only $135 a night, so you could have a bigger room for only $25 a night extra.   Q2

B Does that include breakfast?

A No, I'm sorry. Breakfast is $10 extra.

B OK. Well, I guess <u>I'll take the twin room</u>, please.   Q3

A OK. Could I have your full name, please?

B It's Barry Teesdale. That's <u>Barry with two Rs</u>.   Q4

A And do you spell Teesdale T-E-A or T double E?

B <u>T double E S-D-A-L-E</u>.   Q5

A Thanks. Now, we'll take your full details when you check in, but for now I just need to get a few essential contact details. Do you have an email address?

B Err, yes. <u>It's bazza64@hotmail.com. That's B-A double zed A sixty-four at Hotmail dot com</u>.   Q6

A Thank you. And can I have your phone number, please? Home, work or mobile. Any will do.

B	It's probably best to give you my work number. It's <u>oh one eight six three, six seven nine oh double two.</u>	Q7
A	Thank you. Now I need to get some credit card details from you in order to confirm the reservation. This is just in case you don't turn up, in which case we would charge you for the first night's accommodation and you would lose your booking for the remaining nights.	
B	That sounds fair enough. OK. It's a Visa card, <u>number four five nine three, seven one nine seven, nine eight five nine, one two five zero.</u>	Q8, Q9
A	Thanks. And is the name just the same?	
B	Yes. Barry Teesdale.	
A	And what's the expiry date on the card?	
B	Erm, it expires <u>at the end of August 2021</u>.	Q10
A	Thank you, Mr. Teesdale. Now, we'll send you a confirmation of your reservation via email. Please remember that if for any reason you need to change your reservation, then please let us know immediately.	
B	OK. I'll do that. Err, can I ask you one more question before I go?	
A	Yes?	
B	Well, you know the shot of the diving board right at the very beginning of the movie? Is that diving board still there, or …?	

SECTION 2

Good morning. Good morning, everyone. Can I have everyone's attention? Good. Thank you. OK. Good morning, everyone and welcome to Speke Hall. My name is Wayne, and it's my pleasure to show you around our magnificent building today.

Now, I'll start by telling you a little bit about the history of Speke Hall, and then we can move inside and have a look around.

OK, well, as many of you may know, Speke Hall is famous for being probably the finest half-timbered Tudor mansion in England. Now, we're standing here in the courtyard, and as you can see as you look towards the main entrance of the building, the walls are covered in magnificent black and white timbers. The Hall was built <u>between 1490 and 1612</u>, with this, the southern side of the Hall, being the oldest section. It was originally called Spec Manor; Spec being the Old English word for brushwood. For most of its history, Speke Hall was owned by the Norris family, and they were responsible for most of the building that you can see today. However, <u>during the eighteenth century</u> the Norris family fell upon hard times, and the house fell into disrepair and was almost destroyed.

Q11

Q12

In 1795, the house was bought by Richard Watt, <u>a wealthy merchant</u> from

Q13

nearby Liverpool. Although Watt never actually lived there, he was responsible for saving Speke Hall, and for starting the restoration work on the house, which was continued by both his son and <u>later his grandson</u>.

Q14

In 1943, the house was put under the care of <u>the National Trust</u>, who are still responsible for looking after Speke Hall today.

Q15

Now, I know that you are all keen to get inside, but just before we enter the house, I'd like to quickly tell you about some of the main rooms inside. In a moment we will pass through the <u>Small Dining Room</u>. The walls of this room are covered in wood panels, and the room contains many valuable sketches and paintings of Speke Hall. Nearby is the Billiard Room or Games Room. This was built in around 1550, and <u>was originally a kitchen, but was changed to a games room used for snooker and billiards in the 1860s</u>. Leading off from the Games Room is the Library. This room was badly damaged during the eighteenth century and has been completely restored. <u>The shelves contain many rare and valuable books on themes such as estate management, religion, as well as novels</u>. If you walk through the Library, you will come to the Gun Room. This is quite a small room, and records show that in 1624 <u>this room was actually used as a storeroom, but it may also have been used as a chapel earlier</u>.

Q16

Q17

Q18

Q19

The most famous room in the house is the Great Hall, built in 1530 by Sir William Norris. This room would have been used as a banquet hall <u>during the sixteenth and seventeenth centuries and has been restored with furniture from that period</u>. The large window at the end of the hall contains stained glass taken from a local church and dates back almost 500 years.

Q20

Now, later we will move upstairs, and I'll tell you a little about the bedrooms, but for now, if you can follow me and we'll go into the house and take a look at the first room ...

SECTION 3

T	Hi, Dianne. Sorry I'm a bit late.
D	Hi, Tim. Come on in. Emma's already here, so we've just been waiting for you, and now we can get started.
E	Hi, Tim.
T	Hi, Emma. Sorry I'm late. The traffic's awful.
E	Not to worry. We're all here now. Do you want a coffee before we start?
T	No, I'm fine, thanks. We might as well get straight on with the report.
E	OK. Well, Dianne and I have sorted out our results into two main areas, statistics and comments; although we haven't had time to really go through them yet. The statistics are based on the results of

	the questionnaire we conducted, and the comments are some of the interesting things that people told us in addition to answering the other questions in the interview.	
T	Great. Well, I've got all the statistics from Dianne. Thanks for that, by the way, Dianne …	
D	No problem.	
T	… and then I've put all the results into pie charts so that they're easier to interpret.	
D	Hey, that looks good. Well done. OK. Do you want to start by talking us through the results of the questionnaire then, Tim?	
T	Yes. Well, as you all know, the questionnaire was about people's attitudes to their work. We were trying to find out what were the best and worst things about people's jobs. Now, obviously we expected these results to vary according to the different areas of work people were engaged in. We also expected other factors such as length of employment and company size to affect results.	
E	OK. So, how many people did we end up interviewing altogether?	
T	Err, I did 92, you did 119, and Dianne did 173. Wow! A total of 384, quite a good sampling figure.	Q21
E	Yes, very good. How did you manage to interview so many people, Dianne?	
D	I went down to the Warehouse store on Saturday morning and tried to interview as many people as I could. They had a sale on, so it was pretty busy. I actually interviewed quite a lot more, but many of them were students, so I couldn't use their information.	
T	Right, well if you look at the first of these pie charts, it shows the different sectors that people worked in. As you can see, most people said they worked in the education sector, about 32 per cent. This is quite high, but remember that the survey was conducted around Hillcrest, so there could have been a lot of people who worked at the university.	Q22
D	What about the other sectors?	
T	Well, after education, the next largest group worked in services, you know, things like shops, hotels, restaurants.	
D	And what was the figure for that group?	
T	23%. Next was the business sector, with 16 per cent. The government sector was the next largest with 13 per cent. The lowest two were agricultural and farming with 8 per cent, and other sectors, also at 8 per cent.	Q23 Q24
D	OK. Next question. Length of service. What were the results like for this one?	
T	Well, we divided up the choices as you can see in the pie chart, and the results were quite surprising.	
E	How do you mean?	
T	Well, the results showed us that most of the people had either worked in their current job for a very long time, ten years or more, or for a	

very short time, two years or less. I'm not sure why this is, but it certainly surprised me. <u>Only a quarter of the people interviewed had been in their current job for between two and ten years.</u>

Q25

E   We might have to give a reason why, but we can do this later. Go on.

T   The results for <u>company size</u> were pretty evenly spread. 21 per cent worked for companies with ten or fewer staff. <u>17 per cent worked for those which had between 11 and 20 employees.</u> 16 per cent worked for companies with between 21 and one hundred staff. 23 per cent worked for companies with between 101 and 500 staff, and finally, <u>29 per cent worked for companies with over 500 staff.</u> Again, that could have been due to the possible high number of university staff.

Q26
Q27

Q28

E   OK. Well, for the best and worst things about the companies, I haven't put these into the pie charts, but I've listed them according to the number of responses. It's really interesting to see that the top three for both lists, for best and for worst, are almost the same. The top three things that people listed as liking <u>most about work are interesting work</u>, friendly colleagues, and a pleasant working environment. The three things that they said <u>they disliked most about work are uninteresting or boring work, long work hours, and unfriendly colleagues.</u> It's quite interesting, eh?

Q29

Q30

D   Very. Now, what about the comments? How are we going to present them? We can't do it in graph form, can we?

E   Maybe we could just list them …

SECTION 4

Good morning, everyone, welcome to today's lecture. Now, as part of our ongoing series on the business of sustainability, we're going to look in detail at a number of innovators who have analysed the social, environmental and healthcare challenges of the early 21st century and developed concepts, products and services which address the areas of greatest need. While there is an element of philanthropy about these approaches, meaning that they are business opportunities which overall have <u>a positive value</u> for everyone, I would like to highlight that they will still operate with the idea of the market firmly in place. These are business ideas which harness notions of the greater good, and that's part of my main thesis – big business can and will continue to make gains if it chooses to look at more sustainable, <u>less damaging</u> models of production.

Q31

Q32

OK, so I've divided my talk today into two sections, each looking at a different young innovator who has decided to challenge current expectations and develop a concept that pushes both business and sustainability forwards. OK, let's start with perhaps the most high-profile innovator out there – Dutch designer and environmentalist Dave Hakkens. Now, as the issue of plastic waste has grown in prominence, so has Hakkens due to <u>his innovative</u>

Q33

approaches to reclaiming and reusing the material. You're probably all aware that each year more than 300 million tonnes of plastic waste is created, with less than 10% of this waste being recycled. The plastic which end ups in landfill sites takes decades to break down, and as it does so, it often pollutes water ways, or the surrounding land, with harmful chemicals. We all know that we need to recycle more of the masses of plastic waste material that each household generates. We know it, but we still don't always do it. What is perhaps needed is an incentive, some reason to do. Hakkens' solution is to encourage people to transform the plastic waste into valuable, or at least usable, products at home.

Q33
Q34

Q35

Working with engineers, Hakkens created open-source plans to enable people to build home recycling centres. The Precious Plastics system consists of three simple pieces of machinery – one which shreds plastics, and the other two which can be used to heat and mould the recycled material into new products. To date, users of the system have created recycled lamps, containers and utensils. A simple idea, but it's a huge change in terms of recycling as it reduces the financial cost of collecting and sorting waste by using a domestic solution. The system allows various different types of plastic to be mixed together, and its modest design means that it can be maintained easily.

Keen to unlock the commercial potential of this kind of recycling, Hakkens has also made an online marketplace available for the sale of recycled goods. By following video tutorials, recyclers can learn how to make different items that they can then sell on. It's this financial incentive which is driving demand for the concept.

Q36

My second innovator with an eye on environmental sustainability is materials scientist Sam Stranks, who has worked with an existing product and sought to use scientific expertise to improve it in terms of quality and usage. Stranks and a team based at MIT have been developing lightweight, efficient and malleable solar conductors from a man-made, cost-effective substance known as perovskite. The material is made from two cheap and readily abundant salts which are mixed to make an ink that can be pressed into very thin film with all the properties of the silicone-based solar panels we currently see in the market. Less than half a cup of the ink would make enough perovskite solar panels to power an average home. Such new generation solar panels have a massive potential in terms of application. Unlike conventional solar panels, the resulting conductors will be so light that they can easily be transported into areas of the developing world which are currently energy deficient. Additionally, they can be rapidly deployed to provide aid in disaster zones, used as a cheap way to supplement existing solar farms, and provide a more cost-effective solution to the domestic renewables market. Further to this, perovskites can also be coated onto existing solar panels to ensure that their efficiency increases by up to 20% – ensuring their lifespan is longer.

Q37

Q38

In terms of building greater demand, perovskite has certain features which make it attractive to investors. Given that it is lightweight and flexible, large-scale solar cells will be easier and quicker to assemble, reducing the installation costs – one of the key barriers to the uptake of renewables by many consumers. Another key feature of perovskite is that it can be made in a number of different translucent colours. What this means is that it can be used to integrate solar cells into the coatings of new and existing skyscrapers,

Q39

ensuring that large-scale architectural projects could reduce their <u>environmental footprint</u> to become zero-carbon.

Q40

It's this kind of thinking which marries market forces with environmental goals to bring about a true sense of sustainability …

T E S T 2

S E C T I O N 1

A   Good morning, Bikeworks customer service department. How can I help you?

B   Oh, hello, yes. <u>I'm ringing about an order I placed recently online</u>. I need to change a few details, if that's OK?

Q1

A   Certainly. Can I have your order reference, please? It'll be in the invoice email you were sent when you placed the order.

B   Order reference number, OK.

A   They usually start with three letters, BWK …

B   OK, I see the one you mean. It's BWK3944.

A   Sure, let's see. Is that Andrew Holmes?

B   Yes, it is.

A   Right, got it. The Trek SL6? You ordered it online yesterday morning.

B   Yes, that's the one. The SL6.

A   Let me check where it is on the system. OK, it's with the mechanics at the moment, but they are due to finish working on it sometime later this morning.

B   I'm glad it's still there. Sorry, you said mechanics. Is there a problem with it?

A   No, not at all. <u>All the bikes get checked over by the mechanics before we dispatch them to customers</u>. They check the brakes and gears, just to make sure they're in perfect working condition. There are details on the website if you want to have a look. It's a beautiful road bike. Nice and light. Fast, too.

Q2

B   As long as it helps me to get up hills. <u>I'm going on a cycling holiday to Wales in a couple of weeks with my brother</u>. He's a lot younger and fitter than me.

Q3

A   Well, I can't promise you'll beat him in a race, but the bike will certainly help on the climbs. … So, how can I help you with your order?

B	Well, I wonder if you could change the delivery details ... Can you send it to a different address?	
A	So, you don't want it going to your home address? 16 View Hill Road, Bath?	
B	No, can you send it to my workplace instead? <u>It'd make things a bit easier this week. I'm covering a few different shifts before my holiday</u>.	Q4

A	Sure, there shouldn't be a problem with that. As long as there's someone there to collect the delivery.	
B	Yeah, I've checked with the department, they are happy enough to look after it. Someone will sign the paperwork if I'm teaching.	
A	OK. Can I take the details?	
B	It's the Audiology Department, <u>Newlands College Hospital</u>, Bath.	Q5
A	Is that New - lands?	
B	Yes, ... College Hospital.	
A	Do you have a postcode for that?	
B	Sure, it's BA1 5PQ. Can you deliver it in the next few days?	
A	Well, standard delivery will take two to three working days, and that's free of charge. <u>We can do a next day delivery</u>, but it costs a bit extra.	Q6
B	Right. Ideally, I'd like to get it for the weekend so I can spend a bit of time testing it out. How much is it for next day?	
A	It's a standard charge of £4.99, and it'll be <u>delivered by a courier</u> rather than the post office.	Q7
B	Well, that's pretty reasonable. Can I go for that, please?	
A	Sure, [typing in] delivery <u>on Thursday the 7th</u>. Oh, wait ... Based on your location, <u>the courier will get it to you between 2 and 5 o' clock</u>. Does that still work for you?	Q8 Q9
B	Yes, that's fine. I start at 1 p.m. tomorrow so I'll be there when it arrives.	
A	Great. How do you want to pay for that? We accept card or PayPal if you prefer.	
B	Seems a lot of people do that nowadays.	
A	Yeah, it's becoming more popular.	
B	<u>Can I pay by card, please</u>? It's the best option for me.	Q10
A	<u>Sure</u>, can I get the name on the card?	
B	Yep, of course, it's A Holmes.	
A	And the long number?	

SECTION 2

Welcome, everyone … can everybody hear me? … Good … right, good morning, everyone, I'm Marjorie Canning, the current chairperson of the Greenhill Community Centre. Welcome to our annual open day, where I'm hoping that you'll find something to interest and inspire you.

I'd like to give you all a bit of an overview of what it is we do here. The idea behind Greenhill really took off in 2012, when the council and local businesses were looking to regenerate the area after a long period of decline. A lot of buildings were in disrepair, and unemployment rates had increased. There was some small-scale housing development proposed, and a shopping centre was also suggested, but at the end of the day it was felt that the people of Greenhill would benefit from something with more of a community focus.

As such, our remit is to deliver services to as many different sectors of the local community as we can, and I feel that over the last few years we've certainly managed to do that. Through its Working Together project, Greenhill has given both unemployed and newly employed people somewhere to develop skills and ideas, which they can then exchange with others. Over the last six months, we've seen around forty young people go through our life-coaching classes, building up their confidence to communicate, learning how to cope with interview processes and applying for jobs. We've got a community garden that allows people whatever their age range or background to get hands-on in growing their own produce, while benefitting from the therapeutic value of working in a green space. We also offer a broad range of subsidised classes to ensure that there are opportunities for continued learning offered in our community. Places like Greenhill are so important in today's society as they give a sense of focus to a community and provide somewhere that people can drop in when they need support the most. It also offers an affordable option to improving skills. By turning out in such numbers, you're showing the importance of investing into areas that many people have ignored for too long.

So, a few pieces of information to help you to get your bearings. Where we are at the moment is the atrium, in the centre of the building. It's where we hold any large discussions or debates, and it's where you can find the registration desk, just over beside the toilets. And if there are any sessions you'd like to attend, that's where you'll need to sign up. Shortly after I finish rambling on, there's going to be a street dance performance here featuring a piece developed by the students in Ms Tandoh's class. That will be followed by a self-defence demonstration – which is open for anyone to take part. In the afternoon, there'll be an opportunity to meet our tutors, and discuss how you could benefit from the services we offer. Over there, is classroom C, the IT room. This is where we do all our computer-based work at the centre. This morning you can try your hands at basic coding, with Daryl, our IT technician. After lunch, there's an online gaming session planned. I know that's going to be really popular, so get your name down quickly to avoid any disappointment. Through these doors at the back of the hall you'll find the community garden area. It's a great place to relax, and you should have a look at the raised beds – some incredible fruit and

Q11

Q12

Q13

Q14

Q15

Q16

Q17

vegetables have been grown this summer. Now don't forget to have a look in the glasshouses either – students have been growing a huge of variety of plants which are for sale – funds will be used to buy more gardening equipment. There's a cash desk manned by students in the shed, please pay for any purchases there.

Now, down this corridor there are classrooms A and B. On your left is classroom A, where we're holding arts and crafts activities. First up, there's a clothing design session, where you can learn all the basics about screen-printing and embroidery; after that there'll be a digital photography workshop, looking at how to use phone cameras more creatively. Classroom B is where we've set up our music classes.   Q18

This morning there's a drumming workshop for beginners – expect to make some noise – and later there'll be a session on digital audio workstations. That's making music on a laptop or portable device, for any older visitors. You can try out software packages and work together to compose a new collaborative piece. Sounds good. At the end of the corridor is the canteen. During usual hours, we have a small kitchen run by volunteers, so people can come and get something warm to eat, or just catch up with friends over a coffee and cake. This is also where we teach basic culinary skills and home economics to a growing number of community members. At 11:30 this morning, there will be a food fair with several stalls set up to showcase different types of food that are common in our community. A great opportunity to try something new, and perhaps have a light lunch. Later on, there's a cookery demonstration, where some of the catering students will be showing the different skills they have picked up over the year, using produce grown in the community gardens.   Q19   Q20

SECTION 3

Dr Philips   Come in. Ah, good morning, it's Katie, isn't it? Have a seat, please. Right, well, let me introduce myself, I'm Dr Rodger Philips, your Director of Studies here at the university. Put simply, that means I'm in charge of your academic welfare while you're here at the university. If you want to discuss the way your course is going, or have any concerns about workload, I can offer some support.

Katie   So it's a type of mentoring?

Dr Philips   Yes, it is, I suppose. I'm here to monitor and support your academic progress up to graduation.

Katie   So, so do you offer advice on courses?

Dr Philips   Yes, I can advise on course selection and help with any timetabling issues that might arise. Is there something specific you want to talk about with your choices for this term?

Katie	Well, I have to make a decision on optional courses by the end of the week, and I'm not sure which of the options to go for. There are five available, but I have to choose two, don't I?	
Dr Philips	True, but a lot depends on your major – some of the content may well be covered in Business Studies anyway. This one for example, Communication Skills. There'll be a lot of overlap between it and your core course, so I'm not sure whether it has any real relevance.	
Katie	Well, in that case I'd better look at something else. <u>There's no point covering the same ground</u>. What about Design Thinking? It focusses on creativity for the 21st century and looks at things like content design and targeted marketing. I like the practical element to that.	Q21
Dr Philips	Well, if you're thinking about focussing towards the marketing side of business, it would certainly be a useful move. But remember that you don't want to narrow things down too much early on. Something like Introducing Statistics might be more suited if you want to get a broader understanding of economics.	
Katie	Well, <u>I think I'll sign up for it anyway. Statistics sounds a bit too heavy</u>. I was hoping that I could cover things with Financial Fundamentals – I've been told that's a good option to go for to get an overview of different processes.	Q22, Q23
Dr Philips	Historically it's a popular choice. There's quite a strong element of mathematics in it that puts off a few students, but it's definitely worth considering.	
Katie	Hmm, I'm not too keen on maths. <u>I might have to think that over some more.</u>	Q24
Dr Philips	So that leaves Management Practice. You cover the role of managers; look at different approaches to leadership and top-down business strategy. There's an element of overlap with the core, but there's some really interesting focus on academic theory in the workplace.	
Katie	That sounds good. Who's teaching that?	
Dr Philips	Dr Bell usually does it, but she's on maternity leave at the moment. They should be able to give you the details about her replacement at the office.	
Katie	<u>OK, I think I'll decide once I know who they put in place.</u>	Q25

Dr Philips	Good, well, that seems to have been productive. Now, are there any other issues that you want to discuss with me today?	
Katie	To be honest, I'm a bit worried about my writing. It's not that I'm not very good, but I find it more difficult with longer essays. <u>I sometimes find - I struggle with structuring them.</u> You know, how to link ideas, and make sure that there's a clear thesis.	Q26

Dr Philips	OK. Well, it's good that you've brought it up. A lot of students tend to hold back until they're asked to write their first essays, and then they get very stressed about it. It's better to address early on in your degree; it makes things much easier in the long run. We have an academic writing skills tutor that I could organise something with …	Q27
Katie	Really? Can you do that?	
Dr Philips	Sure. They provide one-to-one sessions in the library … so you individually get attention. We offer a whole range of study skills for students who feel they need a bit more help or focus. It's not just writing though. There are some great resources on active note-taking which are useful for lectures. Here, there's more about it in this leaflet …	Q28 Q29
Katie	Thanks. I think I could really benefit from something like that. Could I have one for my friend, Allie? She's in 2nd year …	
Dr Philips	Well, the study skills sessions are open to everyone, not just first years or undergraduates. She'd be welcome to get in touch with them, too.	Q30

SECTION 4

What is distance education? Many people are calling it the next big thing to hit the internet, and there's already talk about virtual universities and degrees from cyberspace, but what does it all mean?

Well, let's start with the basics, some of the reasons behind the need for distance learning, and I'll try to give you a definition as to what distance learning actually means.

In the past, most people who wanted to learn formally did so in some kind of school, college or university, and this mode of learning looks likely to continue well into the future. However, with rapid advances in technology, online courses have become increasingly more accessible and user friendly, and over the last ten years or so these advances, as well as the huge increase in the need for lifelong learning, have resulted in an enormous growth in the number of online courses available. As a result, the number of students taking these courses has also grown, from 710,000 in 1998 to almost 23 million in 2002. This means that 15% of all higher education students are now taking distance learning courses, up from 5% in 1998.

Q31

Q32

This means that potential students now have a wide range of options when it comes to choosing what, when and where they want to study. This also means that working adults, homemakers, students in remote areas, people with disabilities and the elderly can now study when and where they want.

Now, as some of you may have picked up, I have already referred to both distance education and distance learning. What is the difference? Well, really they are the same thing, and it is probably best for anyone just starting out in distance learning to think of them as being the same. So, what, exactly, makes distance learning different to traditional learning? Well, <u>the first thing is that the instructor and the student are not in the same place</u>. They may be in different parts of the same town, or they could be on opposite sides of the world. The second element of distance learning is the use of special educational media, <u>such as CDs and CD-ROMs, the internet, television and radio</u>. The final key element of distance learning is the provision of <u>two-way communication between the instructor and learner</u>. This could be by normal mail, telephone or, more and more commonly, email and the internet.

Q33

Q34
Q35

OK. So, what are the pros and cons of distance learning over traditional learning? Well, I'll start by listing what I think are the main advantages of distance learning, and then list some of the disadvantages. Now, clearly <u>one of the main advantages of distance learning is the convenience it offers</u>. Distance learning students are able to take courses in the comfort of their own home or workplace. A second obvious advantage is that of flexibility. Many students may be either unable to or simply not want to go to college or university full-time. Distance learning courses allow these students to study when they want, and at their own pace. <u>A third advantage of distance learning is in choice or availability</u>. Distance learning offers potential students a huge choice of courses, especially for those wishing to study through the internet. Distance learning can also provide an advantage in time savings, as students don't need to waste time travelling to their classrooms or to the library. It also provides greater diversity in the make-up of classes, with a larger mix of older, <u>highly motivated students from different backgrounds and cultures</u>. A final advantage is that distance learning allows students to continue working while they are studying, something that is of great importance to students with families, for example, and probably the main barrier to studying for many would-be students.

Q36

Q37

Q38

However, as well as all the advantages, distance learning also has its downsides. Probably the biggest disadvantage relates to the commitment which distance-learning students require. As many students may be working, have families, or simply have busy social lives, they may find it difficult to find time to study. This commitment, or more exactly, the lack of it, is the main reason why many distance-learning students fail to complete their courses. <u>Similarly, time management can also cause problems</u>. Students need to stay on top of coursework, meet deadlines, and try to avoid 'putting things off'. Distance learning students also need to be able to manage all the course information, and a certain level of computer know-how is required. If students are not comfortable using technology such as the internet, then distance learning is probably not for them. A final disadvantage is that of a feeling of isolation. Many students may be used to the care and attention they receive from instructors in face-to-face learning situations, and <u>are therefore not prepared for the independence distance learning offers</u>, and may miss the contact they would otherwise have with lecturers and other students.

Q39

Q40

Certainly, many online degrees are competitive and are accepted the same as traditional degrees. However, if you are unsure about the acceptability of any online qualification, it is always best to check it out before making any firm decisions.

OK, so moving on. How can you find the distance learning course you want?
Well ...

T E S T 3

S E C T I O N 1

M	OK, Alex, let's check the special dietary requirements for your wedding. First of all, could you just spell your fiancée's surname for me? It's Eliza Arundell, isn't it?	
A	That's right, Melanie. It's A-R-U-N-D-E-L-L. Arundell.	
M	Perfect. The date is the 6th July and the venue is –.	
A	Troughton Castle.	
M	How do you spell that? T –	
A	Troughton Castle, T-R-O-U-G-H-T-O-N.	Q1
M	Got it. Excellent.	
A	And the address is 1 Mile Hill, Eastbourne.	
M	Do you happen to know the postcode at all?	
A	Not offhand, but I've got it on my phone. Let's see. OK. Here it is.	
M	Go on.	
A	BN20 4DZ.	Q2
M	Lovely. Now, can I just check … what is your budget per person?	
A	£117.	Q3
M	Yes, I thought that was the case. And we also have 12 children's menus at £25 per head. Is that right?	
A	Yes, that's right.	
M	OK, good. OK, now I need to ask you about the special dietary requirements. How many vegetarian meals do we need?	
A	13.	Q4
M	Are any of those children's meals?	
A	No, they're all adult ones.	
M	Does that include any vegan meals?	
A	No, it doesn't.	Q5

M	Fine. Now let's move onto the next section. Are there any allergies that we need to be aware of?	Q6
A	Yes, there are. Peter Green is allergic to mushrooms.	Q7
M	Yes, I made a note of that before.	

A	And I've just learned that another guest is allergic to shellfish, especially prawns.	Q8
M	What's his or her name?	
A	Anthea Goodall. Is that a problem?	
M	No, not at all. Is that everything?	
A	Regarding allergies, yes.	
M	OK. And finally, Alex, is there anything else you'd like to run by me?	
A	I do have one more request.	
M	Mm-hmm.	
A	Uhm, could you also provide soya milk with the tea and coffee? A lot of my guests prefer that.	Q9
M	Absolutely, I'll make sure we have plenty of … soya milk. OK, those are all my questions. Is there anything else you think I should know?	
A	Well, yes, I was thinking … we'd also like everyone to have a little present to take home. Do you remember that when we came to your office for the first time, that you gave us those delicious chocolates?	
M	Yes, they're home-made actually.	
A	Do you think we could arrange a little box of those for everyone?	Q10
M	Absolutely, that's no trouble at all. I'll find out how much it will cost and get back to you asap.	
A	Brilliant! My fiancée will be really pleased to know that.	
M	So is that everything?	
A	Yes, I think so, Melanie. That's the lot.	

SECTION 2

Hi there.

OK, so, today we're going to talk about vitamins. They are essential for our health and yet many of us know little about them: what they are, what they do, and most importantly, how we obtain them.

First, we'll look at the eight main vitamins and discuss what is a suitable source of each.

We'll start with vitamin B3, also known as niacin. Meat like chicken is a good source of vitamin B3. For vegetarians, nuts are also an excellent source of niacin.

For instance, you can find this vitamin in almonds and peanuts. Vitamin B6, aka pyridoxine is found in very many foods, including meat, fish, eggs, bread and so on. You should have no problem obtaining this ingredient from your everyday diet.

Q11

Vitamin B12, which is essential for the production of red blood cells, <u>can also be easily found in meat, fish, milk and cheese.</u>

Q12

Vitamin C, of course, as everyone knows, is found in fruit, especially citrus fruits. A glass of orange juice will go a long way to meeting your vitamin C needs.

Vitamin A is rather more tricky. There are two types of vitamin A. The first, preformed vitamin A, is found in many animal-based ingredients. <u>The second form, provitamin A – carotenoids – is found in spinach or lettuce</u>, and especially in carrots.

Q13

Curiously, the body naturally creates vitamin D through exposure to sunlight so there aren't really any food products you need to get your daily needs. You just need to spend time outdoors. However, eggs can provide some extra vitamin D in your diet.

Indeed, eggs really do deserve their reputation as one of the world's healthiest foods. They are also one of the best sources of Vitamin E. However, that doesn't help people who have an allergy to eggs or who don't eat them for other reasons. <u>One possible substitute is sunflower seeds</u>, which can also make a delicious snack, certainly one that's better than crisps or popcorn.

Q14

Finally, we come to vitamin K. In this case, 'K' is for kale, <u>which is an excellent source of this essential ingredient, as are broccoli and Brussels sprouts</u>. You can see that obtaining vitamin K is easy. The hard part is getting your kids to eat it.

Q15

Now let's look at these vitamins in a little more depth.

Dieticians divide vitamins into two groups: water-soluble vitamins and fat-soluble vitamins.

Water-soluble vitamins are the ones we get from fruit and vegetables and grains. There's nowhere to store these vitamins in the body, <u>so you should eat these more often. The water-soluble vitamins include all the B vitamins as well as vitamin C</u>.

Q16

The second group, fat-soluble vitamins, are usually found in fatty products such as meat and olive oil. They are important for your body, but it's not necessary to eat them every single day.

The fat-soluble vitamins are vitamins A, D, E and K.

In general, you can get all the vitamins you need from the food you eat. It isn't necessary to take pills or other supplements. There are some exceptions to this rule, especially for children or <u>women who are expecting a baby</u>, but the average adult needn't spend an undue amount of money on vitamin pills. All you need to do is to be aware of which foodstuffs are excellent sources of each one, as we have already discussed.

Q17

But why exactly do we need each vitamin? Well, the B vitamins in general are important for a number of reasons, including releasing energy from the food we eat. Vitamin B6 is also essential for our red blood cells, as is vitamin B12. Vitamin B3 is essential for many reasons, including maintaining healthy bones. Unfortunately, vitamin B3 is only found naturally in animal products, which can be a particular problem for vegans. One solution is to start the day with cereal that has been fortified with key ingredients such as niacin.

Q18

Let's move onto the second group of vitamins, the fat-soluble vitamins.

Vitamin A and Vitamin E are both essential for our immune system and our eyesight. Vitamin A is also good for the heart. One particularly good source of vitamin A is liver, and if you can't stand eating that on its own, remember that it's the main ingredient in most forms of pâté and sometimes in meatloaf.

Vitamin D, on the other hand, helps our muscles, bones and teeth stay strong, since it maintains the level of phosphates and calcium in the body.

Q19

Finally, I'd like to go back to vitamin K. It's called vitamin K after the Danish word Koagulation with a K, meaning coagulation, because it is essential for our blood. If you don't have enough of it, your blood will fail to thicken, to clot, and this can create problems if you then cut yourself, because it can be difficult to stop the bleeding. Again, if you have a normal diet, this shouldn't happen. Listen to granny and eat your greens, most of which are a rich source of this vital ingredient.

Q20

Today I hope I have shown that it is possible to obtain vitamins from the everyday food that we eat. The secret is to always eat a rich, varied diet so as to ensure that you are getting the right quantities of each of these key vitamins.

SECTION 3

I   What do you mean when you say, "no road signs at all", Rhonda?

R   Well, Ian, we've all grown up in a world that is full of signs and notices. When we drive our car, we think nothing of seeing instructions to slow down, control our speed, and so on. For many people, they think of these signs as no different from the air we breathe. They're just a part of life. But they're not.

L   Hang on. If we removed all the road signs, the result would be absolute chaos. Road signs are there to keep people safe. We can't live without them.

Q21

R   Some people can, and in fact, do, Lara.

L   Where? Not in the UK.

R   There are towns in the Netherlands where the local government have removed road signs, white lines and even traffic lights. Basically, everything that tells you what to do on the road.

L   What happened?

R   There were fewer accidents.

I   How does that happen?

R	In towns where they remove all road signs, people drive more carefully. They don't take risks. They tend to reduce their speed because a lot of the time, they aren't even sure if they are on a one-way or a two-way street.	Q22
L	Do you have evidence to prove that?	
R	Yes, indeed. Let's look at the town of Drachten in the Netherlands, where this project began. Before the project, there were 15 sets of traffic lights in the town, and this was reduced to just three. In the first seven years of the project, there were no deaths on the road.	Q23 Q24
L	None at all? What was the situation before they removed the traffic lights?	
R	They had about one death every three years.	

L	So it really works?	
R	It seems so, yes. Now, Drachten is a town of 50,000 people. It would be interesting to see if this project were scaleable. Would it work in a large city, like London or Birmingham? The inventor certainly thinks so.	
I	Who was that?	
R	His name is Hans Monderman and he is a town planner. Monderman compares his scheme to an ice rink. People there move around without any instructions or rules and yet they manage to avoid accidents.	Q25 Q26
I	Yes, but they also aren't moving at 60 kilometres an hour. I don't know if this would work in the UK.	Q27
L	I agree, Ian. It's possible that the Dutch are just calmer, more responsible drivers. Just think of all the road rage we have in the UK.	Q28
R	Possibly, but there are plans to introduce a similar scheme here in Britain. You see, this phenomenon may be down to psychology, not just national temperament.	
I	Uh-huh.	
R	In a world of road signs, people have all the information they need. They know where to turn, to park, to stop, and to fill up. Without this information, drivers have to think for themselves. In other words, the fewer signs there are, the greater the driver's concentration.	Q29
I	I see. They can't just switch off and think about something else.	
R	Exactly. A lot of accidents happen when drivers' minds start to wander. You know, many people spend an awful lot of time behind the wheel.	
I	Well, I know one set of road signs that I would like to remove.	
R	What's that, Ian?	
I	Parking signs. Sometimes it's not clear whether you or anyone is allowed to park in a certain area. I'm sure that local governments intentionally make these signs confusing. Drivers don't understand them, so they park in the wrong place and then they have to pay a fine. It's all extra money for the government, isn't it?	Q30

R	Now that might be an interesting area of research for your dissertation at the end of the course. What do you think?
I	Oh, OK. I'll look into it.
L	And I think I'll study this project in the Netherlands in more depth.
R	Excellent suggestion, Lara. In fact, I think you could work on these dissertations together because they cover similar ground.
I	Sounds good to me.
L	And me!

SECTION 4

Good afternoon. Thank you for coming. My name is Ruth Schultz and I am a researcher at the Technical School here. In today's pop-up talk, I'm going to talk to you about my main field of research, one which is ongoing and very exciting. We are trying to solve the problem of solar-powered flight.

We all know that the aviation industry is a major source of pollution, but did you know exactly how bad that is? A commercial flight from London to New York creates the equivalent of about two and a half tons of carbon dioxide per passenger. To give you an idea of what that means, an average European adult generates about 10 tons of carbon dioxide per year. Air travel makes up a substantial part of our carbon footprint as individuals, about a quarter. So, we need to do something about this. Perhaps solar-powered flight has a part to play.

Q31

Q32
Q33

First of all, let's establish what we mean by solar-powered flight. We're effectively talking about planes which are powered by electricity, something that isn't common in aviation in general.

That's not to say that an electric plane is an impossibility. The budget airline EasyJet is working alongside a US manufacturer to build a 180-seat electric commercial airliner. This remains on the drawing board for now and the development may take up to a decade, but this is a serious project.

Q34

That's where we currently stand regarding electric planes powered by batteries. A solar-powered plane, however, is a step beyond that.

To run a solar-powered plane, we need a battery which is charged by sunlight. If this is the sole means of charging the battery, the aircraft will need a lot of solar cells. That just isn't viable on a large scale at this time.

Nevertheless, there are prototypes in existence. Indeed, in 2016, the aircraft Solar Impulse 2 completed a flight around the world, the first ever using only the power of the sun. Solar Impulse carried 17,000 solar cells and yet it was only large enough to transport two people on its journey.

Q35

It travelled 42,000 kilometres without burning a drop of fossil fuel along the way. Admittedly, it did so at an average speed of 70 kilometres per hour, accomplishing the feat in 505 days, well over a year. It is unlikely to be overtaking any commercial airliner any time soon, as they move at a typical cruise speed of some 900 kilometres per hour.

Q36

Aside from speed, there are a number of other issues that we are grappling with in our quest to achieve solar-powered flight. One of the biggest is that the plane must be relatively lightweight, so solar-powered planes aren't really suitable for carrying heavy loads. Even if we could build a passenger plane, it is unlikely that we could do the same for freight traffic.

Finally, there is the problem of the weather. A solar plane must have plenty of sunshine both before and during its flight. Being a lightweight vehicle, it also needs to avoid stormy weather. Modern air passengers get angry when faced with a delay of a couple of hours. It is unlikely that they would accept being asked to wait days before boarding.

Q37

My research and that of others in the field is dedicated to creating real change in the airline industry. It may be that we need to invent hybrid planes just as we have hybrid cars. In this way, part of the fuel use would come from fossil fuels, but the rest will be generated by electricity. If we could use solar power or other renewables to source that electricity, it would make a big impact on world carbon usage.

We have hybrid cars on the roads now, so why don't we have these hybrid aircraft yet? Well, there is a technological hurdle to overcome. The battery that would be needed to power a hybrid plane would be too heavy to be practical. Nevertheless, there is a great deal of hope that a lighter battery can be invented soon.

Q38

Quite honestly, it can't come soon enough. The thing to bear in mind is that although the aviation industry already contributes to a massive amount of world CO_2 production, many experts believe this is only going to increase in the future. There are some predictions that the aviation industry's CO_2 production might triple by the year 2050. This is clearly unacceptable and it's time to take action now.

Q39

Solar planes are a reality, but they have not yet entered commercial production for the reasons that I have outlined. Some may say that that day will never come. What the history of the airline industry has taught us is that change can come very fast once a tipping point has been reached.

Q40

I can assure you that although my head is in the clouds, my feet are very much on the ground when it comes to my views on this subject. Now, any questions?

I can assure you that although my head is in the clouds, my feet are very much on the ground when it comes to my views on this subject. Now, any questions?

T E S T 4

S E C T I O N   1

A	Hello, how can I help you?	
B	I'd like to leave these bags with you if that's possible?	
A	Certainly. How many in total?	
B	<u>Three, please</u>. How much will that be?	Q1
A	It's $55 for a large suitcase and $35 for a small one.	
B	Seems expensive. How long for?	
A	That's per 24 hours and <u>the current time is 15:30</u>.	Q2
B	I see. OK. That's good. <u>My flight leaves at 6:30 tomorrow</u>.	Q3
A	Are they your bags? The ones over there?	
B	Yes. I've got two large ones and a small.	
A	That's fine. What name is it?	
B	<u>Louis McTominay. That's L-O-U-I-S M-C-T-O-M-I-N-A-Y</u>.	Q4
A	Thank you. Have you got any ID?	
B	Here's my passport.	
A	Thanks very much. And your flight number tomorrow?	
B	<u>AH 569</u>.	Q5
A	569. Thank you. Now, do you have a contact phone number?	
B	Yes, it's a New Zealand number so <u>64 52 947 2407</u>.	Q6
A	Where are you staying?	
B	With friends downtown. Do you want the address?	
A	If you give me the ZIP code, I can find it.	
B	Right, let me see. Here we are. <u>The ZIP code is 94102</u>.	Q7
A	And the street?	
B	Hayes Street. H-A-Y-E-S.	
A	What number are you staying at?	
B	Let me see. <u>580, Hayes Street</u>. Apartment <u>304</u>.	Q8, Q9
A	That's fine. So you can leave them here until half past three tomorrow. That's a <u>total of $145</u>. How would you like to pay?	Q10
B	Visa card?	

A There you go. Pop in your pin number. Here's your receipt. We'll see you tomorrow. Bye.

SECTION 2

OK … is that everyone? Has everyone slept well? No jet lag? Anyway, welcome! Nau Mai! I am sure you're going to have a great tour of the country, but I just wanted to give you a brief overview to put everything you're going to see into perspective. As you know, we are currently on the South Island, in the city of Christchurch. There are three main islands: North Island, where we're going next week, South Island, where we are now and the much smaller Stewart Island, down here on the map. Only about 400 people live on Stewart Island. <u>The vast majority, 3.7 million, live on the North Island</u> with about a million on the South Island.

Q11

Now, as you have probably heard, <u>New Zealand is known as one of the last land masses in the world to be inhabited by humans</u>. The first to arrive were the Maori who came by boat from islands in the Pacific. They arrived towards the end of the 13th century and settled on both main islands over the next five hundred years until the Europeans arrived in numbers at the end of the eighteenth century. Although it is commonly thought that Captain Cook from Britain was the first European here, the country was first sighted by a Dutch explorer, Abel Tasman, in 1642. He mapped a lot of the coastline and named it <u>New Zealand after a province of Holland called Zeeland</u>. Cook came on three separate trips and was the first person to circumnavigate the whole country and prove it was not part of Australia. He first visited in 1769 and died in Hawaii soon after his third visit in 1779.

Q12

Q13

Over the next thirty to forty years, many European ships visited New Zealand and traded with the local Maoris, <u>offering them tools and guns in return for water</u>, fresh food and wood. These ships brought hunters who came in search of whales and seals, amongst other things. During the same period, <u>Europeans from many different countries settled</u>, but it was Britain who decided to try and make the country part of the British Empire. <u>The next key date is 1840 when the Treaty of Waitangi was signed on February 6th</u>. This was an agreement between the Maori chiefs - around 500 signed it - and the British government. It made New Zealand part of the British Empire in return for protection from other countries. As you'll discover during your stay here, not everyone thinks it was a completely fair agreement.

Q14

Q15

Q16

The population of immigrants from Europe continued to grow and the New Zealand Parliament was founded in 1854. Between the 1840s and 1870s there were a number of battles between the British and the Maori, usually over land which was taken by the British and ever since there have been numerous attempts to repay the Maori for land which was taken from them.

One reason for the arrival of large numbers <u>in the 1860s was the discovery of gold</u>. The subsequent Gold Rush brought so many people here that Dunedin, down here on the South Island, became the largest city in the country for a few years. After the Gold Rush, <u>people stayed and took up other trades such as fishing, logging, mining and farming</u>. It is well recorded that a massive number of native trees were cut down to make housing, fencing and ships. This was so destructive that only about 1% of the original trees remain.

For about forty years, Auckland was the capital of the country, but in 1869 it was decided to make Wellington the capital as it's in a more central position, at the bottom of the North Island, but only a short distance across to the South Island. Although <u>we were one of the last countries to be inhabited, we were very progressive and were the first country in the world to give the vote to women in 1893</u>.

In the 20th century, New Zealand was a very active country for such a small population. They developed refrigeration techniques so they could transport dairy products and meat. They took part in both World Wars and <u>in 1953, it was a New Zealander, Edmund Hillary, who was the first man to climb Mount Everest along with his guide Sherpa Tensing</u>. A New Zealander, Rutherford, was a pioneer in atomic physics, and another New Zealander, Peter Jackson, made one of the most successful movie franchises ever in The Lord of the Rings. New Zealand also developed extreme sports like bungee jumping and, as you know, the All Blacks are the best rugby team in the world.

Over the next couple of weeks, you will see many of the places I have mentioned, and I hope that gives you an idea of the flavour of New Zealand. And now, talking of flavour, let's sit down to some nice New Zealand lamb …

Q17

Q18

Q19

Q20

SECTION 3

A Thanks for coming, both of you. It's great to have some input from a student into our course programme.

B Well, she did get the best marks last semester so she should be able to make some good suggestions!

C Thanks. I will try. Last semester was good, but I agree, it is a good idea to have an induction week at the start. What is the main aim of the week?

A That's a great place to start. I think we all feel that not all of the students benefited as much from the course as they could have done and we think that's probably because they weren't ready for certain parts.

B So we thought that next semester it would be good to have the first week just to get everyone ready. A sort of orientation week, particularly for the international students.

A	Domestic and international, actually, Becky. Don't forget we had just as many international students pass as domestic, despite <u>the fact the whole course is done in English</u>.	Q21
C	What percentage passed in the end?	
A	<u>About sixty-five</u>, and we'd like to increase that to seventy this time.	Q22
B	So what are we going to do in Week 1?	
A	Well – the first thing will be a day on study skills. <u>How to do research, how to take notes and how to organise your materials so that everything is accessible</u>.	Q23
C	That sounds like a great idea. We could have done with that!	
B	<u>Another thing we want is a visit to the library</u>. One of the library staff has offered to show the students around in small groups so they understand what there is and how to use it efficiently.	Q24
C	I agree with that. Some of our classmates never went there. They did all their research online.	
A	Which is a pity. Proper research involves looking through real books and taking notes. At least in my opinion.	

B	OK, so we've got study skills and a visit to the library. What else are we going to include?	
A	I think we need a session on referencing. <u>How and when to write references and how to deal with citation</u>. What do you think, Carla?	Q25
C	Again, we could have done with that earlier in the semester. A couple of the tutors expected us to know how to do it and not many of us did. I think it's pretty important.	
B	So how long would we need? A couple of hours?	
A	Minimum! Let's say two ninety-minute sessions in the week. <u>Now what about time management? Professor Dawson from the Business School says he'd be delighted to run a session for us</u>. He does a lot of work with senior managers and company directors and he's got some great tools to show. You know, ways to monitor how you spend your time and how to decide what is more important than other things.	Q26
C	That sounds really good. Anything about working in groups? That would be useful.	
B	That's a great idea. We hadn't thought of that, had we, Andrew? But in fact, a lot of the coursework has to be researched and presented in groups so that might be very useful.	
C	Yes, particularly for <u>some of the international students, who aren't used to working with other students</u>.	Q27
A	I know exactly what you mean. <u>How about a session on presentations as well?</u>	Q28
B	<u>That would be great. Their first assignment is Week 4 and they have to present as a group. A lot of them were pretty awful last semester – poor slides, too many words, not very good body language and so on.</u> So yes, that would be great! Anything else?	

A	A session on IT is always useful. How to use the learning management system and so on ….	Q29
C	That makes sense. Who's going to be running these sessions by the way?	
A	Becky and I will do most of them, but we were going to ask some of this semester's top students to come and talk about the course from a student's point of view.	Q30
C	… and did you have anybody in mind?	
B	Well, since you're here …	
C	I'd be happy to. I could ask Lisa as well. Particularly as she's an international student.	
A	Great.	

SECTION 4

Good morning, everyone and welcome to our latest lecture on Business for the general public, where we try to entertain you and inform you about key business topics. As part of our series on marketing this week, we will be looking at branding – the names companies use and the values we associate with them. Today's lecture will focus on reinvention - in other words, we will be looking at companies which have changed their main activity for one reason or another, moving from one type of business to other activities as circumstances change. Companies which do this successfully manage to get out of one market before it is too late and into a new one when there is still time to be profitable. You will notice that companies do this for different reasons - sometimes it is planned and sometimes not.

I have divided my talk into four sections, and I will look at different companies in each one. Let's start with one of the most famous companies in the world and with one of the most well-known logos as you can see on this slide. Shell is famous as an oil company, selling petroleum products to a huge number of people all over the world. The company is Anglo-Dutch, the result of Royal Dutch Petroleum and Shell Oil merging in the early 20th century. Today, the company owns massive oil tankers which transport the crude oil direct from the oil fields to the refineries. Shell invests millions of dollars trying to find oil and when they find it, trying to extract it. Q31

Yet 150 years ago, Shell was a small shop in London which sold shells, exactly as the name and the logo suggest. They imported them from south-east Asia and sold them to collectors. The shop was run by a man called Marcus Samuel and when his sons took over the business, they expanded into a more general import-export company. Their ships sailed to south-east Asia full of tools, machinery, textiles and other products made in Britain and returned with rice, china and silk. Towards the end of the nineteenth century, the invention of the motor car created a large market for oil and the Shell company was the first to build a ship specially designed to carry oil. Before that, oil was carried in Q32 barrels, but <u>in 1892, the first oil tanker was launched</u>. From then on, the Samuel Brothers became a major player in the oil business and in 1897, renamed their company Shell Transport and Trading. During the 20th century, they became more and more involved in the petroleum business and <u>Shell is now one of the names you associate immediately with exploration, drilling and trading in oil</u>.

Q33

Q34, Q35

Let's turn to my second case-study, and here you will see how a company can enter and leave a market over a very short period of time. When I talk about Nokia, most of you will remember the name from the early days of mobile phones. Their ringtone was particularly well-known, and you seemed to hear it hundreds of times per day. <u>Nokia was a Finnish company</u> which, back in 1871, began as a wood mill manufacturing paper near a town called Nokia in the middle of Finland. In 1896, they merged with another company in the area which made rubber boots and in 1912, a third local company merged, all under the name Nokia. The main reason for these three companies merging was locality. They were all located near each other. <u>Their first success came with Nokia boots</u>, which soon became very popular, and for years their name was associated with boots. In 1963, Nokia made its first steps into the telecommunications industry by developing radios for the Finnish army. This was soon followed by success manufacturing car phones, but it was in 1987 that it produced its first mobile phone. It weighed around 750 grams - about seven times as much as smartphones today. One of their first customers was the Russian leader Mikhail Gorbachev and they got a lot of good publicity from using photos of him using it. From 1998 to 2012, Nokia sold more mobile phones than any other company in the world, but they had problems moving from mobile phones to smartphones to compete with Apple and Samsung. They tried a joint venture with Microsoft, but it was not successful and in 2013, after less than thirty years in the business, they sold their part of the business to Microsoft. These days, Nokia's core business is mobile networks.

Q36

Q37

Let's now look at a company which was forced to change when their main product was no longer useful to the general public or indeed needed. This happens more often than we realise. Did you know for example that in the 1970s most people rented their televisions rather than buying one? Or that to add memory to a personal computer, we used to insert a disk? Or that we used to send photos away to be developed? With the arrival of the digital camera first and then the camera on smartphones, Kodak, one of the most famous American camera companies, was forced to reinvent itself. Unfortunately, they failed. They had invented their own digital camera but were worried that such a product would destroy their own main business – selling cameras and film and developing photos for people. Instead of switching to digital, they sold off their camera businesses, closed factories and reduced staff numbers dramatically. They tried to focus on medical scanning equipment and commercial printers, but neither was successful. <u>From a company which had 85% of the camera market in 1976</u>, they ended up with practically nothing and their shares lost all their value.

Q38

So if Kodak is an example of a company which failed to reinvent, Smiths is a perfect example of reinvention. <u>Smiths began as a jeweller in London in the 1860s and over the next one hundred years they moved from jewels to watches</u>

Q39

and from watches to instruments, first for cars to measure speed and then to airplanes to measure height. As the Japanese and the Swiss began to dominate the watch market, they sold that part of the business and moved into medical scanners. Every time Smiths wanted to enter a new market, they used a simple strategy. They bought a small company already in the market and developed it. They found this to be better than starting from zero in the new market. They now employ 23,000 people in fifty different countries. <u>They are not the most famous brand in the world</u>, but they are certainly experts at reinvention.   Q40

Listening and Reading Answer Keys

TEST 1

LISTENING

1	B	11	1490	22	32	33	reclaiming
2	D	12	18th	23	business	34	10%
3	C	13	merchant	24	8	35	valuable or usable
4	BARRY	14	(his) grandson	25	a quarter / 25%	36	online marketplace
5	TEESDALE	15	National Trust	26	company size	37	(an) ink
6	bazza64	16	A	27	17	38	easily transported
7	01863 679022	17	C	28	29	39	barrier
8	VISA	18	B	29	C	40	environmental /carbon
9	9859	19	C	30	A		
10	31 August / Aug 31	20	B	31	positive		
		21	384	32	less damaging		

READING

1	C	natural boundaries	12	Not given	22	seasonless clothing	32	C	
2	A	core habitat	13	False	23	merchandising and marketing	33	D	
3	F	stepping stone	14	D	24	longer-term trends	34	C	
4	D	revegetation	15	E	25	B	35	DNA	
5	B	flood plain	16	G	26	C	36	emotionally powerful	
6	True		17	B	27	C	37	leadership role	
7	True		18	F	28	A	38	(team) psychologist	
8	False		19	C	29	D	39	past(previous) achievements	
9	Not given		20	the Big Dry	30	A	40	(personal) narrative	
10	False		21	unpredictable weather (condition) /unpredictable weather patterns	31	B			
11	True								

T E S T 2

LISTENING

1 C
2 B
3 C
4 A
5 College Hospital
6 next day
7 (a) courier
8 Thursday
9 2 to 5 / two to five
10 card
11 B

12 C
13 C
14 registration desk
15 self-defence
   (demonstration)
16 online gaming
   (session)
17 (community)
   garden (area)
18 crafts
19 beginners
20 (a) food fair

21 C
22 A
23 C
24 B
25 B
26 structuring
27 early
28 individually
29 note-taking
30 everyone
31 online course(s)

32 5%
33 different places
34 the internet
35 two-way
   communication
36 convenience
37 choice
38 backgrounds
   and cultures
39 time
   management
40 independence

READING

1 iv
2 viii
3 i
4 v
5 ix
6 iii
7 vi
8 FALSE
9 NOT GIVEN
10 TRUE
11 FALSE

12 TRUE
13 NOT GIVEN
14 C
15 D
16 B
17 A
18 E
19 C
20 A
21 B
22 D

23 trees and shrubs
24 flow of water
25 unconnected
26 out of control
27 FALSE
28 TRUE
29 NOT GIVEN
30 TRUE
31 C
32 G
33 A

34 F
35 D
36 child
   development
37 learning and play
38 problem solving /
   solving problems
39 safety concerns
40 value
   childhood

T E S T 3

LISTENING

1 Troughton
2 BN20 4DZ
3 117
4 13/thirteen
5 None/Zero/0
6 A
7 B
8 B
9 B
10 C
11 peanuts

12 dairy products
13 spinach
14 sunflower seeds
15 broccoli
16 B
17 C
18 D
19 C
20 B
21 absolute chaos
22 more carefully

23 3/three
24 no deaths
25 D
26 D
27 A
28 B
29 D
30 A
31 pollution
32 ten/10 tons/tonnes
33 25% / a quater

34 180-seat / commercial
35 17,000
36 70km(killometers)
37 stormy weather
38 too heavy
39 triple
40 fast

READING

1 iii
2 vi
3 i
4 ix
5 iv
6 ii
7 cost-effective
8 monolingual
9 contextual
10 essential
11 more efficient / clever

12 wait / continue listening
13 says next
14 D
15 B
16 C
17 D
18 B
19 C
20 A
21 F
22 E
23 A

24 D
25 C
26 G
27 B
28 TRUE
29 FALSE
30 NOT GIVEN
31 TRUE
32 TRUE
33 TRUE
34 the greenhouse effect

35 earth and oceans / earth / oceans
36 a thick blanket
37 natural disasters/ (the) devasting effects
38 earthquakes
39 find food/survive
40 contaminated

T E S T 4

L I S T E N I N G

1 3
2 15.30 / half past three / 3.30 pm
3 6.30 / 6:30
4 Louis McTominay
5 AH 569
6 52 947 2407
7 94102
8 Hayes
9 304
10 $145
11 A

12 C
13 B
14 tools and guns
15 many (different) countries
16 February (6)
17 gold
18 mining and farming
19 vote to women
20 1953
21 English
22 65 or 65%

23 research / note-taking
24 (the) library
NB answers to 25–30 can appear in any order
25 E
26 D
27 B
28 C
29 H
30 A
31 B

32 C
33 B
34 C
35 C
36 Finland
37 (rubber) boots
38 85 or 85%
39 watches
40 most famous brand

R E A D I N G

1 C
2 G
3 A
4 E
5 B
6 iv
7 v
8 ii
9 vi
10 i
11 NOT GIVEN

12 FALSE
13 TRUE
14 B
15 D
16 D
17 D
18 B
19 160,000
20 reproduction/ reproducing
21 tagging

22 EX / Extinct
23 EW
24 C
25 F
26 A
27 E
28 B
29 D
30 A
31 A
32 TRUE

33 NOT GIVEN
34 FALSE
35 TRUE
36 TRUE
37 E
38 D
39 B
40 A

Sample Answers for Writing Tasks

TEST 1

WRITING TASK 1

Between 2007 and 2014, admissions rose on all the courses, so the introduction of tuition fees did not stop people from applying to university. However, some courses grew more than others.

The biggest change was in Nursing. Admissions tripled from 2007 to 2014 and it is now the most popular course on the study. Psychology also grew by 20,000 admissions and Pre-clinical Medicine rose slightly too. All the Medical courses continued to be popular.

In 2007, Law was the most popular course and it still remains popular. It is one of only three courses with over 100,000 admissions.

Two other courses saw a very large increase from 2007 to 2014. Design had a big jump from 70,000 to nearly 100,000 in admissions, while the number of students doing Computer Science went up from around 55,000 to 75,000, an increase of 50% over the 7 years.

In fact, admissions did not drop in any of the courses in the study which shows that all of these subjects are continuing to attract new students.

WRITING TASK 2

While great steps have been taken to achieve equality between women and men in our society, there remains a great deal of work to be done. Women still suffer from discrimination in the workplace and in society at large.

In terms of the law, women are now equal with men. They can vote in elections and stand for political office. In the early twentieth century, this was not the case and women had to fight for the right to cast their vote in elections. Furthermore, women have the same rights to own property as men. This was also not the case in the past.

Nevertheless, women suffer from indirect discrimination in many other ways. Statistically, women are still paid less on average than men. Although laws have been put in place to ensure equality of pay for the same job, men continue to dominate management positions while women are assigned administrative and support roles. Their average salary is lower as a result.

Furthermore, the burden of childcare falls more heavily on the mother than the father. Many companies are reluctant to employ women in their late twenties and early thirties for fear of the women becoming pregnant and placing the burden of paying maternity care on the shoulders of the company. This is something that is unquantifiable and very difficult to expose.

Women have the same right to a career and to progress in that career as their male counterparts, but they are being denied this opportunity due to hidden discrimination at all levels in our society. Although the law has changed to uphold women's rights, our society will remain unequal until these hidden forms of discrimination disappear, something that would require a sea change in attitudes on behalf of the general public.

TEST 2

WRITING TASK 1

The chart shows activities carried out online by individuals in the UK. In response to the survey, 84% of people stated that they use the internet to send and receive emails, making direct correspondence the most popular activity. While social networking was also a popular pastime, nearly 20% fewer respondents take part in this. The second most popular activity was researching goods and services — 77% of respondents said that they use the internet for this purpose. Interestingly, while just over three quarters of respondents look up information about products, only a quarter sell goods or services online. Other main uses of the internet are online banking (69%) and entertainment. Of the different forms of entertainment, watching online videos is the most popular at 62%. Similar numbers of respondents listen to music and watch streamed TV online. The least popular form of online entertainment among respondents was online gaming (31%) — half as popular as watching online videos.

WRITING TASK 2

A growing number of people believe that due to the increased occurrence of fake news and inaccurate reporting online, the news presented there is unreliable. They believe that traditional media is a more trustworthy source of information. In my opinion, I completely disagree that we should ignore online news reports and place our trust in traditional journalism.

Firstly, while there are occasionally issues with accuracy, online journalism offers a much more direct and dynamic form of media. Online reports can be much more up to date than anything in print, giving details of rapidly changing situations. This means that the whole story can be told in real-time, with details being added to a story as new information comes out. Recognised journalists usually work in a very traditional way, and this slows down their ability to tell the story. By the time they can report an event, circumstances have often completely changed.

Another point to consider is the accuracy and reliability of the traditional media itself. When it comes to reporting a major event or political situation, journalists might be affected by the opinion of their newspaper or TV station's owners and only give one side of a story. On the other hand, online news is often presented from a large number of perspectives. This means that we have more of a balance in the information we receive. As readers it is important for us to decide which stories are the most reliable, and that is easier when we have more than one version of events to evaluate.

In conclusion, although there are some problems with unreliable stories online, this doesn't mean we should only trust recognised journalists. It is important to get information from as many sources as possible.

TEST 3

WRITING TASK 1

The table presents information about the number of students enrolled at three different English language schools in 2017. Overall, it can be clearly seen that enrolments at the Mayfair School of English (MSE) increased greatly across the year, while despite having the highest number of students at the start of the year, Best Communication English Academy (BCEA) student numbers fell over the twelve months.

MSE started the year with only 135 students, the lowest of the three schools. However, student numbers increased steadily across the year, finishing with a high of 472 learners in the November–December period. Similarly, student numbers at the New Zealand Centre for Languages (NZCL) also increased from January to August, starting at 314 students in the January–February period and climbing to a high of 683 students in the July–August period. However, after August, student enrolments dropped steadily, falling to 496 enrolments at the end of the year.

In contrast, BCEA had the most student enrolments at the start of the year, with 398 in January and February. Student enrolments increased to 491 over the next period, but then numbers dropped sharply to only 212 enrolments in July and August. Student numbers picked up slightly in the next period, climbing back to 267 before numbers dropped once again to only 209 enrolments at the year's end.

WRITING TASK 2

Tourism is an industry which is growing across the globe. Often, this growth is in countries that are still developing, meaning a large proportion of the population still lives in poverty, and so people feel that tourism is not benefitting these people. This essay will identify ways in which earnings from tourism can benefit the poor and will suggest ways to ensure traditional local cultures are not damaged by tourism.

There are a number of ways in which income from tourism can be used to help the poor, both directly and indirectly. Firstly, income can be shared directly by employing poor people to work in the tourism industry. This means that the money they earn can then be taken straight back to their families and shared among the poorer community. One indirect way in which earnings from tourism can benefit the poor is by reinvestment in support services and facilities, for example by improving health care facilities or providing reduced fares on public transport. In this way, tourists would be contributing towards the support of poorer local people.

However, as well as the benefits that additional income from tourism may bring, there are also concerns over the damage done to traditional culture and ways of life that are caused by increased tourism. One way to ensure that tourism does not destroy traditional culture is make that traditional culture a focus of the local tourism industry. The reason that many tourists choose to visit a place is to enjoy the local traditions, food and culture, so preserving these things will be beneficial for both the tourism industry and the traditional way of life in that area. Also, promoting educational activities for visitors s part of their holiday experience can be a great way to promote awareness of traditional culture.

In summary, engaging with local people, particularly those from the poorest sections of society, can be a great way to benefit the poor and at the same time assist in the preservation of traditional culture. With sensible approaches, these problems can be easily solved.

TEST 4

WRITING TASK 1

The graph shows information about annual music sales in the United Kingdom between 1990 and 2020. Overall, it can be clearly seen that sales of digital have increased massively over this period, while sales of other music media have decreased significantly.

CD sales accounted for the largest sales value at the start of the period, with sales of £500 million in 1990. Annual CD sales increased steadily over the next ten years to reach a peak of £650 million in 2000. However, after this, CD sales declined steadily to a forecasted low of only £150 million in 2020.

Music cassette sales have also decreased since 1990. Similar to CD sales, the sales of cassettes increased slightly from £100 million in 1990 to approximately £120 million in 1995. However, since 1995 cassette sales have fallen greatly, and from 2010 onwards, no sales of music cassettes have been recorded.

Vinyl music had the second highest annual sales value of £150 million in 1990, but sales decreased steadily over the next fifteen years to only around £30 million in 2005. However, vinyl sales increased in 2010 and are predicted to return to the 1990 level of £150 million by 2020.

In contrast to the other types of music media, digital music sales have changed significantly. In 1990, there were no sales of digital music, but since 2000, downloaded music sales have rocketed, and will climb to a high of £2 billion by 2020.

WRITING TASK 2

Globalization has impacted on people's lives across the world, and its impact is evident in the goods found in shops and markets in almost every country. However, while access to modern international products in local shops is seen as a positive thing by many, there are also some disadvantages. This essay will discuss both the benefits and drawbacks of globalization on local economies and cultures.

The first advantage of globalization is that it provides consumers with increased access to the newest products from around the world. This means that products such as the latest iPhone or new fashion trends are available in New Delhi the same day they are available in New York. This means that people no longer have to wait months or even years to get their hands-on items available elsewhere in the world.

A second advantage of globalization is that it gives consumers much greater choice when they go shopping. Rather than just having the option of a locally made product, they can choose to buy similar items from elsewhere. As a result, there is increased competition which leads to more competitive pricing, meaning customers don't have to pay more for something produced locally if they don't want to.

However, despite these obvious advantages, there are also a number of disadvantages. The first of these is the impact of globalization on local economies. Traditionally, most fresh produce such as fruit and vegetables would have been sourced locally. However, with improvements in air freight, it is possible to get fresh produce from one side of the world to markets on the other side of the world in 48 hours, often more cheaply than locally grown produce. This can have a negative impact on the local economy as producers find it more difficult to sell their goods locally.

Another disadvantage is the loss of local culture. As more and more international products hit local shops, people around the word are more likely to dress the same, listen to the same music, and eat the same food. As a result, local culture may be lost, as traditional clothing, music and foods become less popular.

Overall, it is clear globalization has had significant positive effects on many people all over the world. However, it is still important to recognise the importance of locally produced goods so that local economies and cultures can be preserved.

Sample Answers for Speaking

TEST 1

PART 1

E	Hello. My name's Robert. Could you tell me your full name?
C	My name's Helen Wood.
E	And where are you from, Helen?
C	I'm from China.
E	Could you tell me a little bit about your family?
C	Yeh. I am married. And so (I have) there are four people in my family. My husband, my two children and I myself. But if we talk about the big family, I have my parents and, yes, my brother's family. Very close to us as well.
E	And where do you live, Helen?
C	Currently I'm living in Hamilton, New Zealand.
E	And do you live in a house or an apartment?
C	We live in a house.
E	Could you describe the house a little bit?
C	It's not big. it's just a three-bedroom house. Quite old, too. Thirty. It was built thirty years ago – with a garden. And it has a gulley section so we're quite happy living in it.
E	Now, are you a student or do you work?
C	I work. I'm a teacher.
E	Are you? What do you teach?
C	I teach maths.
E	Wow! What age students do you teach?
C	High school students.
E	And what sort of teacher are you, do you think?
C	I'm quite strict. Yeh. I think it's part of me. And I do think it's necessary for a teacher to be strict, especially when you work with teenage students. It's necessary for them to know there are certain things they must do and there are things they can't. And I'm hard-working because I believe that nobody can do a good job without working hard and I'm quite understanding too. I remember those teenage days - what I was like. So, yes. I try not to be mean to my students.
E	And why did you decide to be a teacher?
C	I didn't choose to become a teacher. That's one of the…I never knew what I wanted to do when I was little, but I knew there were two things that I didn't want to touch. One was to become a teacher. The other was to become an accountant. But unfortunately, I AM a teacher. Or fortunate. I do feel I like my job now.

E	OK. Let's talk a little bit about your hobbies. What do you usually do at the weekend?
C	I don't think I have proper hobbies. My weekends are normally quite busy. So, I sometimes work on a Saturday. And for Sun-, on Sundays I do housework - spend some time with my children and my husband if he's off work. Yes. Pretty boring.
E	And where do you normally go on holiday with the family?
C	Beach. Beaches. Like. They all like being close to water. And if I go on holiday with my parents and my brother's family, they like to be close to mountains too so...Yes.
E	And what does the family do on the water?
C	They swim, surf and I watch. So that's...
E	You don't go in the water yourself?
C	No.
E	Why not?
C	I can't swim. And I don't have the intention to learn to swim so I just watch and take pictures of them doing things.
E	So you prefer the mountains?
C	Yes. I'm a follower kind of person. Doesn't matter whether it's at work or at home so I just follow others. What they want to do. I'll just be part of the family.
E	Thank you.
C	Thank you.

PART 2

E	So now I'd like you to have a look at that title. And have a little think about it. So. Your favourite means of transport. I'll give you a minute to think about what you're going to say...
E	OK. Are we ready?
C	Yes. I think I like travelling by train the best. This is because it's fast enough, um, I mean especially in recent years after recent developments. Bullet trains can travel over 300 kilometres in an hour. It's really fast. And it's safe too. I do feel safer when I travel on the ground rather than flying in the air. So I think probably – it might not be true according to reports, but I personally believe there's a smaller chance to have any accident. I feel comfortable travelling in a train as well because there's enough space, when you compare it with how, um, squashed you can be in an airplane. I do believe train, um, if you travel by train, you have um, more comfortable, kind of, moving, you know, space. And, um, you can go sightseeing, you know, kind of, at the same time because you can look outside of the window and see the scenery you pass, but obviously you can't do that when you're travelling in the air or in a shee-, ship because you, what you'll see is only water. And, err, I started liking it, maybe not so long ago, probably when I was in China last time, a year ago. Before, when I was little, I travelled a lot by train and during those university days, when I went to the Uni and came back home, I always travelled by train, but back then, train-, you know, many people didn't have seats and it was dirty, you know, it's not

ideal at all and it's really smelly too, but now it's a lot better. So I was surprised last time when I was in China, eh, you know, how clean the, you know, it, it was and how orderly it was, you know, when people were waiting to get onto the train. Eh, I like it for both long and short distance travels because, like I said, you know, it saves a lot of time, and you know, when you think about driving yourself, you, you are, you can get really tired, especially when it's a long-distance travel kind of situation, but in a, in a train, you can just relax. And even for short distance, I think compared with coaches, buses, um, you see, obviously you see better scenery on the way because in a bus or a coach, you see a lot of other people and cars around you. And last time when I travelled in a train, was this time, when I, this year during Christmas break, when I was in China.

E   Ok, lovely. Let's talk a little more about transport.

PART 3

E   So you've just said public transport wasn't good in the past, but now it's better. Is public transport generally good in your country?

C   Yeah, it's getting a lot better.

E   How?

C   Um, I guess it's because the government, I mean, in China, with the developments in economy, both the government and the individuals have a lot more funds available to do things. And I think that the government has spent a lot on improving the conditions of public transport.

E   And do a lot of people use it?

C   Yes, that's, because it's efficient. And I think there's a larger population who would prefer to have their own car, but I don't think it's a good option, in China because of, you know, the large population over there. There are always too many cars on the road.

E   Right.

C   You know, I do think public transport is playing a really important role over there and-

E   Do you think it would be easy for the tourists to use the public transport system in China?

C   Yeah, um, probably not in the past, but now it's definitely getting a lot better. Even when we talk about bus stops and the signs etc., they always put Pinyin there in, I mean, in the middle-sized cities and above. It's easier for westerners, or foreigners to pronounce the names and to find out which stops, which stop they're at.

E   And to buy tickets etc.?

C   Yes, and a lot of eh, things are automatic. It's like, they, they use a machine, rather than go to a man, kind of, a human being minded window, a window minded by a human being or something. So not much communication required - it's just following the instructions on the screen.

E   Good. And what about how we could improve transport? What do you think some of the problems caused by transport are?

C	Yeah, I think the most obvious one is congestion because (the) more people are, you know, on the road, the slower it gets during rush hours. It's not ideal, and it's not efficient either. Pollution. is another problem.
E	Ok. And are there ways of solving those problems of congestion and pollution?
C	Yeah, I think carpooling is a good idea.
E	Um, tell me more.
C	Maybe for people who work at the same place, and live in the same area, probably they can take turns to bring their cars to work and pick up their colleagues in the same area on their way.
E	Good idea.
C	Yeah, and it'll reduce congestion I believe.
E	And do you think public transport is good for the environment in your country?
C	Yes and no. I think if more people use public transport, then fewer people, use their own, you know, cars or vehicles. That'll reduce the kind of pollution and congestion. Both I guess. If we can reduce the number of vehicles on the road, of course, the congestion kind of situation can be improved.
E	And what about the air transport? Is it good for the environment?
C	Um, I've never thought about it. Probably yes, but it's not fun to travel … I don't know.
E	That's fine, Helen. It has been very interesting talking to you. And thank you very much.
C	Thank you.

T E S T 2

PART 1

E	Hello, my name's Robert. Could you give me your full name?
C	My name's Andrea Fester.
E	Excellent. Could you tell me a little bit about your family, Andrea?
C	I have four siblings – three sisters and one brother and both my parents are not alive anymore. And I've got six nephews and nieces.
E	And where do you live?
C	Currently I live in a town called Cambridge in New Zealand.
E	And where did you live before?
C	I lived in South Africa – in Cape Town.
E	And are you a student or do you work?
C	I do work. I teach geography at a local high school. In Cambridge.
E	And do your students like geography?

C	I think most of them like it because they actually have a choice of subjects to do so they've chosen to do geography although I suspect some of them chose geography because they didn't have to do physics.
E	What sort of teacher are you, do you think?
C	I think I'm... focus a lot on my learners...that I try to make most of my lessons as interactive as I can...for the learners to really enjoy. What I'm doing I try to use a lot of different resources especially online resources because I think with the students I have they appreciate being able to use technology, being able to use their phones to access information even though the school has an issue with using phones but I use it for educational purposes so I think I can pass that way.
E	Excellent. Good. What time do you start work normally?
C	Usually I get to work at 7.30 but actually, my teaching starts at 8.30.
E	OK. And what time do you finish?
C	I finish at... the teaching finishes at ten past three but I usually we have some meetings. or I might still be busy, so I tend to leave at about 430/5.
E	Good. Let's now talk about your hobbies. Do you have any hobbies?
C	I do. Well my first hobby is that I love reading. And then I also love watching movies. And outdoor my hobbies would be gardening, and I love tramping.
E	Tramping? What do you mean by tramping?
C	Tramping? Oh! In other parts of the world like my home country we call it hiking, so that's walking in the mountains and I try to over the summer period walk in the mountains every second third weekend.
E	Lovely. And what do you normally do in the evening?
C	In The evening? I... My husband cooks as well so he would cook or I would cook and after that or while we're eating, we'd normally watch the news on TV and then after that we might go for a short walk or we might end up doing little jobs around the house and recently we've been hooked on some Scandinavian series so we've been watching that late in the evening just before going to bed.
E	Lovely. Thank you very much.

PART 2

E	I'm now going to ask you to talk a little bit about the subject on your card I'm going to give you a minute to prepare and I'd like you to talk about your favourite season. OK? You've got a minute to think about it. OK, that's the minute up. Tell me about your favourite season.
C	OK, it's a little bit difficult for me because I don't have one of the seasons, it's not one season, it's between seasons for me. So, my favourite is between the end of spring and the beginning of summer and the main reason is because I don't like it to be too hot or too cold but I like a bit of heat. And I also like it because, well I've always liked it, in fact I used to like summer more, but I find as I get older, I prefer that mid-season. OK? And so I find that, I really enjoy it because I associate it with – everything starts growing again - revitalisation. And also, I think of it as fresh air not crisp air, Not too cold like in winter. Pleasant temperatures...I think we start to plan ahead for our summer holidays at that time, because in New Zealand it's

heading towards summer and...we start to talk about and plan our tramps. and picnics and camping and so I ...that's what I enjoy, we also have quite a few...outdoor concerts that starts at that time and so...like in the gardens. So, I enjoy those sorts of activities...So, I think that's what I associate. that end of... spring, beginning to summer with, that emerging of summer...and erm. I also find that, if I look at different countries, for example I was on holiday in my home country, South Africa... and when I think about that, it's quite similar to New Zealand, but there are far more outdoor activities in South Africa, so just in terms of shows, so you would even have live concerts outdoors, operas outdoors. There're quite a bit more activities outdoors.in that period. and... but, I think, if I think about countries I visited in the Northern Hemisphere, I think that period is still quite cold for them, if we look at spring being roundabout March for them, it's still quite cold for them... I think it's little bit different there.

PART 3

E   What is your mood like in different seasons?

C   First of all I'd say that I don't actually have much mood swings from season to season, but I will admit that over winter, I probably find it more... erm, my tolerance for certain things drops a bit. And I do thinks that's partly because I think that I do suffer from a bit of SADS, the disease where you feel a bit deprived of heat and your skin doesn't get heat... so what I try to do is, I try to get out a bit in winter to get a bit of sun that I can have and I think that sort of balanced a bit more.

E   Which shops are influenced by seasons?

C   I think shops that, erm probably I would say, Like Christmas time, we have, we tend to have quite a few Christmas... shops that sell all sorts of Christmas decorations... I think that shops... Erm, influenced by seasons... because they only open... Mind you, they open earlier and earlier now... They probably open about September already... I think other shops are shops that relate to tourist. ...different tourist erm, activities so shops, erm, that are selling ski equipment and, erm, might be erm...making more profit just prior to winter. Shops that sell mostly summer activities stuff such as erm... camping and BBQs, they obviously make more money just prior to the summer seasons... So, I think that's probably the biggest way in which seasons are affected and of course accommodation that will be closed over winter months in some areas and open over summer....

E   What do you associate with each season?

C   Spring I associate, as I mentioned earlier on with revitalisation of plant life, veggies and everything, erm, where summer I associate mostly with heat and lazy days on the beach... autumn I associate with erm, it's a type of preparation for winter, where I think of it as... a little bit chilly and, erm, almost like... things start to die and, erm, beautiful autumn leaves...   and in winter... I associate with heater going, fireplace ...keeping warm, indoors mostly...

E   Finally, let's talk about seasons and tourism. When is the best time to visit your country?

C   I think for both, summer, because I think that everything is a bit alive... businesses are ... I say summer because people like to come to New Zealand and South Africa during summer months because that's when all the activities are. Erm, the weather is beautiful, and people can spend a lot of time outdoors and…but I also think that erm it's overcrowded…both places are overcrowded that time of the year erm yep so…

E   Do the countries look very different in different seasons? New Zealand for example erm… How? Does it look different in different seasons?

C   I think the biggest way to see the difference is in terms of the erm growth and vegetation. so summer months you will see green trees …every things thriving and then as it gets to autumn, you see the leaves lying around and then winter of course everything looks bare and stark but erm, …it still has a beauty of its own. around… and then spring the growth …starts up again. So, if I think just in terms of that… it stands out…

E   And what different activities can you do depending on the season? About erm so erm if I think about summer erm… There's far more outdoor activities you can do and especially New Zealand where it tends to be very damp erm so you can ..erm in the summer months when the ground is dry here and it's much better to be on the mountain to be out walking to do a lot of those sort of outdoor activities and I think in New Zealand. Spring is erm, sorry winter. Sorry. I, I've just gone from summer onto autumn… Autumn for me it's like erm, give or take….some days… you can still do so I things like summer stuff but some days   you need to be a bit more careful and things are changing….So, I think people tend to think along activities more like, erm, going to the spas and things like that and then winter in New Zealand, there is a lot of outdoor activities like skiing, snowboarding… that tends to be really popular here in winter months and erm, in spring I think it's the in between season where people start to plan around camping, fishing all of those activities. And reading, when do you do your reading?

C   I'm an avid reader so I probably read every day. But most nights I will read before going to sleep. But, probably a lot of my .erm the bulk of my reading is done in the winter… months and then I have a surge over the summer break from work where I get a bit more reading in over the four or five weeks ..so probably those two periods.

T E S T 3

PART 1

E   Good afternoon, Mohammed.

C   Good afternoon.

E   Let's talk about sport for a little bit. So what sports are popular in your country?

C   All right, in my country, badminton and soccer are very popular, especially with the younger generation. They love to play soccer and badminton, not, not any other sport.

E   And do they watch or play?

C   Most of them play, play sports rather than watching.

E   And do you like playing sport?

C	I love playing sports, uh, I've always been a sports person, especially badminton, I played it when I was young, and even now I play sports.
E	And how often do you play?
C	I play badminton three days a week if possible, but at least, at least two or three days a week, yes.
E	So why do you like playing badminton?
C	I like playing sports because I want to keep fit. For physical exercise and keeping fit, yes.
E	And does it work?
C	It does. It helps a lot. Yes.
E	Now do you play more sport now than when you were a child, do you think?
C	Actually I think I played more sports when I was a child, and now I don't have that much time to play because I am busy with my work and other stuff. So, yeah, I think I played more sports and I was more active when I was young.
E	And now they say not all children play sports these days, do you think all children should play sports at school?
C	I think it's a good thing to do, uh, for all the children and especially in schools, they can be introduced to different sports, and they can choose whatever sport they like to play in school. I think it's a good idea to do …
E	What about children who are not very good at sport?
C	Uh, there are children who are not very good at sports, but I'm sure there are some things that they can do. They can become active.
E	So you think everybody should play?
C	Yeah, I think everybody should play.
E	Ok, let's talk about books for a little while. Do you have a lot of books in your house?
C	I don't have many books in the house, but I do have some readings and texts which I quite often use for my work.
E	Ok, and do you work or study at the moment?
C	I work.
E	Now, when you were a child, did your parents or your teacher read to you when you were a child?
C	Actually no, my parents never read to me, for a very good reason – I was educated in an English-medium system, and my parents didn't speak English. So, they couldn't actually help me with that reading and I have to get my own, do my own reading and get other people's help and support.
E	So which language did you read first?
C	My first language is Divehi, which is a mixture of Sinhalese and Arabic
E	And did you learn to read it before English or after?
C	Ah, yes, I, I, I read Divehi first before I started reading English.
E	Good. Now do you read more now than when you were a child?
C	I think I read more now, especially because of the work that I am doing, than when I was a child. When I was a child, my reading is very limited to certain types of reading, but now I read widely.
E	And do you prefer printed books or on a computer or a device?

C	I'd rather prefer printed books because it's more convenient to carry around and yeah, I like to have printed books with me.
E	Ok, lovely, that's the end of part 1.

PART 2

E	Now Part 2. I am going to ask you to describe a thing that you really wanted to buy but could not afford. And you've got one minute to prepare, starting now.
E	Ok, are you ready?
C	I am ready.
E	Go ahead. Tell me about the thing.
C	One thing that I wanted to buy is hard to decide. But there are so many things, but one thing that I really, really, want to buy is a house. A house, a big house, uh, maybe, possible a 4-bedroom house, which is considered to be big, in New Zealand, with a big backyard, and a front yard and there'll be a garden. A 5-bedroom house, so I can use one bedroom for study, for a study.
E	Fair enough.
C	And then another three bedrooms for family, and if possible, maybe an attic room on top. That would really be nice. Uh, a swimming pool, maybe, but not important. That's the kind of house I want to buy, but unfortunately, I can't afford right now, but I have a dream to buy a house one day, sometime in the future. That's, I think everybody has that dream, to have, to buy a house, to buy a new car, or things like that. Uh, most people love to have their own houses, uh, when they don't …have the luxury or the money to buy the house, they rent. That's what I do. I am renting at the moment and most people, that's a dream for most people to buy a house.

PART 3

E	OK, Part 3. Let's talk a little bit more about money and credit. You talked about trying to buy a house. Why do people still like to buy things they can't afford?
C	Ah, that's a good question, actually. A lot of people have those things, they have dreams, they want to buy things, they want to have luxury items. Uh, then they can't, some of them, they can't afford to buy because they don't have the money. But I think people, they all have that dream to buy things to live a luxury life.
E	And you think it's too easy today for people to borrow money?
C	I think it's easy because you can buy things on credit. Uh, today it's very convenient, uh, for …
E	And do you think young people use credit card more than older people?
C	I think young people do use credit cards more than the older people because it's more convenient for, for everybody, but mostly it is for younger people, they love it.
E	And what are some of the problems of borrowing too much money or using too much credit?

C	You have to pay the interest rate, which is very high, and that means more money that you're paying to the bank. There's a problem – if you can't pay those interest rates and uh, you go, you go bankrupt and yeah, those are problems for the younger generation.
E	So you wouldn't advise having too many credit cards?
C	I don't, I don't think I would advise to have many credit cards.
E	So for young people they should save, rather than using credit cards?
C	I think so. And it's not just for younger people. I think everybody should save some money, rather than using credit cards.
E	But we live in a consumer society. Now, let's talk a little bit about consumerism. How much advertising, how much does advertising affect people's choice of what things to buy?
C	I think quite a lot of advertising affects people's choice of what things to buy, especially again younger generation. They love to try new things; these advertising companies' advertisements are very effective and they're mostly targeted the younger generation.
E	Where does this advertising take place these days?
C	Mostly on Internet and TV.
E	Mm. What sort of things are regularly advertised on…
C	Luxury items, mainly luxury items are the ones that the younger generation fall into and buy and consume.
E	What sort of products are advertised a lot on TV?
C	Uh, home, home, home, home products, kitchen products, yeah, and a lot of others. Other stuff.
E	And some of them are quite expensive. Do you think expensive items are always the best quality items?
C	I don't think that is necessarily true. But mostly people go for expensive items, thinking that it is better quality, but I don't think it is true. Uh, having said that, but, more, there are things, expensive things, which are good quality. But it doesn't necessarily have to be that way.
E	Do you have any expensive items?
C	No, nothing. I don't have any expensive items other than the - what is it - the laptop I use,
E	OK.
C	It is an expensive item, it's a good one, it's a good quality one and I have been using it now for five years.
E	Why did you choose that brand for your laptop?
C	I didn't actually choose a particular brand, and I was helped by the people who sold it to me, to go for that brand.
E	OK.
C	Because they believed it's more reliable and that's true.
E	And five years later, you have the proof
C	I still have it, yeah
E	And do people buy more luxury items today than they did in the past?

C	I think s-, I think they do. Most people buy luxury items. Again, this is very common with younger generation. They buy more luxury items today than in the past because maybe it is easy and some of them, uh, some of the advertising companies do advertise in such a way that it attracts certain group of people who can easily, uh, buy those items. Yes.
E	Good. Thank you very much.
C	Thank you.

T E S T 4

P A R T 1

E	So could you please tell me your full name?
C	Margaret Shovelton.
E	Thanks. I'm Robert McLarty. We are going to talk about weekends, Margaret. Are you busy most weekends?
C	Yeah, pretty busy. Uh, I have a balance between relaxing, and, uh, being busy with jobs around the house, and around the garden.
E	And do you prefer to be active or passive at the weekend?
C	I like a combination of both, so I really like to have a lie-in on a Saturday morning, and read my book and have breakfast in bed but then once I'm up, I'm very active, renovating the house, building things.
E	So what do you usually do when you're being active? What sort of things?
C	Uh, well at the moment, I am building a fence, in my garden, that's been a big project. And I've just built a door, a garage door, and I'm also doing lots of gardening, lots of weeding, and because, 'cause of the climate in New Zealand, everything grows very quickly, so you've got to keep on top of weeds.
E	Ok, so you're very active outside. Do you have any indoor hobbies?
C	Same thing really, renovation, stripping floors, painting, wall papering. But I also, I sew... and erm... I like to read a lot.
E	You like to read a lot? Do you ever watch films?
C	Yes, I do. I like watching films. Maybe not as many now as I used to, in the last few years because I've got a young child, I've tended to watch children's films more than anything …
E	Ok, so let's talk films a little bit. Eh, you said you watch films with your child – do you prefer watching films at home or at the cinema?
C	Uh, we really like going to the cinema, but the problem is that in New Zealand, it is very expensive, um, and especially if you go with children, who want snacks and drinks, so by the time you've bought a couple of tickets and all the snacks, it's about $50 a go, so it's got to be a special treat. Uh, other than that, I tend to watch DVDs or else watch films on Netflix.
E	Ok, so what's the difference between watching a film at home and at the cinema?

C	Um, at the cinema, it's a much more focused activity, you're in the dark, so a hundred percent of your attention is on looking at the screen; you've got bigger projection, you've got louder sounds, and I think it's also a bit more intimate with the person you go with actually because when you're sitting at home watching a movie, you might be at either ends of the room, you might be doing other things, you might get distracted by other things, so it's just much more enjoyable, and kind of intense as well, watching it in a movie theatre.
E	Good, and what sorts of film do you like?
C	Uh, I like anything really. I don't think … uh, I like comedies, I like action, I really like historical drama, just as I like historical fiction.
E	Ok.
C	The only thing that I won't watch is horror.
E	Ok.
C	Not 'cause I don't like it, but just too scared. It stays with me too long afterwards.
E	And do you watch films more than once?
C	Um …, yes. Probably less so now.
E	Ok.
C	Eh, what I'd really like to do, is to watch again some of the films I used to watch as a child, especially the old kind of black and white war movies, things like that, but there's just no access to that any more now that the video shops have gone.
E	So do you like the old films or the modern ones or both?
C	Both, I think. Um, I used to love old films when I was a child, all the old, sort of the 30s, 40s movies. Erm but as I said, it's very hard to access them now. Erm, Netflix you're only to get the latest thing and usually American, so there's a bit more limited choice. But I do like modern films…I saw a good film last night in fact.
E	Perfect. That's the end of part 1.

PART 2

E	So in part 2, I'm going to ask you to talk about what is written on your card there. So it says 'Talk about a favourite film or TV show you have watched recently'. So you've got about a minute to think about that and then I'd like you to talk about it for a minute or two. Okay?
C	Mm-hmm. Yeah.
E	Ok, that is the time up. So, tell us about the film or TV show.
C	Well, last night, I went to the movies, rather fortuitously. I went with, I was going to go with my friend, but she was sick, so I ended up going with my son and his dad. And we went to see Bohemian Rhapsody which was on at the little erm, , Rialto Cinema in Cambridge, which was a really, really nice cinema. It's got sofas instead of cinema seats and you can have your glass of wine while you're watching a movie, erm…
E	So what is it about?

C	I've wanted to see Bohemian Rhapsody for a while – it's about Queen, which is a band that, they were never one of my favourite bands, but I was always quite a big fan of Freddie Mercury and so, it's, I thought it was going to be more about Freddie Mercury's life, but it's actually about the whole band and their progress, eh, through greater and greater success, and also their interrelationship with each other, the split-up they had with Freddie Mercury and how they came back together.
E	Yeah,
C	So it's set, it started in 1970...and I didn't realise it was that long ago, actually. Uh, 'cause he died in 91, and it was, it was set in England, and because, yeah, he started off working as a baggage handler at Heathrow airport in 1970 and then joined this local college band, and then they just got bigger and bigger and bigger and they did all these tours and it ended with Live Aid, which was really a kind of positive note to end on because after that obviously his life got pretty sad. Um, the lead actor was Rami, I can't remember his name now,
E	Ok, it doesn't matter.
C	I hadn't heard of him before, but apparently, they've got an Emmy for it, and he well deserved it because he's absolutely amazing. And he looked exactly like I remember Freddie Mercury looked and he was amazing, singing and his presence was remarkable and everything. Um, so...
E	So it was all actors?
C	Yes, yes, I think, I think, I think he actually did sing,
E	Ok,
C	Um, but, yeah, I'm not sure. Oh, Mike Myers was in it as well actually, yeah, I was trying to work out which cameo role he was in but he was the record producer who lost them because he wouldn't let them follow their artistic pathway. Erm, so it was just amazing, erm the last 20 minutes was their 20 minute set on Live Aid which I should remember but even though I was a student at the time, I never actually watched it, erm...
E	So why did you like the film so much?
C	It just... the music was great, I didn't realise that I knew so many of their songs... erm... and each time a new song came on I thought, "Mm yeah I'd forgotten about that one", so it was great. The chara... he was just such a huge character, Freddie Mercury and I I wanted to know more about him. I didn't know much about the other band members and it was nice that it was balanced between erm the four band members, so you got to find out something about the other ones as well erm and just the performances were just incredible, yeah it was...it went very, very quickly and my son absolutely loved it. We weren't sure if it was suitable for him at first erm but he's learning drumming at the moment and he was really amazed by the drummer in Queen and he thought he could copy some of the moves.

PART 3

E	Excellent. That's the end of part 2. Now part 2 we're going to talk a little bit more about entertainment. So, we're going to talk first of all about cinemas. Are cinemas still popular in your country?

C	Surprisingly yes erm... you would think that with the rise of Netflix and Lightbox and all those that erm they wouldn't be, but if you go to any movie in the multiplex, there are huge big queues and in especially children's movies. And...
E	So why is cinemas still popular do you think?
C	I think people see it, as I said before, as just a big day out rea... or just a special trip out, it's not just going to see a film, it's usually part of, you know, it's a big outing for the family. Erm and it is just a very different experience because, especially now that erm, cinema screens are massive and they just sort of draw you... years ago a friend of mine said that he did this cinema course and he said always sit in the first or second row if possible and you get drawn into the film, so I always do that and it's just an amazing experience, it's like being inside the cinema screen really, totally different to watching a TV.
E	And you say that a lot of young children go to the cinema. Ah old people as well? Do they have similar viewing habits?
C	I don't actually know any people older than me in NZ erm but... I have to say usually when I go and I'm standing in the queue it's going to be young children and.
E	Their parents?
C	Teenagers and young children's parents, you don't actually often see old people but I know they have special deals for old people so maybe they go at a different time of the day they go on a different day of the week.
E	So what can cinemas do to improve their offer, to make them more interesting to go to?
C	I think the main thing that they can do is to make it more affordable.
E	Yes?
C	Because so many people simply can't go that often because it costs so much money. Now there are deals. You can go on certain days of the week, you can go on deals that are connected with your credit card and all sorts of things but even so it is still very, very expensive here so I think if they could offer some better discounts erm they could probably get even more people in.
E	Good.
C	Something like the little boutique cinema like The Rialto in Cambridge where it is a bit more expensive but it's just, it's a nice cosy atmosphere... you get little things, just like having a blanket on your knee.
E	Yeah, very nice.
C	And you've got your glass of wine and it's just a very relaxing experience and people, actually, because they're on sofas, they tend to kind of talk to each other a bit more.
E	Nice.
C	And comment on the movie and that's a nice sort of interactive thing.
E	So cinemas are obviously competing with online entertainment. So, we'll finish by talking about online entertainment. What, you've talked about cinemas, but what are the advantages of viewing online.
C	It's extremely cheap. I know I keep going on about money, but Netflix is, is incredibly cheap because you actually can share it with another person as well, so I pay something like $7.50a month I think. A lot of it is rubbish but there is good stuff there if you're willing to, to hunt it out. Erm, viewing through YouTube I find very frustrating, because if I look something up and think "Oh I've found it" and then for some reason

it's been removed or you've only got half of it... so a lot of.. I get very frustrated trying to find stuff through YouTube...

E   Do you expect to pay when you watch things online?

C   Good question. I try to avoid it. I think I'd be willing to but I'm just always a bit nervous about who's actually put this online and who's taking my money and who I'm giving my credit card details to, whereas with Netflix I'm perfectly happy to pay because I know it's safe.

E   Do you like seeing... do you like seeing advertisements as you watch.

C   No. I absolutely hate advertisements which is why... erm... I did watch TVNZ On Demand for a while, but I just find the ads really annoying. I'd rather actually buy a DVD so I can watch it straight through without the ads on...

E   From the DVD shop.

C   Yeah from online in fact from Mighty Ape or something. Yeah, I do still buy quite a lot of DVDs. And also, in the Warehouse, they're extremely cheap so.

E   No ads.

C   No ads.

E   Thank you very much Margaret.

C   You're welcome.

Test 1

LISTENING

문제 1-3

A, B, C, D 중 정답을 고르시오.

1 손님은 며칠에 호텔을 떠날 예정인가?
  A 6월 28일
  B 7월 2일
  C 7월 4일
  D 7월 10일

2 싱글 룸의 가격은 얼마인가?
  A $160
  B $135
  C $120
  D $110

3 손님은 어떤 종류의 방을 예약하기로 결정했는가?
  A 싱글 룸
  B 더블 룸
  C 트윈 룸
  D 스위트

문제 4-10

아래의 예약신청서를 완성하시오. 문제당 **3 개 이하의 단어 혹은 하나의 숫자**로 답하시오.

The Redwood Hotel

전화 예약 신청서
개인정보

이름: **4** _____

성: **5** _____

이메일: **6** _____@ hotmail.com

전화: **7** _____

신용카드 정보:

종류(택 1): **8**   VISA ☐   MASTERCARD ☐
          AMERICAN EXPRESS ☐

번호 : 4593 - 7197 - **9** _____ - 1250

만료일자: **10** _____ , 2021

문제 11-15

아래의 요약을 완성하시오. 각 문제당 **3개 이하의 단어 혹은 하나의 숫자**로 답하시오.

Speke Hall

Speke Hall은 영국에서 가장 근사한 반목조 저택이다. 그것은 **11**_____ 와 1612년 사이에 지어졌다. 가장 오래된 구역은 Speke Hall의 남쪽 구역이다. Speke Hall은 **12**_____ 세기까지 Norris 집안의 소유였다. 리버풀의 부유한 **13**_____ 였던 Richard Watt이 1795년에 그 집을 구입했다.

그와 그의 아들과 **14**_____ 가 그 집을 재정비했다. 1943년에 Speke Hall은 현재 그곳을 지키고 있는 **15**_____의 관리로 넘어갔다.

문제 16-20

A, B, C 중 정답을 고르시오.

16 어떤 방의 벽이 나무 패널로 되어 있는가?
  A 작은 식당
  B 게임 룸
  C 도서관

17 주방은 언제 게임 룸으로 바뀌었는가?
  A 1550 년
  B 1624 년
  C 1860 년대

18 선반 위에 있는 책들의 주제는 무엇인가?
  A 예술
  B 종교
  C 경영 관리

19 가이드는 총기실이 처음에 어떤 용도로 사용되었을 것이라고 말했는가?
  A 도서관
  B 창고
  C 예배실

20 대형홀의 가구들은 어느 시기의 가구인가?
  A 15 세기와 16 세기
  B 16 세기와 17 세기
  C 17 세기와 18 세기

SECTION 3　문제 21-30

문제 21-28

문제당 **3개 이하의 단어 혹은 하나의 숫자로** 답하시오.

직장에 대한 태도

표본 크기:

---

21 _____ 명

직장별 구분

구분	%
교육	**22** _____
서비스	23
23 _____	16
공기관	13
농업	**24** _____
기타	8

직무 기간

대부분의 직장인들이 10년 이상 혹은 2년 이하이다. **25** _____ 사람들이 2년에서 10년 사이이다.

---

26 _____ :

직원 수	%
1-10	21
11-20	**27** _____
21-100	16
101-500	23
500+	**28** _____

문제 29-30

A, B, C 중 정답을 고르시오.

29 사람들은 자신들의 직업 중 어떤 면을 가장 좋아했는가?

A 월급을 많이 받는 것

B 적은 근무 시간

C 흥미로운 일을 하는 것

30 다음 중 직업을 좋아하지 않는 상위 3 가지 이유가 아닌 것은 무엇인가?

A 월급

B 근무 시간

C 동료

SECTION 4　문제 31-40

아래의 노트를 완성하시오. 문제당 **3개 이하의 단어로** 답하시오.

지속 가능한 경영

어떤 기업은 돈을 벌면서도 모두를 위한 **31**_____ 가치를 가질 수 있다. 기업들은 좀 더 친환경적이고, **32** _____ 생산 모델을 고려해야 한다.

Dave Hakkens
• 네덜란드 디자이너 겸 환경운동가
• 플라스틱을 주로 다루고, 주된 **33** ____ 재활용이다.
* 300억 톤의 플라스틱 쓰레기가 매년 발생하고, 그 중 **34** _____ 미만이 재활용된다.
문제: 가정의 쓰레기 재활용을 유발하기 위해 사람들에게 더 많은 인센티브가 필요하다.
해결책: 플라스틱 쓰레기를 **35**_____ 한 무언가로 바꾸는 방법을 강조한다.

- 'Precious Plastics' 시스템: 가정용 재활용 센터에 3대의 기계, 1대의 플라스틱 분쇄기, 다른 것들은 열을 가해 녹여서 제품을 만든다: 램프, 보관용기 등등.
- 사용자에게 경제적 이득을 보장하기 위해, Hakkens는 이것들을 팔 수 있도록 36 ____ 을 만들었다.

인센티브가 수요를 부른다!

Sam Stranks
- MIT 과학자
- Perovskite를 가지고 경량 태양열 전도체를 개발하고 있다.

Perovskite: 저렴하고 생산이 쉽다.
(소금을 섞어 필름으로 찍히는 37_____를 만듦)
더 가볍고, 효율적인 패널: 많은 이점들
- 가장 필요한 곳에 38_____할 수 있다; 태양열 발전소를 연장; 더 긴 수명.
- 저렴한 설치 비용 vs 실용적 - 통상가격은 재생활용에 있어서 주된 39_____.

도색된 perovskite 패널
- 태양광 전지로 마천루를 코팅하여, 신구 건물의 40_____ 배출량을 줄일 수 있도록 돕는다.

READING

독해 지문 1

독해 지문 1에 해당하는 **문제 1-13번**을 푸는 데 20분 정도 사용하기를 권장한다.

야생동물 이동통로

모든 동물이 정착생활을 하지는 않는다. 종들의 이주는 먹잇감이나 번식지 탐색 등 다양한 이유로 일어날 수 있다. 서식지 파괴가 큰 문젯거리가 되면서, 그 이유로 이주하는 종들과 인간의 접촉이 늘어났다. 이는 위기 상황을 불러올 수 있는데 동물들이 무심코 농장의 곡식을 해치거나, 지역 주민들이 야생동물들의 오랜 핵심 경로를 가로막는 경우들이 있다. 야생동물 이동 통로는 이러한 문제에 해결책을 제시한다.

대체로, 많은 야생동물들의 이동은 예측이 가능한데, 특히 tag and release 프로그램을 통해 그들의 행동을 연구하는 기본적인 일이 끝나면 더욱 그러하다. 이 데이터의 견본을 만드는 일은 연구자들이 동물과 사람이 접촉할 지점을 알 수 있도록 도와준다. 이 연구에 따르면, 야생동물 이동 통로의 적절한 활용은 동물들이 지역 주민들의 삶에 영향을 주지 않으면서 자유롭게 이 지역에서 다른 지역으로 이동할 수 있도록 보장해 준다.

숲의 영역이 줄어들면서, 주요 서식지 간 (이미 보호되고 있는 미개척 지역) 확실한 연결통로를 유지하는 것은 필수적이다. 여러 지역들이 외부인에게 쉽게 노출되지 않고도 연결될 수 있다. 예를 들면, 코끼리는 1 년 내내 숲의 특정 지역에서 빈번하게 출몰하나 가뭄에는 다른 지역으로 이동한다. 이러한 이동을 돕기 위해, 지방 정부는 두 개의 넓은 보호 구역 사이의 디딤돌 기능을 하는 숲의 작은 지역을 보존할 필요가 있다. 그러면 동물들은 인간 밀집지역으로 들어오지 않고도 자유롭게 이동할 수 있다.

이 문제의 심각성은 상상하기 어려울 정도이다. 한 코끼리 무리는 1,000 킬로미터의 이상의 지역을 차지 할 수 있는데, 특히 숲이 이미 파괴되었을 때 더욱 그러하다.

이 이동은 큰 규모의 모든 건축 사업에 영향을 받는데, 코끼리가 사용하는 땅을 가로지르는 철길 건설 또한 포함될 수 있겠다. 해결책은 단순히 선정된 땅을 보호구역으로 보전하는 것이 아니다. 이대로라면 보존해야 할 곳이 어마어마하게 커지기 때문이다. 유일한 현실적인 답은 땅의 효과적인 운영뿐이다.

야생동물 이동통로만으로는 서식지 파괴의 참상을 막을 수 없다. 이것은 지역 환경을 보존하고 이를 확장시키기 위한 방안들을 포함할 때 최선의 결과가 나올 것이다.

많은 경우에 야생동물 이동 통로는 초지로 활용이 불가능한 바위 혹은 언덕 같은 자연적 경계 구역을 활용하여 활성화시킬 수 있다. 이러한 지역을 활용하여 이동 통로의 경계를 정의하면, 지역 당국이 지형 관리의 부담을 약간 줄일 수 있다.

서식지 파괴가 계속되리라는 법은 없다. 자연 공원 주변에 살고 있는 농부들에게 하나의 녹화(綠化) 과정으로서 그들의 땅에 야생식물을 키우도록 장려할 수 있다. 숲의 영역을 확장시킴으로써, 그들은 그들과 지역 야생동물과의 거리를 넓히는 셈이 된다. 더 많은 식물은 동물을 위한 더 많은 서식지의 보존을 의미한다.

서식지를 재생하는 것은 단순히 자연이 스스로 그렇게 하도록 내버려두는 것을 포함하기도 한다. 강 주변의 범람원은 사람들이 그곳에 무엇을 짓게 되면 큰 물적 손해를 가져올 수 있으나, 그 땅을 그대로 두고 강이 주기적으로 범람하도록 두면 새로운 작물이 자랄 수 있다.

또한 교육은 농부들이 이주하는 동물 때문에 그들의 땅이 파괴되는 것을 보지 않도록 막을 수 있다. 코끼리는 음식의 원천을 찾는 것에 매우 능숙하다. 만약 농부들이 맛 좋은 작물을 자연공원이나 코끼리 거주지 근처의 땅에 심으면, 동물들이 그들을 찾아오도록 효과적으로 독려하는 셈이 된다. 코끼리는 인간의 경계를 무시하며 야생동물은 공짜 식사의 기회를 그냥 지나치지 않는다.

지역주민들이 큰 수고를 하지 않아도, 야생동물 이동 통로는 만들 수 있으며, 그것은 있는 그대로의 지형을 활용하고 주시되는 종들의 행동을 예측함으로 인간 거주지와

떨어뜨릴 수 있다. 이는 모든 문제에 윈-윈으로 응답하는 하나의 환경적인 혁신이다.

문제 1-5

지문을 읽고 그림의 1번부터 5번에 아래의 단어를 넣으시오.

A	주 서식지
B	범람원
C	자연 경계
D	재녹화
E	길가 조경
F	디딤돌

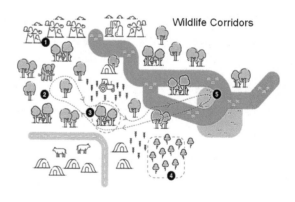

Wildlife Corridors

문제 6-13

아래 진술이 주어진 독해 지문 1의 정보와
일치하는가?

기재하시오.

참 만약 진술이 정보와 일치하면

거짓 만약 진술이 정보와 대치되면

알 수 없음 만약 이에 상응하는 정보가 주어지지 않
았으면

6 야생동물 이동 통로를 만드는 데 컴퓨터로
   동물을 감시하는 것은 중요하다.

7 극심하게 건조한 날씨가 이주를 촉진하는 하나의
   요인이다.

8 주 서식지는 디딤돌로 이루어져 있다.

9 개별적으로 이동하는 코끼리들이 무리를 지은
   코끼리보다 더 넓은 지역으로 이동한다.

10 고지대는 야생동물 이동 통로로 사용될 수 없다.

11 야생동물 이동 통로는 부분적으로 자연환경 그
    자체로 인해 생길 수 있다.

12 코끼리는 자연공원 주변의 과일 밭에 끌린다.

13 저자는 야생동물 이동 통로를 만든다는 것은
    굉장히 까다로운 일이라고 결론짓는다.

독해 지문 2

독해 지문 2에 해당하는 **문제 14-29번**을 푸는 데
20분 정도 사용하기를 권장한다.

패션계 학생들이 폭풍을 극복하는 법을 배우다

A 기후 변화는 전 세계적으로 큰 혼란을 일으키고
   있다. 홍수는 방글라데시를 파괴하고, 오스트레
   일리아 일부 지역은 '대가뭄'에 시달린다. 그들은
   역대 최장기간의 가뭄 중 하나를 경험하고 있다.
   이러한 전 세계적인 비극뿐 아니라, 기후 변화가
   주는 일상의 다른 영향들이 있는데, 덜 드라마틱
   할지라도 이 역시 사람들의 삶에 치명적인 영향
   을 줄 수 있다. 이러한 문제는 패션계를 사로잡
   고 있다. 요즘 학생들은 이에 대한 해결법을 이
   미 습득 중이다.

B 패션산업은 기후 변화에 특히 취약한 산업이다.
   매장에 겨울 신제품이 나오면, 많은 목도리와 비
   슷한 외투를 판매할 것이다. 하지만 만약 그들의
   타겟 시장이 따뜻한 겨울을 나게 된다면, 이러한
   많은 제품들은 그대로 선반 위에 남겨질 것이다.
   반대로 시원하고 습기 찬 여름은 반바지나 티셔
   츠 같은 제품의 판매를 크게 감소시킬 수 있다.
   비록 그것들이 버터나 고기처럼 일정 기간 지나
   면 상하거나 변질되는 물품들이 아니더라도, 매
   장에서는 이러한 물품을 내년에 팔기 위해 창고
   에 그대로 둘 수만은 없는 노릇이다. 패션은 쉽
   게 변하고 소비자들은 철 지난 스타일이 아닌 신
   제품을 원한다. 그러므로 예측 불가능한 기후 패
   턴은 의류 매장의 수익성에 피해를 주고 심지어
   사업을 철수하게 할 수도 있다.

C 다른 투자자들과 마찬가지로 공급망에 연관된 옷
   가게나 다른 가게들은 리스크를 최대한 피하려고
   노력한다. 리스크란 우리의 사전지식으로는 알
   수 없는 사건들이다. 그런데 날씨는 그중에서도

특히 종잡을 수 없고 수치화 할 수 없는 현상이다. 그래서 하나의 해결책으로 개발된 것이 '사계절 옷'이다. 즉, 선반에 내놓는 물건이 요상하고 변덕스러운 기후에 영향을 받지 않도록 옷을 연중 어느 때라도 입을 수 있도록 만드는 것이다. 이는 분명 좋은 여름 날씨나 차가운 겨울 날씨에 의존하지 않게 해준다. 이러한 접근에 관해 비판론자들은 이러한 사계절 옷은 전 세계에서 기온이 항상 일정한 곳, 에어컨이 있는 곳에서 시간을 많이 보내는 사람들에게만 적합하다고 지적한다. 비가 보슬보슬 내리는 영국의 길거리나 찌는 듯한 스페인에서, 창문 밖의 상황은 입는 옷에 큰 영향을 준다.

D 만약 시장에 맞게 옷을 바꾸는 것이 비현실적이라고 한다면, 또 다른, 더욱 과학적인 접근이 필요하다. 그러한 이유로 뉴욕의 Fashion Institute of Technology(FIT)가 새로운 과정인 'Predictive Analytics for Planning and Forecasting'을 열게 된 것이다. 기본적인 내용은 표본 조사, 데이터 분석, 그래프, 등식을 미래 사건의 예측을 위해 활용하는 것이다. 이 과정은 이 학교의 졸업생인 Calvin Klein 과 같이 컴퓨터 스프레드시트가 아닌 재단과 직물에 관심이 있는 사람들보다 판매나 마케팅에 관심 있는 사람들을 위해 구성되었다.

E 매장은 재고 관리에 대해 늘 미래를 예측할 수 있었다고 주장할 수도 있다. 주요 의류 매장은 사람들의 여름 휴가에 맞춰서 새로운 수영복 라인을 봄에 출시하는데, 사람들이 이미 도시를 빠져나가 해변에 가버린 때에 수영복을 판매한다는 것은 말이 안 되기 때문이다. 그러나 FIT 과정은 날씨를 예측하는 과학을 완전히 새로운 경지에 올려놓았는데, 이는 산업의 건강도에 큰 영향을 끼칠 수 있다. 굉장히 인상적인 일이다.

F 예측 분석 과정을 수강하는 학생들은 그저 작년의 계절을 돌아보는 것이 아니라 장기간의 트렌드를 관찰한다. 성공과 실패의 차이를 만들어내

는 경쟁적인 시장 속에서 실패하는 자는 지난 시즌의 동향만 쳐다보는 자가 될 것이다. 많은 오류에도 불구하고 장기간 정확한 예측을 해본다는 것은, 다시 말해 최종 결론을 운에 맡기는 접근에 비해 비교할 수 없는 방식으로 실수를 무효화할 수 있다.

G 그들이 하는 일의 다른 측면은 '시즌 파괴' 이다. '예측 분석'은 소매상들이 무턱대고 달력에 써 있는 대로 따라가는 것이 아닌 날씨 상황에 맞게 대처할 수 있게 해준다. 시카고의 날씨가 시즌에 맞지 않게 따뜻하다고 가정해보자. 매장 창고에는 팔리지 않은 코트들이 아주 많을 것이다. 데이터 분석을 활용해 전문가들은 날씨 패턴과 여러 지역 소비자들의 구매 패턴을 연구하여 이 코트를 수요가 있는 곳으로 옮기는 일을 할 수 있다.

H 이 과정은 이러한 방식으로 낭비를 줄여 기후 변화에 대처할 뿐만 아니라, 문제를 줄여나가는 데 적극적으로 돕고 있다. 사업장은 탄소배출을 줄이면서 매출을 늘릴 수 있고, 이 과목으로 인해 실제 삶에서의 적용점이 많이 있다는 증거들이 더 나오고 있다.

문제 14-19

지문은 **A-H**까지 8개의 단락으로 되어 있다.

답안지의 14-19에, **A-H** 중 맞는 문자를 쓰시오.

참고 같은 문자를 한 번 이상 쓸 수 있다.

14 수학 능력을 갖춘 사람들이 어떻게 의류 산업에 관여하게 되었는지

15 새로운 주장에 대한 저자의 의견

16 재고 관리에 있어서 데이터 활용의 증가

17 의류 산업과 식품 산업의 비교

18 날씨와 의류 산업을 장기간 분석하는 것의 효과

19 특별하게 옷을 만드는 것에 대한 상대적인
장점들

문제 20-24

문제 당 지문에 나온 **3개 이하의 단어**로 답하시오.

20 큰 가뭄의 이름은 무엇인가?

21 의류 매장의 폐업에 영향을 주는 것은 무엇인가?

22 의류 산업의 불확실성에 대응하고자 개발된 것은
무엇인가?

23 FIT 학생들은 직물과 재단보다 무엇에 더 관심이
있는가?

24 시장에서 성공하기 위해서 사람들은 무엇을
관찰해야 하는가?

문제 25-29

A, B, C ,D 중 정답을 고르시오.

25 지문에 의하면 매장들은
  A 아주 세련된 옷들을 파는 리스크를 감수할 수
    없다.
  B 계절에 따른 날씨 변화에 항상 위태롭다.
  C 여름옷과 겨울옷을 동시에 판매해야 한다.
  D 극심한 기후 상황으로 인해 자주 문을 닫는다.

26 4 계절 옷은 다음과 같은 사람에게만 좋다.
  A 패션에 그다지 관심이 없는 사람
  B 유럽에 살고 있지 않은 사람
  C 대부분 실내에서 지내는 사람
  D 일하기 위해 자주 이동하는 사람

27 FIT 에서 Predictive Analytics 과정을 듣는
  학생들은 다음을 하지 않는다.
  A 실패의 원인을 알아내기 위해 지난 이벤트를
    조사하는 것
  B 도표를 만드는 법을 배우는 것
  C 디자인을 위해 컴퓨터 모델을 개발하는 것
  D 패션을 분석하기 위해 대수학을 사용하는 것

28 이 글의 저자는 몇몇 의류 매장을 다음과 같은
  이유로 비판한다.
  A 게으르다.
  B 소비자에 귀를 기울이지 않는다.
  C 디자인이 한정되어 있다.
  D 가격을 너무 높게 책정한다.

29 저자는 미래에는 패션 산업이 다음과 같을
  것이라고 결론짓는다.
  A 낭비가 거의 없을 것이다.
  B 가격이 하락할 것이다.
  C 날씨로 인해 더 어려움을 겪을 것이다.
  D 더 환경적이게 될 것이다.

독해 지문 3에 해당하는 문제 30-40번을 푸는 데 20분 정도 사용하기를 권장한다.

어떻게 기억이 정체성을 조성하는지에 대해서

당신은 누구인가? 당신을 만드는 것은 당신 자신인가? 우리는 단순히 DNA로 프로그래밍된 기계가 아니다. 우리에겐 인격도 있고, 성격도 있고, 정체성도 있다. 대체로 이 정체성은 삶에서 경험한 것들로 만들어진다. 그러나 우리가 경험한 것과 우리가 기억하는 것은 서로 별개의 것이다. 현대 연구는 현재 우리 개인의 정체성이 우리의 기억으로부터 만들어진다고 제시한다. 문제는 이러한 기억이 우리가 믿을 수 있을 만큼 신뢰할 만한 것이 아니라는 것이다.

기억은 선별적이다. 정신은 모니터링 시스템을 갖추고 있다. 이것은 기록하고 보존해야 할 정신적 개념을 적절하게 선택한다. 이 기억들이 우리가 누구인지 말해준다. 모든 기억들이 모니터링 시스템에 같게 평가되지 않는다. 가장 연관성이 높은 기억이 제 각각의 방식으로 선별되어 저장된다. 당연하게도 이러한 것은 대부분 강한 감정들이다. 또한 그것들은 우리가 미래에 기억되기를 원하는 짜릿하고 재미있었던 경험의 순간들일 것이다.

이러한 기억을 이용하여, 우리의 정신은 개인적인 역사를 건설한다. 개인의 역사는 우리 자신의 이미지를 조성하고 이를 재확인시킨다. 이러한 모니터링 시스템은 우리의 기존의 개인적인 역사와 부합하는 기억을 선택할 것이고 그렇지 않은 기억들은 배제할 것이다. 예를 들어, 만약 우리가 스스로 사회 모임에서 재미있는 멤버라고 생각한다면, 우리가 친구들과 소통이 잘 되지 않았던 시절의 기억은 간직하지 않으려고 할 것이다. 개인의 역사와 맞지 않기에, 이런 일은 다른 기억처럼 저장될 필요가 없게 되는 것이다.

기억은 액체와 같다. 그것은 우리가 이미 가진 혹은 우리에게 필요한 정체성을 창조한다. 가끔 사람은 이전의 지위와 다른 능력을 필요로 하는 새로운 역할을 맡게 될 때가 있다. 아마 그 사람이 리더 역할을 해야 하거나 다른 사람의 일을 지도해야 하는 책임이 있는 팀의 멤버로 승진할 수도 있겠다. 이런 경우 개인의 정체성은 스스로를 더 결단력 있고, 책임감 있는 사람처럼 생각하도록 조정할 수 있다. 그러므로 모니터링 시스템이 선택하는 기억은 새로운 정체성을 강화시키는 쪽으로 변하게 되어, 새로운 개인의 역사를 세우게 된다. 이뿐 아니라, 정신은 변화한 개인의 역사를 발전시키기 위해 예전에는 그냥 지나쳤던 과거에 있었던 일들을 파헤치기 시작한다. 이 경우, 근래에 승진한 사람은 학교 스포츠 팀의 주장과 같은 리더십 업무를 행했던 때를 기억할 것이다.

이러한 이론을 받아들이고 활용해서 우리 삶을 긍정적으로 바꿀 수 있다. 예를 들어, 2018년에 영국 축구 팀은 자신들 뿐만 아니라 모든 이를 놀라게 하며 월드컵 준결승에 오르게 된다. 이러한 갑작스러운 성공의 원인 중 하나로 팀 심리학자인 Pippa Grange 박사에게 큰 공을 돌렸다. 비록 Grange 박사가 몇 년 동안 팀과 함께 일했지만, 이전 선수들은 그의 서비스를 받을 수 있다는 것을, 알고만 있을 뿐이었다. 소수만이 이 제안을 받아들였다.

2018년에 새로운 감독 Gareth Southgate는 토너먼트를 준비하면서 Grange 박사의 일을 좀 더 적극적으로 받아들이게 된다. Grange 박사는 선수들에게 그들의 미래의 바람이나 두려움에 대해 표현해보라고 했다. 그녀는 또한 그들이 그들의 삶과 이전의 업적에 집중하기를 요구했고, 함께 이에 대해 토론했다. 이는 그들 자신의 이미지를 강화시켜 미래를 위한 그들의 성공적인 과거를 만드는 데 도움을 주었다.

그들의 경험을 나누는 의도는 선수들이 그들 자신이 누구인지 또는 지금 어떻게 살아가고 있는지에 대해 개인 스스로 이야기를 만드는 것이었다. 자신들의 역사를 간직한다는 것은 그들이 자신들의 미래를 내다보는 법을 조종할 수 있다는 뜻이다. 이러한 접근의 성공은 야망으로 나타나서 선수들이 훨씬 더 기복이 없고 효과적인 실력을 보여주게 되었다.

우리의 정신은 기억을 이용하여 우리의 정체성을 조성한다. 심리학자들은 이러한 자화상을 만들기 위해, 영국 팀의 성과를 통해 볼 수 있었듯이 삶을 살아가는 방식에 큰 영향을 주기 위해 사람들이 어떤 기억을 이용하는지 보여줄 수 있었다. 만약 엘리트 운동선수와 같이 이미 실력이 출중한 사람들이 이렇게 또 한 걸음 나아가 성공할 수 있다면, 인생의 다른 영역에 있는 사람들은 그 한계가 없을 것이다.

문제 30-34

A, B, C, D 중 정답을 고르시오.

30 이 글의 주된 목적은

A 우리가 기억을 어떻게 통제할 수 있는지에 대해 설명하기 위해

B 기억에 관한 최신 연구를 변호하기 위해

C 스포츠 팀이 실력을 향상시키는 것을 돕기 위해

D 기억과 관련한 문제에 대해 사람들에게 경고하기 위해

31 우리 개인의 역사란

A 사실만큼 허구가 많다.

B 항상 수정된다.

C 행복한 기억으로만 구성되어 있다.

D 지난 날의 완벽한 기록이다.

32 우리가 인생에서 새로운 역할을 갖게 되면, 정신의 모니터링 시스템은

A 과거의 일이 어떻게 일어났는지에 대한 기억을 변화시킨다.

B 새로운 환경에 적응하는 데 어려움이 있다.

C 우리가 잊었던 기억을 찾을 것이다.

D 우리를 위해 완전히 새로운 정체성을 만들기 시작할 것이다.

33 영국 선수들이 Grange 박사의 업무에 대해 들었을 때

A 그들은 그녀를 전적으로 신뢰했다.

B 그들은 그녀로 인해 당황했다.

C 그들은 그녀를 이해했다.

D 그들 대부분은 그녀를 무시했다.

34 저자는 이런 정신에 관한 이론에 대해 다음과 같이 결론을 짓는다.

A 압박이 심한 환경에 주로 유용하다.

B 실제 세계에서는 잘 통하지 않는다.

C 모든 이의 삶을 바꿀 수 있는 잠재력이 있다.

D 우리가 바라는 대로 기능하지 못할 수도 있다.

문제 35-40

본문에 나온 단어를 활용하여 **2 단어 이내로**
답하시오.

35 사람들의 인격은 단순히 _____의 생산물이
아니다.

36 모니터링 시스템은 아마도 _____
경험을 기록할 것이다.

37 _____이/가 되면, 사람은 좀 더 결단력이
있다고 느끼고 싶을 것이다.

38 2018 년도에 영국 축구팀은 _____
덕분에 갑자기 성공했다.

39 Grange 박사는 영국 선수들에게 자신의 삶과
_____에 관해 이야기 해보기를 요구했다.

40 주된 목적은 영국 선수들의 경기를 돕기
위해 _____을/를 만드는 것이었다.

WRITING

WRITING TASK 1

이 문제에 답하는 데 약 20분 정도 사용하기를
권장한다.

> 아래의 차트는 영국의 대학교에서 2007년과
> 2014년에 가장 인기있었던 지원 과목을 보여준
> 다.
> 주요 수치들을 골라 기술하고, 관련 있는 곳은
> 비교하며 주어진 정보를 요약하시오.

최소 150 단어 이상 기술하시오.

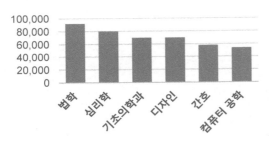

WRITING TASK 2

이 문제에 답하는 데 약 40분 정도 사용하기를 권
장한다.

다음 주제에 관해 쓰시오.

> 양성평등은 우리 사회에 아직 이루어지지 않았다.
> 여자들은 아직도 남자들과 같이 동일한 권리와 기
> 회를 부여받지 못하고 있다.
>
> 당신은 어느 정도까지 동의 혹은 반대하는가?

답변의 근거를 제시하고, 당신의 지식이나 경험 중
적절한 예를 들어 설명하시오.

최소 250 단어 이상 기술하시오.

SPEAKING

PART 1

평가자는 응시자에게 자기소개, 사는 곳, 전공 등 여러 익숙한 주제에 대해 질문한다.

예시   당신의 가족에 대해 이야기하시오.
사는 곳에 대해 이야기하시오.
당신은 학생입니까, 아니면 직장인입니까?
당신의 직업/학업에 대해 이야기하시오.
주말에 당신은 주로 무엇을 합니까?
연휴에 어디로 가고 싶습니까?

PART 2

당신이 가장 선호하는 교통수단에 대해 설명하시오.

설명에 포함되어야 하는 요소:
언제부터 그것을 좋아하게 되었는지
장거리를 좋아하는지 단거리를 좋아하는지
마지막으로 그것을 이용한 때

그리고 왜 그것을 좋아하는지 설명하시오.

주제에 대해 1~2분 정도 이야기할 수 있어야 한다. 사전에 무슨 말을 할지 내용을 생각할 수 있는 시간이 1분 주어질 것이다. 필요하다면 노트 필기를 할 수 있다.

PART 3

토론 주제 :

교통수단에 대해서 좀 더 깊이 이야기하기
당신의 나라는 대중교통이 잘 발달되어 있는가?
많은 사람이 그것을 이용하는가?
관광객들이 이용하기에 편리한가?

교통수단을 발전시킬 수 있는 방법에 대해 말하기
교통수단이 야기하는 문제들은 어떤 것들이 있는가?
당신은 이러한 문제를 해결할 수 있는 방법을 아는가?
당신의 나라의 대중교통은 환경 친화적인가?

Test 2

LISTENING

SECTION 1   *문제 1-10*

문제 1-4

A, B, C 중 정답을 고르시오.

1 남자는 어떻게 자전거를 주문했는가?

A 가게에서

B 우편으로

C 인터넷으로

2   정비공들은 지금 왜 자전거를 보고 있는가?

A 자전거가 파손되었다고 생각했기 때문에

B 자전거 상태가 괜찮은지 알고 싶었기 때문에

C 예전에 자전거에 문제가 있었기 때문에

3   고객이 자전거를 구매하려는 이유는 무엇인가?

A 출근할 때 타려고

B 경주에서 이기려고

C 자전거를 쉽게 타려고

4 고객은 왜 배송 상세 내역을 변경하려 하는가?

A 직장으로 배송되기 원해서

B 곧 휴가라서

C 배송 시간이 마음에 들지 않아서

문제 5-10

아래 표를 완성하시오. 각 문제당 **3개 이하의 단어
혹은 하나의 숫자**로 답하시오.

이름: Andrew Holmes

주소: 16 View Hill Road

배송지: 청각학과, Newlands **5** _____ ,Bath,

BA1 5PQ

배송 옵션: **6** _____ 배송,

   7 _____까지

배송 날짜: **8** _____ 7 일

배송 시간대: **9** _____시부터

배송 결제: **10** _____ 로

문제 11-13

A, B, C 중 정답을 고르시오.

11 지방당국은 왜 Greenhill 에 투자하기로
   하였는가?
A 취업률을 올리려고
B 지역을 개발하려고
C 그 지역을 보기 좋게 하려고

12 어떤 사람들이 센터에서 제공하는 서비스 혜택을
   받는가?
A 취업을 희망하는 사람
B 정신적 혹은 신체적 장애가 있는 사람
C 지역 주민

13 화자가 센터에서 제공되는 수업을 중요하게
   느끼는 이유는 무엇인가?
 A 학생들이 더 집중하게 되기 때문에
 B 지역사회에 금전적인 도움이 되기 때문에
 C 지역 주민들에게 많은 비용이 들지 않기 때문에

문제 14-20

아래의 도면을 완성하시오. 문제 당 **3 개 이하의 단어 혹은 하나의 숫자**로 답하시오.

Greenhill Community Centre 평면도

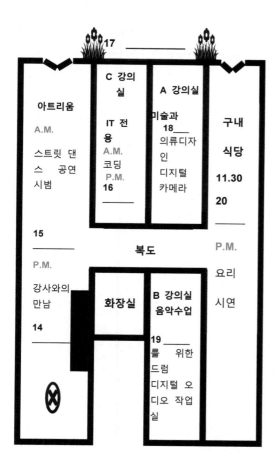

S E C T I O N 3 *문제 21-30*

문제 21-25

문제 21-25 옆에 **A, B, C** 중 정답을 쓰시오. 항목을 두 번 이상 고를 수도 있습니다.

A	Kaite는 할 것이다.
B	Kaite는 할 수도 안 할 수도 있다.
C	Kaite는 안 할 것이다.

21 의사소통 기술 ＿＿＿＿＿

22 디자인 사고 ＿＿＿＿＿

23 통계학 개론 ＿＿＿＿＿

24 기초 재무 ＿＿＿＿＿

25 경영 실습 ＿＿＿＿＿

문제 26-30

아래 문장을 완성하시오. 문제당 **한 단어**로 답하시오.

Katie는 그녀의 에세이를 26 ＿＿＿＿＿＿＿ 하기에 어렵다. 학습 조교는 첫 에세이 작성시 27 ＿＿＿＿＿＿＿ 알리라고 조언한다. 학습 조교는 28 ＿＿＿＿＿＿＿ 수업을 제공한다. 학습 조교는 강의를 듣는 것에 도움이 되기 위해 29 ＿＿＿＿＿ 능력을 쌓는 것을 권장한다. 대학교에서 제공하는 학습법 강의는 30 ＿＿＿＿＿ 에게 제공된다.

아래 표를 완성하시오. 문제당 **3개 이하의 단어 혹은 하나의 숫자**로 답하시오.

<u>원격교육의 변화</u>

	1998	2002
원격강의/ 31 _____를 듣는 학생들의 수	700,000 명	2 천 3 백만명
원격강의를 듣는 학생 중 고등교육을 받는 학생의 비율	32 _____	15%

<u>원격학습법과 기존학습법의 차이점</u>

- 강사와 학습자는 **33**_____에 있다.
- CD, CD 롬, **34** _____ 텔레비전, 라디오와 같은 특수한 기술을 이용한다.
- 강사와 학습자 사이에 **35** _____

<u>장점과 단점</u>

장점	이유
36 _____	원하는 장소에서 강의를 들을 수 있다.
유연성	원하는 속도와 진도에 맞춰 공부할 수 있다.
37 _____ (가능성)	특히 인터넷을 통해 다양한 강의를 선택할 수 있다.
시간 절약	강의를 들으러 가는 시간을 절약할 수 있다.
더 큰 다양성	다양한 **38** _____에서 온 연장자들과 교류할 수 있다.
일과 병행 가능	가족을 부양하는 학생들에게 중요하다.

단점	이유
집중	공부할 시간을 찾기 어려울 수 있다.
39 _____	기한에 맞추어 수업 활동을 제대로 하기 어렵다.
컴퓨터 요령이 필요하다.	기술적인 부분이 염려되는 학생들에겐 맞지 않다.
고립된 느낌	**40** _____적인 원격 학습법을 하기엔 준비가 되지 않았을 수도 있다.

READING

독해 지문 1에 해당하는 **문제 1-13번**을 푸는 데 약 20분 정도 사용하기를 권장한다.

문제 1-7

지문은 **A-G**까지 7개의 단락이다. 아래의 목록을 보고 각 문단에 알맞은 제목을 고르시오.

제목 리스트

i   생활가전 개선하기

ii 그래핀으로 동력 생산하기

iii 그래핀이 환경에 미치는 영향

iv 신소재가 필요한 이유

v   그래핀 이용을 통한 위험 감소

vi 잠재력 인식하기

vii 그래핀 생산의 어려움

viii 그래핀의 첫 번째 발견

ix 생명을 구하기 위한 그래핀의 역할

---

1   단락 A   _____
2   단락 B   _____
3   단락 C   _____
4   단락 D   _____
5   단락 E   _____
6   단락 F   _____
7   단락 G   _____

현대 생활의 공업원료

A   인간은 소비하는 종이다. 공업 원료가 연료, 식량으로 쓰이거나 편리함과 유흥의 목적으로 쓰이거나 관계없이 우리가 필요한 양은 계속 증가하고 있다. 유엔 인구분과위원회 2050 년까지 보다 많은 자원이 필요한 인구가 90 억 명까지 늘어날 것으로 예상했다. 탄소 기반 연료와 일회용 플라스틱이 환경에 끼치는 영향은 충분히 입증이 되었다. 우리는 또한 현대 기기의 배터리, 스크린, 부품을 만드는 데에 막대한 양의 희토류 원소와 광물을 사용한다. 그래서 높은 수요와 제한적인 공급에 더불어 전보다 더 강하고 오랫동안 지속가능한 신소재를 찾고 개발하려는 압박감이 있다.

B   우리가 해온 방식을 바꿀 수 있는 가능성이 있는 신소재는 그래핀이다. 2004 년 맨체스터 대학교의 연구원에 의해 처음 발견된 그래핀은 예외적인 특성을 갖고 있는 2 차원 물질이다. 기본 형태가 한 겹의 탄소 층인 그래핀의 강도는 강철보다 200배 더 강하지만 인간이 만든 지구상의 어떤 물질보다도 가볍고 열 전도성이 높다. 그래핀은 잘 늘어나고 투명하며 신축성이 뛰어나다. 이런 특성의 그래핀은 우리의 증가하는 수요를 감당하기에 이상적인 물질이고 활용 범위 또한 방대하다.

C   그래핀의 특성을 가장 효과적으로 이용하는 방법은 그래핀과 기존의 산물과 조합해 복합 재료로 만드는 것이다. 예를 들어 스마트폰의 경우 최근 통계에 따르면 영국에서 약 다섯 명 중 한 명은 스마트폰 스크린이 깨진 적이 있다고 답했다. 기존의 터치스크린은 터치에 민감해야 하기 때문에 보통 가벼운 산화 물질로 만들어진다. 그러나 가벼운 물질로 만들어진다는 것은 쉽게 손상된다는 것을 의미한다. 스마트폰 스크린에 그래핀 막을 얇게 적용하는 것으로 제조사들은 스마트폰의 기능을 보장할 수 있고 더 강한 내구성을 확보할 수 있다. 더 나아가 근본적으로 고장나지 않는 유연한 전자기기를 만들어 낼 수 있다.

D 그래핀 합성물과 코팅은 전자기기에 한정된 것은 아니다. 페인트와 섞으면 그래핀은 녹이 슬고 부식되는 것을 방지해주는 물질을 만들어낸다. 이렇게 페인트칠이 된 선박이나 교량은 장기간 침수 손상에서 보호되며 연간 1.5 조 파운드에 달하는 수리와 복구 비용을 절약할 수 있다. 충격을 흡수하기 위해 비슷한 코팅 방법이 차량에도 활용될 수 있다. 연구원들은 차량 페인트칠에 튼튼한 그래핀 합성물을 추가하는 것이 차량 피해의 20-30 퍼센트를 절감하고, 그 과정에서 인명 구조도 가능할 것으로 예측했다.

E 그래핀의 활용으로 인명을 구조할 수 있는 다른 방법이 있다. 산화 그래핀의 층이 차곡차곡 쌓이면 막이라고 불리는 물질이 형성된다. 이 막은 다른 액체나 가스 등이 들어가는 것을 막아주는 외피 역할을 한다. 이러한 형태로 그래핀 막은 음식이나 약이 신선하게 보존되도록 포장하는 데 쓰인다. 더 중요한 사실은 유사한 그래핀 막이 물을 여과시킬 수 있다는 것이다. 오염된 물의 경우, 작은 물 분자는 막을 뚫고 가지만 박테리아 같은 불순물은 통과하지 못한다. 동일한 그래핀 막을 활용한 기술이 바닷물에서 소금 분자를 걸러서 신선한 물을 추출하는 데 사용될 수 있다. UN 의 예측처럼 2025 년까지 전 세계 인구 중 14 퍼센트가 물이 부족할 것이라는 고려했을 때 이러한 공정에 대한 연관성이 점점 증가하고 있는 추세다.

F 물과 비슷하게 다른 천연자원도 빠르게 고갈되고 있다. 대부분의 사람들은 현대 생활방식이 연료 매장량에 끼치는 영향에 대해 알고 있다. 최근 통계는 지구에 남아있는 석탄은 인간이 100 년 동안, 천연가스와 석유는 50 년 동안만 쓸 수 있을 것으로 예측했다. 그러나 기후변화 목표를 달성하기 위해서는 현재 진행되는 속도로 화석연료를 계속 태울 수는 없다. 재생 가능한 태양광이나 풍력은 우리의 필요를 채우기에 꼭 필요하지만 현재로서는 장기간 저장하기 어렵다. 상부 표면 영역과 탄력성, 그리고 에너지 전도성을 가진

그래핀은 기존의 리튬 이온 전지보다 더 빨리 충전되고 더 오랫동안 에너지를 저장할 수 있는 배터리로 사용할 수 있다. 그래핀을 기본 성분으로 한 충전기는 매우 가볍기 때문에 옷 안에 꿰매어 체온이나 태양에너지를 통해 개인이 직접 에너지를 생산해내도록 할 수 있다. 우리 모두 제한된 자원을 쓰지 않고도 대부분의 에너지 수요를 충족시킬 수 있는 잠재력이 있다.

G 그래핀의 여러 특성은 소재 과학의 많은 분야에 다양한 목적으로 연구되기에 전망이 좋다. 그래핀은 우리의 일상에서 물건을 쓰는 방식과 어려운 문제들을 다루는 방법을 바꿀 수 있는 가능성이 있다. 가끔은 가장 간단한 물질이 큰 차이를 만든다.

아래 진술이 주어진 독해 **지문 1** 의 정보와 일치하는가?

기재하시오.

참　　　　만약 진술이 정보와 일치하면
거짓　　　만약 진술이 정보와 대치되면
알 수 없음 만약 이에 상응하는 정보가 주어지지 않았으면

8　그래핀을 사용하는 데에는 한계가 있다.

9　그래핀으로 코팅된 휴대폰은 현재 팔리고 있다.

10　그래핀은 유지비를 절감할 수 있는 가능성이 있다.

11　정수가 되는 막을 이용한 기술은 검증되지 않았다.

12　그래핀을 이용한 배터리는 기존 모델과 거의 성능이 같다.

13　시간이 지날수록 그래핀은 에너지 자원으로써 효율성이 낮다.

독해 지문　2

독해 지문 2에 해당하는 **문제 14-26번**을 푸는 데 약 20분 정도 사용하기를 권장한다.

자연으로 돌아가다

도시화로 인해 자연 환경에 압력이 가해지는 동안 인간의 행동이 영향을 주는 생태계에 접근하는 방식에 뚜렷한 변화가 있었다. 이제는 농업이나 개발로 지장이 있던 자연적 과정을 회복하고 현존하는 자연 보호구역을 보호하자는 관심이 더 크다. 생태 복원, 자연 지역 보호와 연결, 핵심 종의 재도입, 그리고 궁극적으로 자연 환경을 조성하는 대규모 프로젝트는 약간의 생태적 관리와 긴 시간을 통해 이루어진다. 기능적인 생태계를 보존하고 생물 다양성 손실을 줄이는 방법으로 방생은 현재 토지 관리 내에서 세간의 이목을 끌고, 자주 논란거리가 되는 철학이 되었다.

생태 복원의 핵심 원리는 사람과 공동체의 생활이 프로젝트의 성공에 중요한 역할을 한다는 것이다. 토지 관리 형태의 생태 복원은 토지의 관리인 역할을 하는 지역 공동체에 많이 의존하게 된다. 그러나 관리인의 역할이 과장되어서는 안 된다. 생태 복원은 그 순수한 형태 안에서 인간이 아닌 자연에 의해서 자연적인 과정을 회복시키려는 것이다. 이론적으로 인간의 개입은 자연적인 과정을 지원하는 데까지만 할 수 있다. 이는 어떤 상황에서는 더 많은 생물이 번성하기 위해 잡초나 외래종 동물을 제거한다는 것을 의미한다. 또 다른 상황에서는 안정된 먹이사슬을 재정비하기 위해 사라진 종을 다시 들여와야 할 수도 있다. 그런 과정이 시행되고 나면, 강의 자유로운 이동, 자연적인 목초지의 모습, 서식지의 연계와 포식을 허용하며 인간의 개입은 최소한으로 해야 한다.

이런 접근으로 가장 잘 알려진 성공적 생태 복원은

주로 인근의 토지 소유자들의 반대를 이겨내고 있다. 1990년대 회색 늑대들을 Yellowstone국립공원에 다시 들여왔을 때 식물군과 동물군에 직접적인 영향을 끼쳤다. 사슴과 엘크의 수를 통제할 수 있는 최상위 포식자로 인해 자연의 균형이 맞춰졌다. 나무와 관목은 골짜기에서 자라기 시작했고 새와 비버도 다시 그곳에서 살기 시작했다. 비버가 강에 댐을 만들고 새로 자리 잡은 나무가 침식을 막으면서 물의 흐름이 느려지고, 새로운 서식지가 생성되었다. 곰, 맹금, 다른 종의 동물들도 잘 살 수 있는 곳을 찾아 갔다. 이런 시도는 생태 복원을 돕는 인간들에게 매우 긍정적인 결과를 보여줬다. 그러나 육식동물의 재도입은 적당한 지원 없이는 주로 실패하기 때문에 논란이 있는 방법이다.

또한 좁고 연결되지 않은 공간에서 최상위 포식자가 없는 생태 복원은 처참한 결과가 있을 수 있다. 네덜란드의 Oostvaardersplassen 보호구역에서 일어났던 일처럼 초식동물의 수가 걷잡을 수 없이 많아지면 과잉 수용과 아사의 위험이 있다. 그러한 문제는 자연적인 토지 관리를 넘어서 윤리적인 염려를 불러 일으킨다.

사회경제학적인 관점에서 봤을 때 많은 비평가들은 다양한 프로젝트를 거치면서 전 세계적으로 식량 수요가 늘어나는데 생산적인 농지는 자연에 버려진다고 주장한다. 그들은 취약한 생태계를 지원하는 것을 우선 순위로 하면서 정부와 지역 환경 단체가 수요와 공급의 현실을 외면하고 있다고 생각한다. 그러나 전세계적으로 최상의 농지에서, 적은 농부들이 대규모 농업을 한다는 것을 주목해야 한다. 산이 많은 고지대, 예를 들어 Rocky Mountains는 초기에 상당한 투자가 필요하기 때문에 농업에 꺼려진다. 습지대 그리고 강의 삼각주도 마찬가지다. 이러한 장소들이 장기간 생태학적인 개발이 일어나기 좋은 장소이다. 그리고 생태 복원을 지지하는 사람들은 생태 복원을 통한 다양화의 기회를 강조한다. 자연의 상태로 돌아간 많은 농촌 지역은 기존의 농사보다 더 다양하고 광범위한 수익 흐름을 제공한다.

생태 복원을 지지하는 많은 사람들에게 최종 목표는 자연과 인간의 생태계를 모두 재활성화하는 것이다. 그들의 종합적인 목적은 고용기회를 창출하는 자연 기반의 경제발전을 통해 지역 공동체를 재활성화 시키는 것을 포함한다. 그들은 개발로 인해 청년들이 농촌에서 지내면서 번성할 수 있는 기술 역량을 반드시 가질 수 있게 될 것이라고 생각한다. 확실히 생태 복원은 농촌에 관광업과 여가활동을 늘려서 토지 소유자들과 지역주민들이 지속해서 경제활동을 할 수 있게 해준다. 세계적으로 연간 80억 명이 국립공원과 자연보호구역을 방문하고 지역 경제에 4천 5백억 파운드를 기여한다. 자연을 기반으로 한 모험 관광은 지역경제에서 여행 비용의 65%를 차지하는 중요한 역할을 한다. 매년 돌고래 관광으로 9백만 파운드에 달하는 지역 경제 이익을 내는 스코틀랜드의 Moray Firth가 한 가지 예시가 되겠다.

관광지로서의 자연보호구역의 경제적 가치는 중요하지만 더 큰 영향을 끼칠 것으로 예상되는 장기적인 이익이 있다는 것에 주목해야 한다. 자연 작용하는 삼림과 이탄지 생태계는 상업용 수목 조성지보다 더 많은 이산화탄소를 흡수하고 삼림이 많은 고지대는 다량의 강우를 흡수하여 홍수의 피해를 최소화한다. 이는 영국 Lake District 의 재조림이 겨울 폭풍우가 저지대 환경에 미치는 영향을 감소시킨다는 것을 입증했다. 더 균형이 잡힌 자연은 토양 침식을 감소시켜 농업 지역이 더 성공적인 식량 생산을 위한 최상의 재료를 보유한다는 것을 의미한다. 중요한 점은 생태 복원은 후손의 이익을 위해 토지와 농촌을 개선하는 기회를 제공한다는 것이다. 그리고 그것은 자연적인 선택처럼 보인다.

문제 14-17

A, B, C, D 중 정답을 고르시오.

14 본문에 따르면 생태 복원의 주요 목적은

A 환경 피해의 영향을 무효화하기 위해

B 멸종 위기에 있는 동물들의 생존율을 향상시키기
위해

C 토지 관리 과정에서 사람들을 배제하기 위해

D 자연관광업의 기회를 늘리기 위해

15 Yellowstone 에서 시행되었던 생태복원 실험은

A 특정 종만 혜택을 받았다.

B 결과적으로 피식자 종이 증가했다.

C 결과적으로 포식자 종이 증가했다.

D 다양한 종이 혜택을 받았다.

16 다수의 사람들이 생태 복원이 토지 관리에 대한
잘못된 접근이라고 생각하는 것은

A 위험한 동물의 개체 증가를 촉진하기 때문이다.

B 사람들의 필요보다 자연을 우선순위로 하기
때문이다.

C 지원하기에 막대한 비용이 들기 때문이다.

D 그 성공이 확정 불가능하기 때문이다.

17 본문에 따르면 자연 기반의 경제는

A 대부분의 이해관계자들에게 유익하다.

B 예측할 수 없고 계절에 따라 다르다.

C 성장할 가능성이 없다.

D 균등하지 않은 부를 유발한다.

문제 18-22

아래 자연 녹지에 관한 문장과 장소를 보고 **A-E**까지
알맞은 장소와 문장을 연결하시오.

A	Yellowstone Park
B	Oostvaardersplassen
C	The Rocky Mountains
D	The Lake District
E	The Moray Firth

18 발생되는 수익은 지역적으로 유지가 된다.

19 농업 혜택은 거의 없다.

20 육식동물의 재도입은 긍정적이었다.

21 기획력 부족이 생태 복원 과정에 영향을 미쳤다.

22 땅에 떨어지는 빗물의 양을 줄이기 위한 작업을
했다.

문제 23-26

독해 지문 2에서 나온 단어를 사용해 도표를 완성하시오. 각 항목당 **3개 이하의 단어**로 답하시오.

최상위 포식자 재도입에 대한 어려움

1 지역의 반대
2 자연적 균형 보장

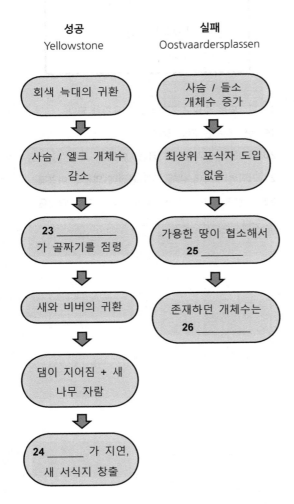

성공
Yellowstone

실패
Oostvaardersplassen

회색 늑대의 귀환

사슴 / 들소
개체수 증가

사슴 / 엘크 개체수
감소

최상위 포식자 도입
없음

23 _____
가 골짜기를 점령

가용한 땅이 협소해서
25 _____

새와 비버의 귀환

존재하던 개체수는
26 _____

댐이 지어짐 + 새
나무 자람

24 _____ 가 지연,
새 서식지 창출

독해 지문 3

독해 지문 3에 해당하는 **문제 27-40번**을 푸는 데 약 20분 정도 사용하기를 권장한다.

자유 놀이

심리학자들은 어린이가 자유 놀이를 하는 동안 보이는 강렬한 활동은 성인이 되어서 필요한 매우 복잡한 기량을 발달시키는 데 필요한 필수 학습 과정으로 인정했다. 자유 시간을 주면 아이들은 자신의 세계를 탐험하는 데 많은 에너지와 열정과 집중력을 투자하며, 그럴 때 자신의 삶과 관련된 경험, 지식 및 기술을 습득한다. 이러한 유형의 학습은 자기 주도적이고 의미가 있으며 따라서 장기적으로 기억된다.

근본적으로 아이들에게 배움은 놀이이다. 이것은 인간사에서 항상 그래왔다. 그러나 전문가들에 따르면 현대사회에 이르러 유아 시절에 필수적인 부분이 약화되었고 이것은 파괴적인 결과를 불러 일으킬 수 있다는 것이다.

놀이의 중요성은 유치원 때 많이 알게 되지만 일반적으로 아이들이 '학교 갈 나이'가 되면 같은 나이대의 아이들과 학교에서 배우는 것이 가장 좋다고 생각한다. 학교 교육이 아이들의 학습에 미치는 결과는 많은 교육자와 부모님들 사이에서 널리 알려져 있지만 많은 전문가들은 이런 형식의 성인 지향 학습이 아동 발달에 해롭다고 주장한다.

발달 심리학자 Peter Gray 는 그의 저서 *Free to Learn* 에서 유치원 이후의 아이들에게도 놀이가 필요하다고 설명했다. 그러나 그들은 학교를 시작하고 우선적으로 성인 지향 활동에 노출되면서 타고난 호기심에 신경을 끄게 된다.

아이들은 유전적으로 놀이를 하도록 되어 있으며, 결과적으로 그들의 삶에 의미 있는 실제 경험을 통해 알아야 할 모든 것을 배운다. 이로부터 나온 학습은 내재적 (내부에서 오는 것)이므로 참여하는 데에 동기부여가 된다. 그러나 한 번 아이가 학교에 간다면, 학습과 놀이가 구별된다. 일반적으로 학습은 정해진 커리큘럼으로 교사의 지시에 따라 앉아서 수업을 마치는 것이지만 놀이는 지정된 '놀이 시간'동안만 허용되는 활동이다.

학교에서 수업 대부분은 아이들이 교실 너머의 세계에 대해서만 읽거나 듣기 때문에 이론적이다. 그들은 경험하지 않는다. 할당된 시간에 수업을 마쳐야 하는 교사의 기량에 영향을 줄 수 있으므로 주제를 자세히 질문하거나 토론할 시간이 거의 없다. 학교의 목적은 사실을 암기하거나 어른들을 기쁘게 하는 일을 하는 것이 되어버렸다. 창의력이 억압받고 학습을 위한 아이의 갈증이 줄어들었기 때문에 동기 부여의 수단으로 보상과 강요가 필요하다. 이러한 성인 지향의 성과 지향 활동은 아이의 자부심과 개성을 약화시킨다.

아이들이 나이가 더 많거나 어린 아이들과 놀 기회가 거의 없다는 것은 특히나 더 염려되는 사실이다. 연구에 따르면 아이들은 다양한 연령층과 협력할 때 가장 잘 배울 수 있다. 그 이유는 개념 설명, 원칙 협상, 비판적 사고, 문제 해결 및 위험요소 평가와 같은 필수 기술을 발달시킬 수 있기 때문이다. 나이가 더 많은 아이들은 어린 아이들을 돌보면서 중요한 공감과 돌보는 기술을 기르고, 어린 아이들은 나이가 더 많은 아이들의 지지, 격려, 행동 모델링의 혜택을 누리면서 모두의 감정적 이해도를 증가시킨다. 걱정되는 점은 오늘날의 아이들이 다양한 연령층과 함께하는 자유 놀이를 하지 못한다면 사회는 사회성과 의사 소통 기술이 부족한 성인을 많이 만들어낼 것이다.

불행히도 대부분의 아이들은 방과 후 동아리나 활동에 참여하기 때문에 학교 종이 울려도 자유롭지 않다. 학교에서의 수행평가와 대학과 직장에서 날로 심해지는 경쟁에 따라 아이는 어릴 때부터 성인이 되었을 때 경쟁 스트레스에 대비해야 한다. 많은 부모들이 봤을 때 놀이는 귀중한 학습 시간을 낭비하는 것처럼 보인다. 이력서 작성에 많은 시간을 쓸수록

더 좋다고 생각한다. 서류상으로는 학교 밖에서의 활동은 균형 잡힌 유년기를 보낸 것 같은 착각을 줄 수 있고 학교와 마찬가지로 성인 지향이기 때문에 자유 놀이가 주는 혜택을 전혀 얻지 못한다. 자녀가 자유 시간을 가질 때 부모의 안전에 대한 염려 때문에 대부분 집 안에서 있는다. 미디어는 종종 많은 아이들과 청년들이 현대 사회에서 스크린 앞에서 보내는 시간에 대한 우려를 강조하지만, Gray는 가상 세계는 성인의 개입이나 지시 없이 자유롭게 놀 수 있는 곳이기 때문에 반드시 해롭지는 않다고 주장한다. 그의 의견으로는 우리가 하는 것이나, 우리가 사는 장난감의 양이나 "양질의 시간"이나 우리가 아이들에게 주는 특별한 훈련은 우리가 빼앗은 자유로 보상할 수 없다. 아이들이 자유 놀이를 통해 자기 주도적으로 배우는 것들은 다른 방법으로는 배울 수 없다. 사회가 변화하는 동안, 아이들은 아이들로 남아 있는다. 그러므로 우리는 사회적으로 어린아이들의 유년기를 가치 있게 여겨서 그들이 학교든 공동체든 집에서든 그 어떤 환경에서도 더 많은 자유 놀이를 할 수 있는 기회를 얻을 수 있도록 해야 한다.

문제 27-30

아래 문장이 주어진 **독해 지문 3** 의 내용과
일치하는가?

기재하시오.

참   만약 진술이 정보와 일치하면
거짓   만약 진술이 정보와 대치되면
알 수 없음 만약 이에 상응하는 정보가 주어지지 않
           았으면

27 학교는 창의력을 향상시키고 동기부여를 해준다.

28 아이들은 사회성을 발달시키기 위해 다양한
연령의 아이들이 함께 자유 놀이를 해야 한다.

29 연구에 따르면 아이들은 어른들과 비슷한 정도의
스트레스를 보인다.

30 전문가의 의견에 따르면 TV 등 전자기기로 노는
시간이 아이들에게 도움이 될 수 있다.

문제 31-35

아래 **A-H** 중, 알맞은 알파벳을 골라 문장을
완성하시오.

> **A** 교사들의 스케줄에 영향을 줄 수 있다.
> **B** 성과 지향의 활동은 아이의 자부심을
> 무너뜨린다.
> **C** 그들의 세계를 탐험하는 것
> **D** 아이들은 다양한 환경에서 자유 놀이에
> 참여할 수 있다.
> **E** 학습은 자기 주도적이고 의미 있다.
> **F** 가치 있는 학습시간을 낭비하는 것이다.
> **G** 교육자들과 부모들 사이에서 널리 믿는다.
> **H** 더 나이가 많거나 적은 아이들과 놀 수 있는
> 기회가 적다.

31 아이들은 _____ 에 많은 에너지, 열정,
그리고 집중력을 쏟는다.

32 학교 교육이 효과적인 학습을 야기한다는 개념은
_____이다.

33 아이들은 구체적으로 과목에 대해 논의할 기회가
거의 없다. 왜냐하면 _____

34 많은 부모들은 놀이를 _____라고 여긴다.

35 사회적으로 우리는 _____을 보장해야 한다.

문제 36-40

독해 지문 3의 요약을 완성하시오. 문제당 **3개 이하의 단어**로 답하시오.

자유 놀이는 성인이 되면 필요한 복잡한 기량을 발달시키는 데 필요하다. 자유 놀이를 하는 동안 아이들은 그들의 세계를 탐험하고 그들 자신의 삶에 관련된 지식과 기술을 습득한다. 전문가들에 따르면 성인 지향 학습은 **36** _____에 부정적인 영향을 끼친다.

학교는 **37** _____ 사이를 구분 짓는다. 수업은 교실 너머 주제에 대해서는 경험하지 않기 때문에 주로 이론적이다. 그러나, 아이들은 다양한 연령층과 함께 한 자유 놀이를 통해서 비판적 사고 **38** _____, 위험성 평가 같은 필수적인 기량을 가장 잘 배울 수 있다. 다양한 연령층과의 자유 놀이가 부족하다면 사회성과 의사소통 능력이 좋지 않은 어른을 만들 수 있다.

이제 대부분의 아이들은 부모님의 **39** _____ 때문에 집 안에서 자유 시간을 보낸다. 그러나 가상 세계는 그들이 어른의 지도 없이 자유롭게 놀 수 있는 공간이다. 사회적으로 우리는 **40** _____ 그리고 자유 놀이를 할 수 있는 기회를 보장해야 한다.

WRITING

WRITING TASK 1

주어진 과제에 답하는 데 20 분 정도 사용하기를 권장한다.

> 아래 차트는 2018년 영국에서 개인의 온라인 활동 범위를 나타낸다.
>
> 중요한 특징을 선별하고 설명함으로써 정보를 요약하고 관련된 것끼리 비교하시오.

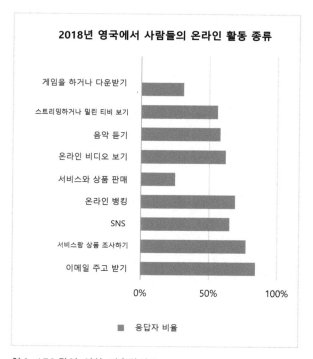

2018년 영국에서 사람들의 온라인 활동 종류

- 게임을 하거나 다운받기
- 스트리밍하거나 밀린 티비 보기
- 음악 듣기
- 온라인 비디오 보기
- 서비스와 상품 판매
- 온라인 뱅킹
- SNS
- 서비스랑 상품 조사하기
- 이메일 주고 받기

0%　　50%　　100%

■ 응답자 비율

최소 150 단어 이상 기술하시오.

WRITING TASK 2

주어진 과제에 답하는 데 약 40분 정도 사용하기를 권장한다.

다음의 주제에 관해 쓰시오.

> **온라인 뉴스는 믿을 만한 출처가 아니다. 우리는 인정 받은 기자만 믿어야 한다.**
>
> **어느 정도까지 동의 혹은 동의하지 않는지 말하시오.**

답변에 근거를 제시하고, 당신의 지식이나 경험 중 적절한 예를 들어 설명하시오.

최소 250 단어 이상 기술하시오.

SPEAKING

PART 1

평가자는 응시자에게 자기소개, 사는 곳, 전공 등 여러 익숙한 주제에 대해 질문한다.

예시   당신의 가족에 대해 이야기하시오.
사는 곳에 대해 이야기하시오.
당신은 학생입니까 아니면 직장인입니까?
당신의 직업/학업에 대해 이야기하시오.
주말에 당신은 주로 무엇을 합니까?
연휴에 어디로 가고 싶습니까?

PART 2

> 가장 좋아하는 계절에 대해 설명하시오.
>
> **설명에 포함되어야 하는 요소:**
> **항상 그 계절을 좋아해왔는지**
> **그 계절에 할 수 있는 활동이 뭐가 있는지**
> **다른 나라에서는 다른지**
>
> 그리고 왜 그 계절을 좋아하는 지 설명하시오.

주제에 대해 1~2분 정도 이야기할 수 있어야 한다. 사전에 무슨 말을 할지 내용을 생각할 수 있는 시간이 1분 주어질 것이다. 필요하다면 노트 필기를 할 수 있다.

PART 3

토론 주제 :

계절
각 계절에 따른 기분은 어떠한지 말하시오.
계절에 따라 영향을 받는 매장이 어디일지 말하시오.
각 계절마다 연상되는 것이 무엇인지 말하시오.

계절과 관광업
언제가 당신의 나라에 방문하면 가장 좋을 시기인지 대답하시오.
계절에 따라 많이 다른지, 다르다면 어떻게 다른지 설명하시오.
계절에 따라 어떤 다양한 활동들을 할 수 있는지 설명하시오.

Test 3

LISTENING

문제 1-5

아래 양식을 완성하시오. 문제 당 **3 개 이하의 단어 혹은 하나의 숫자**로 답하시오.

Palace 케이터링

특별식 요구 조건

행사   Alex Pound & Eliza Arundell 의 결혼식

날짜   7 월 6 일

장소   **1** _____ Castle

주소   1 Mile Hill, Eastbourne

우편번호   **2** _____

예산(성인 손님 1 인당)

          3 _____

채식 식사   **4** _____

비건 식사   **5** _____

문제 6-10

A, B, C 중 정답을 고르시오.

6 Melanie 는 Alex 에게 무엇에 대하여 물어보는가?
 A 알레르기
 B 음악
 C 디저트

7 Peter Green 은 이것을 먹기 어렵다.
 A 연어
 B 버섯
 C 땅콩

8 해산물에 알레르기가 있는 손님은 누구인가?
 A Peter
 B Anthea
 C Alex

9 Alex 가 추가로 요구하는 것은 무엇인가?
 A 커피를 다른 음료수와 함께 준비해 두는 것
 B 두유를 준비해 두는 것
 C 핫초코를 준비해 두는 것

10 Alex 는 초콜릿 박스를 누구를 위해 준비하려고 하는가?
 A 아이들
 B 약혼녀
 C 하객 전원

문제 11-15

상자에 있는 단어를 사용하여 빈 칸을 채우시오.
상자의 단어는 질문에 필요한 단어보다 하나 더
많다.

브로콜리	유제품	땅콩
팝콘	시금치	해바라기씨

비타민을 어디서 구할 수 있을까?

비타민 B3	비타민 B6	비타민 B12	비타민 C
닭	빵	고기	과일, 특히 감귤류
11	달걀	12	과일(오렌지)
_____		_____	

프로비타민 A	비타민 D	비타민 E	비타민 K
13	햇빛	달걀	케일
		14	15
_____		_____	_____
그리고 당근			브루셀 스파라우트

문제 16-20

A, B, C, D 중 정답을 고르시오.

16 자주 먹어야 하는 비타민은?
A 비타민 A
B 비타민 B
C 비타민 E
D 비타민 K

17 비타민 보충제를 먹어야 하는 사람은?
A 모두
B 어린 아이의 어머니들
C 임산부들
D 노인들

18 비타민 B3 에 대해 화자가 언급하는 것은?
A 피
B 뇌
C 피부
D 뼈대

19 비타민 D 는 특별히 무엇의 유지에 중요한가?
A 건강한 간
B 면역력
C 튼튼한 치아와 뼈
D 신경계

20 비타민 K 를 충분히 섭취하지 않으면 생길 수 있는 문제는?
A 호흡
B 치유능력
C 수면
D 사고

SECTION 3 *문제 21-30*

문제 21-24

아래 문장을 완성하시오. 문제 당 **2개 이하의 단어 혹은 하나의 숫자**로 답하시오.

라라가 말하길 도로 표지판을 전부 제거하면, 결과로 **21** _____할 것이라고 한다. Rohonda 는 도로 표지판이 없는 곳에서 사람들이 **22** _____해서 운전할 것이라고 생각한다. Drachten 에서는 신호등의 숫자를 15 개에서 **23** _____개로 줄였다. 결과는 7 년간 교통사고 **24** _____로 이어졌다.

문제 25-30

A, B, C, D 중 정답을 고르시오.

25 신호등을 없앤 Hans Monderman 은 누구인가?

A 컴퓨터 과학자

B 정치인

C 심리학자

D 도시계획관

26 Hans Monderman 은 자신의 생각을 무엇과 비교하는가?

A 수영

B 축구

C 스키

D 아이스 스케이팅

27 화자들은 무엇에 대해 불만을 가지는가?

A 영국 운전자들의 성질부림

B 영국 운전자들의 조바심

C 영국 도로의 자동차 수

D 영국의 운전 속도

28 화자는 영국의 운전자들보다 네덜란드 운전자들이

A 더 조심스럽다고 한다.

B 더 책임감 있다고 한다.

C 더 행복하다고 한다.

D 더 슬기롭다고 한다.

29 도로 표지판이 적을수록 더욱

A 신호등이 많아진다.

B 주차 표시가 많아진다.

C 국가 프로젝트가 커진다.

D 운전자의 집중력이 증가한다.

30 Ian 은 무엇의 사용을 연구하고 싶어하는가?

A 주차 표시

B 가로등

C 신호등

D 도로 위 흰색 선

SECTION 4   *Questions 31-40*

아래 문장을 완성하시오. 제 당 **3 개 이하의 단어로** 답하시오.

팝업토크 – 태양열로 움직이는 비행기

항공산업에서 큰 문제는 **31** _____이다.

뉴욕 > 런던행 항공편 = 25 톤 CO2/승객

일반 성인은 연간 **32** _____의 이산화탄소를 발생시킨다.

우리의 탄소 발자국의 약 **33** _____는 비행에 의해 야기된다.

태양열 비행은 배터리를 사용하여 전기로 움직이는 비행기를 의미한다.

저가 항공사인 *EasyJet*은 **34** _____ 상업용 전기여객기를 만들기 위해 미국 회사와 협력하고 있지만 이것은 태양열로 작동되지 않을 것이다.

태양열로 움직이는 비행기 *Solar Impulse 2*는 전 세계를 이동했지만, 이동을 위해서 **35** _____ 태양전지를 운반해야 했다. 그것은 시간당 **36** _____를 갈 수 있다.

유감스럽게도, 태양열 비행기는 작아서 **37** _____에서는 날 수 없다.

하이브리드 비행기는 현재 우리가 가지고 있는 배터리가 **38** _____이기 때문에 아직 현실이 아니다.

항공 산업의 오염에 대한 해결책은 시급하다, 왜냐하면 *2050*년까지 이산화탄소 발생량이 **39** _____ 될 수 있기 때문이다.

항공업계에서는 변화가 **40** _____올 수 있다. 최초의 상업용 여객기는 *1903*년 첫 유인 비행 직후에 등장했다.

READING

독해 지문 1

독해 본문 1에 해당하는 **문제 1-13번**을 푸는 데 약 20분 정도 사용하기를 권장한다.

문제 1-6

본문을 읽은 후, 글에서의 각 구간에 대해 목록에서 가장 적절한 제목을 선택하시오. 각 제목을 한 번만 사용하시오. 목록에 있는 모든 제목을 사용할 필요는 없다.

1   단락 A_____

i	단어 빨리 찾기
ii	사전을 언제 사용할지 알기
iii	사전을 사용하는 이유
iv	당신의 언어로 단어의 올바른 영어 번역 찾기
v	온라인 사전 사용
vi	어떤 사전을 사용할지 알기
vii	올바른 철자 찾기
viii	2개 국어 사전
ix	영어 단어의 올바른 의미 찾기

2   단락 B _____

3   단락 C _____

4   단락 D _____

5   단락 F _____

6   단락 G _____

사전을 효과적으로 사용하는 방법

A

사전은 새로운 언어를 배우는 누구에게나 매우 중요한 도구이다. 기본적인 차원에서, 사전은 당신이 보거나 듣는 영어 단어의 의미를 찾거나 단어의 철자를 확인하는 데 사용할 수 있다. 좋은 사전은 추가적으로 명사의 복수 또는 동사의 과거 시제와 단어에 대한 문법 정보와 같은 추가적인 유용한 정보를 제공할 수 있다. 만약 사전이 2 개 국어 사전이라면, 사용자들은 본인의 언어로 된 단어의 영어 번역을 확인할 수 있다. 더 고급 사용자들은 사전에서 단어의 연어를 찾거나 단어의 언어사용역을 알아볼 수 있다. 또한 사전, 특히 전자 사전은 단어의 발음을 확인하는 데에도 유용하다.

그러나 사전을 훌륭하게 사용하려면 사전을 어디에 사용해야 하는지 아는 것만으로는 충분하지 않다. 학생들은 또한 이전에 언급한 어떠한 목적에 가장 적합한 사전이 무엇인지 결정해야 하며, 추가적으로 그들이 찾고자 하는 것을 빨리 찾을 수 있어야 하고 원하는 것을 제대로 찾았는지 확인해야 하며 가장 중요하게, 사전을 언제 사용할지 알아야 한다.

B

ESL 학생들에게 전자사전은 최선의 선택이며, 전자사전의 대부분은 모국어로 동일한 뜻을 가진 단어와 설명 뿐만 아니라, 영어로 된 정의와 예문도 포함하고 있다. 전자사전은 영어 단어의 발음을 가지고 있고, 가지고 다니기도 쉽다. 하지만 전자사전의 단점은 비싸고 잃어버리기 쉽다는 것이다. 컴퓨터를 자주 사용하는 학생들에게 더 비용 효율적인 대안은 온라인 사전을 사용하는 것이다. Google 을 열고 찾고 싶은 단어를 입력하면 다양한 정의가 수록된 목록이 나온다. 이미 수준급의 영어 실력을 가지고 있고 단어사용에 대해 배우고 싶은 학생들에게는 단일어 사전을 추천한다.

C

학생들이 연습해야 하는 기술이 있다. 모든 학생들은 영어 알파벳을 완벽하게 알아야 하기 때문에, 특히 초등학생들에게 연습이 필요하다. 학생들은 각 사전 페이지의 맨 위에 있는 색인어를 참조하여 10 초 이내에 단어를 찾을 수 있을 때까지 연습을 하도록 권장해야 한다. 또한 학생들은 대역사전에서 모국어로 단어를 찾는 연습을 해야 하며, 만약 전자 사전을 사용한다면, 집에서 충분한 시간을 갖고 어떻게 작동하는지 배우도록 하고, 그들이 단어를 빨리 찾도록 격려해야 한다.

D

종종 학생들이 새로운 영어 단어를 찾을 때, 하나의 단어에 뜻이 한 가지 이상이라는 것을 발견할 수 있다. 학생들은 어떤 뜻이 올바른지 확실하지 않으면, 모든 뜻을 확인하고 글의 맥락에서 어떠한 뜻이 가장 적절한지 선택해야 한다. 문맥상에서의 단서를 사용하여 모르는 단어의 뜻을 추측하는 것은 언어 학습에서 매우 중요한 기술이다. 만약 학생들이 여전히 뜻에 대해 불확실하다면, 학생들은 본인의 모국어로 단어가 무엇인지 추측하고 대역사전을 사용해서 단어를 찾을 수 있다. 만약 영어 번역 중 한 단어가 학생들이 찾아본 원래의 단어라면, 그들은 올바른 뜻을 찾았다고 납득할 수 있다.

E

많은 학습자들이 흔히 직면하는 또 다른 문제는 철자를 확인하고 싶지만, 찾고 있는 단어를 못 찾을 때이다. 이 상황에서 대역사전이 도움이 될 수 있지만, 학습자들은 철자를 예측함으로써 자신의 기술을 향상시켜야 한다. 철자를 예측하는 방법은 유사하게 들리는 단어와 비교하거나 동일한 단어족에 있을 수 있는 다른(더 짧을 수 있는) 단어들도 고려하는 것이다. 그리고 모든 것이 실패한다면, 대역사전을 사용하는 것이다.

F

대역사전에서 모국어로 된 단어를 찾을 때, 학생들은 두개 이상의 영어 번역이 있을 수 있다는 것을 알게 될 것이다. 만약 학생들이 어떤 번역을 사용해야 될지 헷갈린다면, 역번역을 통해서 확인할 수 있다. 역번역은 영어 번역을 단일어 사전에서 하나 하나씩 찾아보는 것을 뜻하며, 만약 어떤 단어가 모국어에 있는 단어와 일치하는 정의를 가지고 있다면, 그 단어를 사용하는 것이다.

G

학생들이 보거나 듣는 모든 새로운 단어를 찾는다면 그들은 하루 종일 사전을 손에 쥐고 보낼지도 모르며, 그것은 바람직한 행동이 아니다. 학생들은 영리해야 하고, 올바른 단어를 확인하고 적절한 시간을 선택해야 한다. 더 효율적인 언어 학습자가 되기 위해서, 학생들은 의미를 즉각적으로 확인하지 말아야 한다. 예를 들어 글을 읽을 때, 학생들은 사전을 찾아볼 생각을 하기 전에 문장을 (문단이면 더욱 더 좋고) 끝내야 한다. 만약 학생들이 의미를 추측하지 못했고 아직도 단어가 중요하게 느껴진다면, 그때서야 단어를 찾아봐야 한다. 읽는 것을 너무 오랫동안 방해하지 않기 위해서, 학생들은 대역사전을 사용해서 모국어로 단어의 의미를 확인해야 한다. 교실에서 학생들이 새로운 단어를 듣거나 선생님이 칠판에 단어를 썼다 하면, 학생들은 기다리고 계속 들어야 한다. 일반적으로, 선생님이 다음에 말하는 것이 학생들이 사전을 찾을 필요 없이 단어를 이해하는 데 도움을 줄 수 있고, 단순히 곧장 사전에서 찾아보는 것은 학생들이 선생님의 말을 듣는 데에 지장을 줄 수 있고, 결과적으로 수업을 이해하기 어려울 수 있다.

문제 7-13

본문의 단어를 사용하여 문장을 완성하시오. 각 문제당 **3 개 이하의 단어 혹은 하나의 숫자**로 답하시오.

7   온라인 사전은 전자 사전보다 더욱

　　　＿＿＿＿＿＿＿ 하다.

8   높은 수준을 가지고 있는 학생들은

　　　＿＿＿＿＿＿＿ 사전을 사용해야 한다.

9   학생들은 모르는 단어의 의미를 추측할 때

　　　＿＿＿＿＿ 단서를 사용해야 한다.

10 모르는 단어의 철자를 알아내는 것은 학습자

　　　가 발전하기 위해 ＿＿＿＿＿＿ 이다.

11 모르는 용어의 뜻을 즉시 찾지 않는 것은 훨

　　　씬 ＿＿＿＿한 언어 학생들의 행동의 예이다.

12 학생들은 수업 시간에 선생님으로부터 새로

　　　운 단어를 들을 때 ＿＿＿＿＿해야 합니다.

13 선생님 말을 들을 때, 학생들은 선생님이

　　　＿＿＿＿＿을(를) 들음으로써 단어를 이해하는

　　　데 도움을 받을 수 있다.

독해 지문 2

독해 지문 2에 해당하는 **문제 14-29번**을 푸는 데 약 20분 정도 사용하기를 권장한다.

웹-기반 통신

A 인터넷의 기원은 1960 년대 미국 정부가 견고하고 내결함성이 강한 컴퓨터 네트워크를 개발하기 위해 연구를 착수했던 때로 올라간다. '인터넷워크'의 줄임말인 인터넷은 어떠한 종류의 중앙집권식 관리로부터 자유롭다. 즉 네트워크 내에서 엑세스 및 사용에 대해 자체 정책을 자유롭게 개발하고 설정할 수 있다는 뜻이다.

B 모든 인터넷 사용자를 관리하는 유일한 두 가지 정책은 인터넷에서의 공간에 대해 이름을 지정하는 프로토콜에 관한 것이다. 이러한 정책은 예를 들어 뉴질랜드의 웹 사이트들은 '.nz'가 포함되어 있으며, '.com'은 사이트가 상업용 또는 비즈니스용임을 지정한다.

C '인터넷'과 '월드 와이드 웹'이라는 용어들은 일상적인 언어에서 흔히 서로 바꿔서 사용된다. 하지만 실제로는 인터넷은 전 세계 수백만 대의 컴퓨터를 연결하는 세계적인 컴퓨터 네트워크를 뜻하고, 월드 와이드 웹은 인터넷에서 실행되는 (아마도 가장 자주 사용되는) 많은 서비스 중 하나일 뿐이다. 그러나 월드 와이드 웹은 하드웨어가 아닌 컨텐츠를 말한다. 대부분의 인터넷 사용자들은 웹사이트 주소 앞에 일반적으로 사용되는 약어인 'www'에 익숙할 것이다. 그러나 오늘날 인터넷 사용자가 사이트에 연결하고자 할 때, 'www'를 요구하지 않는 것이 점점 도 보편화되고 있다. (예를 들어 Google!)

D 아마도 인터넷에서 가장 자주 사용되는 통신 수단의 형태는 이메일일 것이다. 비록 초기 이메일 시스템은 기업들 내에서만 존재하고, 사용성에 한계가 있었지만, 이메일의 개념은 인터넷이 존재하기 전부터 있었다. 오늘날 이메일은 전 세계적으로 가장 흔한 일상적인 통신 유형 중 하나이다. 이메일은 버튼 클릭 하나로 전 세계에 즉시 정보를 전송할 수 있게 해준다. 이메일은 첨부 파일을 통해서 문서, 사진, 및 기타 미디어를 공유할 수 있게 해준다. 또한 이메일은 동시에 여러 사용자에게 메세지를 보낼 수 있는 추가적인 이점도 있다.

E 1990 년대 후반부터 인터넷 사용이 크게 증가하면서, 2000 년부터 2010 년 사이 인터넷의 인기가 치솟았다. 이 기간에 전 세계 인터넷 사용자 수는 3 억 9400 만 명에서 18 억 6 천만 명으로 증가했다. 2010 년에는, 전 세계 인구의 22%가 컴퓨터에 접속할 수 있었다. 매일 10 억 건의 구글 검색이 있었고, 유튜브에서는 매일 20 억 건의 동영상이 조회됐다.

F 전 세계적으로, 현재 50% 이상의 사람들이 인터넷을 사용하고 있고, 이 수치는 선진국들에서 80% 이상이다. 영어는 인터넷 정보의 가장 지배적인 언어이며, 웹사이트의 50% 이상이 영어로 되어 있다. 이 수치는 그렇게 지배적이지 않아 보이지만 웹 콘텐츠의 두 번째로 인기 있는 언어인 독일어는 7% 이하의 콘텐츠를 구성하고, 다른 모든 언어는 각각 5% 이하의 콘텐츠를 차지한다. 또한 영어는 이메일과 웹 상의 사회적 상호작용에서 가장 많이 사용되는 언어이며, 통신의 약 27%를 구성하고 있다. 두 번째로 대중적인 언어인 중국어는 이미 통신의 23%를 차지하며 영어와의 격차를 빠르게 좁혀가고 있다.

G 흥미롭게도, 남자들은 여성들보다 온라인에서 보내는 시간이 더 많으며, 그들의 사용자 습관 또한 차이가 있다. 남자들은 온라인으로 청구서를 지불하거나 음악을 다운로드하는 경향이 있었고, 여자들은 **SNS** 사이트에서 이메일을 보내거나 의사소통하는 경향이 있었다. 놀랍게도, 남성과 여성의 온라인 쇼핑과 온라인 은행 사용의 가능성은 동등했다.

문제 14-20

A, B, C, D 중 정답을 고르시오.

14 인터넷 정책은 _____ 에 의해 관리된다.
  A 미국 정부
  B 두 개의 다른 그룹
  C 뉴질랜드에 있는 웹사이트들
  D 인터넷 네트워크들

15 '월드 와이드 웹'은,
  A '인터넷'과 정확히 같은 의미이다.
  B 인터넷상의 문서와 정보를 말합니다.
  C 하드웨어의 한 종류이다.
  D 구글에서 사용되지 않는다.

16 이메일은,
  A 과거에 비해 과거에 비해 대중적이지 않다.
  B 인터넷보다 더 최근의 발명품이다.
  C 전 세계적으로 널리 사용된다.
  D 유용성이 제한된 회사에서 흔히 볼 수 있다.

17 2000 년에서 2010 년 사이 인터넷 사용자 수는
  A 미세하게 올랐다.
  B 20 억 이상 성장했다.
  C 22% 상승했다.
  D 3 배 이상 증가했다.

18 전 세계 인구의 절반 이상이
  A 유튜브를 매일 본다.
  B 인터넷에 접속할 수 있다.
  C 정기적으로 구글 검색 엔진을 사용한다.
  D 영어로 이메일을 보낸다.

19 대부분의 웹상의 통신은
  A 영어가 아니라 독일어다.
  B 여자가 아니라 남자로부터 비롯된다.
  C 곧 중국어로 나올 수도 있다.
  D 쇼핑이나 은행업무와 같은 것들을 위한 것이다.

20 남성과 여성은 동등하게 _____ 을(를) 위해 인터넷을 사용할 가능성이 있다.
  A 은행업무
  B 급료 명세
  C 음악 다운로드
  D 온라인 채팅

문제 21-27

이 본문에는 **A-G**, 7 개의 단락이 있다. 아래의 제목 목록에서 각 단락에 맞는 올바른 제목을 선택하시오.

21 제일 많이 사용되는 3 언어 _____

22 사용량의 엄청난 증가 _____

23 이름의 유래 _____

24 메일을 통한 연결성 _____

25 웹 아니면 넷? _____

26 다른 성별, 다른 사용 _____

27 사이트라고 부를 수 있는 것 _____

독해 본문 1에 해당하는 **문제 28-40번**을 푸는 데 약 20분 정도 사용하기를 권장한다.

기후 변화: 원인과 결과

기후 변화는 새로운 현상이 아니다. 우리 행성은 수십억 년 동안 기후 변화를 겪어왔고, 지난 45만 년 동안 몇 번의 빙하시대를 거친 후 따뜻한 계절이 이어졌다. 이러한 기후 변화는 대부분 지구 궤도의 미세한 변화로 인해 발생되며, 이 미세한 변화는 지구에 도달하는 태양 에너지에 영향을 미친다. 이러한 변화들은 지구에서의 생태계와 유기체의 발전에 큰 역할을 했고, 자연적인 과정의 일부이다. 기후 변화가 일어나면서, 생태계와 유기체들은 스스로 환경에 적응하거나 멸종에 직면할 수 밖에 없다. 오늘날 우리가 알고 있는 동물들과 식물들은 변화하는 환경의 압박 아래 오랜 시간 동안 진화해 왔다. 기후와 서식지는 과거에 불가피하게 변화했지만, 오늘날의 차이점은 이러한 변화가 이전보다 더 빠르게 일어나고 있다는 것이다. 유기체의 진화는 보통 매우 느린 과정이다. 하지만 오늘날 우리의 환경 변화 속도는 유기체들이 적응할 시간을 거의 없애거나 아예 없게 한다. 과거에는 기후 변화가 자연스럽고 서서히 일어났지만, 오늘날에는 기후 변화가 주로 인간의 행동들에 의해 야기되며, 전례 없는 속도로 움직이고 있는 중이다.

전 세계에서의 인간의 활동은 대기의 온실 가스의 자연적인 균형을 파괴했다. 지난 200 년동안, 산림 벌채, 도시화, 산업화, 대규모 농업 그리고 인간의 생활방식의 큰 변화는 이산화탄소(CO_2)나 메탄 가스(CH_4)와 같은 온실가스의 위험한 증가를 유발했다. 증가하는 사람들의 에너지 욕구는 천연 가스, 석탄, 석유와 같은 화석 연료를 태우는 결과를 낳았다. 우리에게 전기를 제공하고, 산업 뿐만 아니라 우리의 자동차에도 동력을 공급하는 화석 연료는 이산화탄소(CO_2)를 생산한다. 실제로, 전 세계 인구는 이산화탄소(CO_2)를 다른 어떤 온실 가스보다 더 많이 배출한다. 세계 인구 증가의 또 다른 결과는 증가하는 식량 수요를 제공하기 위해 필요한 대규모 농업의 확대이다. 소와 양은 전 세계에서 이산화탄소(CO_2) 다음으로 가장 많이 배출되는 온실가스인 메탄 가스(CH_4)를 배출한다. 메탄 가스는 가축들이 음식을 소화할 때와 가축들의 거름에서 방출된다. CH_4 의 배출량은 CO_2 보다 적을 수 있지만, 메탄 가스는 이산화탄소보다 약 23 배의 지구 온난화 잠재력을 가지고 있다.

기후 변화의 개념에 대해 더 명확히 이해하기 위해서는 온실효과를 살펴봐야 한다. 온실효과는 행성을 따뜻하게 해주는 자연적인 과정이다. 온실효과가 없다면, 지구는 생명이 없는 행성일 것이다. 온실효과는 이산화탄소, 메탄, 수증기와 같은 대기중 특정 가스에 의해 발생한다. 온실효과는 이름에서 알 수 있듯이, 온실과 같이 작용한다. 태양으로부터 온 에너지는 대기를 통해 이동하고 지구를 직접 가열한다. 이 열의 일부는 지구와 해양에 흡수되지만, 많은 부분은 대기중으로 돌아간다.

기후 변화를 더 명확히 이해하려면, 온실효과를 살펴볼 필요가 있다. 온실효과는 행성을 따뜻하게 해주는 자연적인 과정이다. 온실효과가 없다면 지구는 생명이 없는 행성이 될 것이다. 온실효과는 이산화탄소, 메탄, 수증기와 같은 대기중의 특정 가스에 의해 발생한다. 온실 효과는 이름에서 알 수 있듯이, 온실처럼 작용한다. 태양으로부터의 에너지는 대기를 통해 이동하고 지구를 직접 가열한다. 이 열의 일부는 지구와 해양에 흡수되지만, 많은 부분은 대기중으로 돌아간다. 온실가스는 일부 열이 우주로 빠져나가는 것을 방지하고 지구를 따뜻하게 유지시킨다. 이 자연적인 과정은 수백만 년 동안 지구상에서 지속되어 왔다. 하지만 인간의 활동으로 인한 온실가스의 증가는 이제 대기에 두꺼운 담요를 탄생시켰다. 이 담요는 행성이 필요로 하는 것보다 더 많은 열을 가두어 지구의 온도를 높이고 있다. 이러한 기온 상승이 지구의 기후와 환경을 미치고 있다.

오늘날 우리는 계속해서 우리 세계에서 기후 변화가 가져오는 파괴적인 영향을 접하고 있다. 2010 년에는 총 950 건의 자연재해가 기록되면서 수십만 명이 사망하고, 많은 사람들을 살던 곳에서 쫓아냈다. 아이티 지진, 파키스탄의 홍수, 멕시코의 폭풍은 이러한 재난들 중 하나였다. 그 이후로 우리는 브라질과 호주에서의 심각한 홍수와 일본에서 끔찍한 지진을 목격했다. 바다가 따뜻해지고 빙하가 녹으면서 해수면은 빠른 속도로 상승하고 있다. 지난 세기 동안 15 에서 20 센티미터 상승했고, 2100 년까지는 1 미터 이상 상승할 수 있다. 만약 해수면이 이 속도로 계속 상승한다면, 방글라데시, 파키스탄 그리고 많은 태평양의 섬들은 해안가의 육지를 잃고, 많은 사람들은 집을 잃게 될 것이다. 기후 변화는 우리의 생태계를 파괴하고 야생동물들을 위험에 빠뜨리고 있다. 바다가 따뜻해지면서 물고기들은 사라지고 있으며, 물개, 큰 물고기, 그리고 북금곰들은 먹이를 찾기가 어려워지고 있다. 미래에는 많은 동물들이 기후의 급격한 변화들을 견디지 못하고 살아남지 못할 것이다. 따뜻하고 습한 기후는 모기에 의해 옮겨지는 질병들을 증가시킬 것이고, 쉽게 서구 국가들로 퍼지도록 만들 것이다. 식수의 공급은 비와 홍수에 의해 오염될 수 있으며, 이것 또한 더 많은 질병들의 확산을 야기할 것이다. 많은 나라에서 더 더운 여름은 더 많은 사람들을 열사병이나 심장마비로 죽게 할 수도 있다. 어떠한 면에서 봤을 때, 기후 변화의 결과는 긍정적으로 보이지 않는다.

문제 28-33

아래의 문장들은 **지문 3** 에서 제시된 내용과 일치하는가?

기재하시오.

참　　　　만약 진술이 정보와 일치하면

거짓　　　만약 진술이 정보와 대치되면

알 수 없음 만약 이에 상응하는 정보가 주어지지 않았으면

28　　환경이 변하면서, 많은 유기체들은 새로운 어려움에 대처하기 위해 변화한다.

29　　우리의 현대 환경은 과거와 똑같은 방식으로 변화하고 있다.

30　　CO2 와 CH4 의 배출량 증가는 사람들의 행동과 생활 방식을 변화시켰다.

31　　화석 연료는 많은 필수적인 형태의 에너지를 제공한다.

32　　증가하는 인구를 먹이기 위해서, 가축으로부터 메탄 방출이 증가했다.

33　　CH4 는 CO2 보다 환경에 더 큰 피해를 준다.

답변은 문제 당 **3 개 이하의 단어 혹은 하나의 숫자**로 답하시오.

34 _____이(가) 없다면 지구상의 생명은 존재하지 않을 것이다.

35 태양 광선에서 나오는 일부 열은 _____ 에 의해 흡수된다 .

36 온실가스의 증가는 열이 빠져나가는 것을 막는 _____ 을 만들었다.

37 현재의 기후 변화는 끊임없이 국가들을 _____에 대항하게 한다.

38 해수 온도의 증가는 아이티, 일본, 그리고 뉴질랜드와 같은 나라들의 _____ 와(과) 간접적으로 관련이 있을 수 있다.

39 바다가 따뜻해지면서, 동물들은 _____ 하기가 어려울 것이다.

40 질병은 _____ 식수를 통해 확산될 수 있다.

WRITING

WRITING TASK 1

이 과제에 답하는 데 약 20분 정도 사용하기를 권장한다.

> *아래의 표는 2017년 3개의 영어학교의 학생 등록 정보를 보여준다.*
> *대학 강사에게 레포트를 쓰듯 위해 아래 내용을 기술하시오.*
> *주요 특징을 선택하여 보고함으로써 정보를 요약하고, 적절한 곳에 비교를 하시오.*

2개월당 총 학생 등록 수

학교	1-2월	3-4월	5-6월	7-8월	9-10월	11-12월
뉴질랜드 어학센터 (NZCL)	314	406	515	683	601	496
Mayfair 영어학교 (MSE)	135	157	198	253	321	472
최고 영어의사소통 아카데미 (BCEA)	398	491	367	212	267	209

최소 150 단어 이상 기술하시오.

WRITING TASK 2

이 과제에 답하는 데 약 40분 정도 사용하기를 권장한다.

다음의 주제에 관해 쓰시오.

> *세계 빈곤층의 대부분은 관광 산업이 성장 산업인 나라에 살고 있습니다. 문제는 관광이 가난한 사람들에게 도움이 되지 않는다는 점입니다. 관광에 의해 창출되는 수입은 어떻게 가난한 사람들에게 혜택이 될 수 있을까요? 그리고 관광이 전통적인 문화와 삶의 방식을 파괴하지 않도록 어떻게 보장할 수 있을까요?*

답변에 근거를 제시하고, 당신의 지식이나 경험 중 적절한 예를 들어 설명하시오.

최소 250 단어 이상 기술하시오.

SPEAKING

PART 1
평가자는 응시자에게 자기소개, 사는 곳, 전공 등 여러 익숙한 주제에 대해 질문한다.

예시
스포츠
당신의 나라에서는 어떤 스포츠가 인기가 있습니까? [그런/그렇지 않은 이유는?]
당신은 운동하는 것을 좋아하나요? [그런/그렇지 않은 이유는?]
당신은 어렸을 때보다 지금 운동을 더 많이 하나요? [그런/그렇지 않은 이유는?]
당신은 학교에서 모든 아이들이 스포츠를 해야 한다고 생각하나요? [그런/그렇지 않은 이유는?]

도서
집에 책이 많이 있습니까? [그런/그렇지 않은 이유는?]
어렸을 때 부모님이나 선생님이 책을 읽어주셨나요? [그런/그렇지 않은 이유는?]
당신은 어렸을 때보다 지금 책을 더 많이 읽습니까? [그런/그렇지 않은 이유는?]
당신은 인쇄된 책을 좋아하나요, 아니면 컴퓨터나 모바일 기기를 통한 독서를 선호하나요? [그런/그렇지 않은 이유는?]

PART 2

> 당신이 정말로 사고 싶었지만 살 수 없었던 것에 대해 설명하시오.
> **설명에 포함되어야 하는 요소:**
> **물건이 무엇이었는지.**
> **왜 그렇게 사고 싶어했는지.**
> **물건을 못 샀을 때 무엇을 했는지.**
> 그리고 그것에 대해 어떻게 느꼈는지 설명하시오.

주제에 대해 1~2분 정도 이야기할 수 있어야 한다. 사전에 무슨 말을 할지 내용을 생각할 수 있는 시간이 1분 주어질 것이다. 필요하다면 노트 필기를 할 수 있다.

PART 3

토론 주제 :
계절
각 계절에 따른 기분은 어떠한지 말하시오.
계절에 따라 영향을 받는 매장이 어디일지 말하시오.
각 계절마다 연상되는 것이 무엇인지 말하시오.

계절과 관광업
언제가 당신의 나라에 방문하면 가장 좋을 시기인지 대답하시오.
계절에 따라 많이 다른지, 다르다면 어떻게 다른 지 설명하시오.
계절에 따라 어떤 다양한 활동들을 할 수 있는지 설명하시오.

Test 4

SECTION 1 *문제 1-10*

아래의 예약 양식을 완성하시오. 항목당 **3 개 이하**의 **단어 혹은 하나의 숫자**로 답하시오.

Keepsafe -

1 _____ 물건들에 대한 수하물 영수증

현재 시각 2 _____

출국 시각 3 내일 _____ 출국

성함 4 _____

항공편 번호 5 _____

전화번호 6 +64 _____

주소 우편번호 7 _____도로명

8 580, _____ St.

건물 번호 9 _____

총 금액 10_____

SECTION 2 *문제 11-20*

문제 11-13

A, B, C 중 정답을 고르시오.

11 가장 많은 인구를 보유하고 있는 섬은 다음 중 어디인가?

A North Island

B Stewart Island

C South Island

12 화자가 말한 부분 중, 뉴질랜드는 무엇으로 유명한가?

A South Pacific Island

B Cook 선장의 탄생지

C 정착할 수 있는 전 세계 마지막 국가 중 하나

13 왜 이 국가는 뉴질랜드라는 이름을 얻게 되었나?

A 호주의 일부분이었기 때문이다.

B 네덜란드의 한 지역의 이름을 따서 만들었다.

C Cook 선장은 섬의 모양이 Z 모양 같다고 생각했었다.

문제 14-20

다음 메모를 완성하시오. 문제당 **3개 이하의 단어 혹은 하나의 숫자**로 답하시오.

1769
James Cook 선장의 첫 방문

1790-1830
유럽인들이 Maori 사람들과 거래를 하며 나무, 식량, 물 등을 얻는 대가로 **14** _____ 을 제시함

정착민들은 유럽의 **15** _____ 에서 건너옴

1840
Waitangi 조약이 500 명의 Maori 부족장들에 의해 **16** _____ 에서 체결됨

1854
의회가 결성됨

1860s
17 _____ 의 발견. Dunedin 이 국가에서 가장 큰 도시가 됨

정착민들은 낚시, 벌목, **18** _____ 를 배우기 시작함

1869
Wellington 이 수도로 선정됨

1893
19 _____ 을 제시한 전세계 첫 국가

20 세기
병사들이 1,2 차 세계대전에 참전함

20 _____
Edmund Hillary 와 Sherpa Tensing, 에베레스트 산을 등반한 최초의 사람들

21 세기
물리학, 영화 산업, 그리고 스포츠에서 성공함

SECTION 3 문제 *21-30*

문제 21-24
문제당 **2개 이하의 단어 혹은 하나의 숫자**로 답하시오.

21 지난 학기 수업은 어떤 언어로 진행되었는가?

22 패스한 인원은 총 몇 퍼센트인가?

23 자료를 정리하는 것 외에 언급되는 공부 기술은 무엇인가?

24 화자들은 이제 어디로 갈 예정인가?

문제 25-30
A-J까지 알맞은 문장과 연결하시오.

A	학생 관점
B	조별 과제
C	발표
D	시간 관리
E	참고
F	출판
G	표절
H	IT
I	영어
J	공부 기술

25 인용에 대해서 알고 싶다면 _____수업을 들으면 된다.

26 Dawson 교수는 _____에 대한 수업을 진행한다.

27 몇몇 국제학생들은 _____에 익숙하지 못하다.

28 장표에 능숙하지 못한 학생들을 위한 유용한 수업은 바로 _____이다.

29 시스템 관리를 배우기 위해서 학생들은 _____수업을 들어야 한다.

30 최상위권 학생들이 와서 학기에 대한 피드백을 _____으로 진행할 것이다.

문제 31-35

A, B, C 중 정답을 고르시오.

31 오늘날 Shell 은 _____ (으)로 잘 알려져 있다.
  A 교통
  B 석유 제품
  C 투자

32 150 년 전에, Shell 이라는 회사는 _____ 를/을 팔았다.
  A 기름
  B 선박
  C 조개

33 1892 년에, Shell 은 자기 회사의 첫 _____ 를/을 만들었다.
  A 자동차
  B 유조선
  C 연장과 기계들

34 Shell 은 _____ 회사의 예시이다.
  A 창립 이후로 지속적으로 같은 종류의 사업을 해온
  B 무역의 변화에 적응하지 못한
  C 지속적으로 성공적이었던

35 오늘날 Shell 은 _____ 에 연관되어 있다.
  A 원전을 찾아내는 일
  B 기름을 판매하는 일
  C 위의 선택지 둘 다

문제 36-40

다음 메모들을 완성하시오. 문제당 **3 개 이하의 단어 혹은 하나의 숫자로** 답하시오.

	국적	첫 성공	중요 시기	실수	현재
Nokia	36	37 —	1998-2012 휴대폰 시장의 선두	Microsoft 와 합작 투자	휴대폰 통신망이 주력 사업
Kodak	미국	카메라	1976 년 전 세계 카메라 시장의 38____% 점유	디지털 카메라를 개발하지 않음	주식의 가치가 매우 하락함
Smiths	영국	처음에는 보석, 그 후 39 —	자동차, 항공 사업	없음	매우 성공적 재창조의 전문가 세계의 40 ____ 브랜드 아님

193

READING

독해 지문 1

독해 지문 1에 해당하는 **문제 1-13번**을 푸는 데 약 20분 정도 사용하기를 권장한다.

A '하루에 5 가지 과일과 야채를 섭취하기' 이라는 문구는 전 세계 식품 라벨들에 등장하여 소비자들이 자신이나 가족을 위하여 과일과 채소를 대량 구매하도록 장려한다. 식품 제조업체들은 광고 및 마케팅 캠페인에 상당한 재정적 예산을 투자하고 있지만, 유감스럽게도 그들은 제품의 내용에 대해 항상 명확히 알고 있는 것은 아니다. 과일 주스가 생과일을 사용하여 생산된다면, 우리는 그것이 영양가가 풍부한 제품일 것이라고 자연스럽게 추측할 것이다. 안타깝게도, 이는 반드시 그런 것은 아니다.

B 의료학적 연구들은 실제로 인식되는 이미지와 냉장고 속 주스 상자 뒷면의 현실 다르다는 것을 밝혀냈다. 의사들은 너무 많은 주스를 섭취하는 것이 불필요한 설탕과 칼로리 원의 섭취가 되며, 나아가 이 주스들이 생과일과 동일한 섬유질과 영양소를 함유하고 있지 않다고 주장했다. 그렇다면, 과일을 따고 이를 주스 병에 넣는 과정에서 모든 영양분들은 어떻게 된 것일까?

C 오렌지 주스를 예로 들어보자. 20 세기 중반 정도부터 이 제품은 맛과 건강 음료로서 가치를 증명하며 미국, 캐나다 및 일본에서는 엄청난 인기를 얻은 음료였다. 오늘날, 미국의 플로리다나 브라질의 상파울루와 같은 곳에서는 수천 명의 사람들이 고용되어 있을 정도로 주스 사업은 큰 사업이 되었다. 1960 년대 플로리다는 혹한으로 인해 많은 나무를 잃었고, 2005 년에는 감귤 녹화병으로 더 많은 손실을 입었다. 이로 인해, 브라질은 전 세계 오렌지 주스 시장에서 핵심 업체가 되었

다. 이 둘은 이 부문에서 시장 선두 주자들로 남아있다. 오늘날 수천 헥타르에 이르는 오렌지 과수원은 이러한 국제적인 명성을 충족시키는 완벽한 과일을 생산한다. 그러나 그 다음 과정에서 열매는 어떻게 될까?

D 과일 농축액과 과일 주스의 생산은 원료에서부터 시작하며, 이들이 공장으로 운송된 다음 두 방법 중 하나를 사용하여 하역된다: 습식 하역과 건식 하역. 두 하역의 차이는 전자에서는 물이 사용되지만 후자에서는 사용되지 않는다는 것이다. 트럭에서 하역된 후, 원재료들은 나선형 분류기를 사용하여 나뭇가지, 잎, 돌 및 흙과 같은 불순물을 분리한다. 그 후 컨베이어 벨트를 통해 운반된 원료들은 언제든 액체로 전환될 수 있는 상태로 거대한 금속 냉장 창고에 보관된다.

E 다음 공정 단계는 껍질 제거 전 수력 스프레이로 과일을 헹구는 것이다. 오렌지 껍질은 두껍고 쓴맛이 나기에 주스의 단맛에 영향을 준다. 원재료는 그 다음 조건을 충족시키지 못하는 오렌지들을 걸러내는 금속 검사 벨트, 또는 롤러 테이블로 이송된다. 정렬된 재료는 내산 제조된 공급기를 통하여 압착 롤러가 펄프화 공정을 하는 압연기로 운반된다. 압착을 통해 추출한 원료 주스는 증발 스테이션에서 저온 살균 및 향 복구 공정을 진행한다. 이 과정에서 효소는 미생물학적 안정화를 위해 비활성화된다.

F 이 단계 이후부터 과육은 거대한 무산소 저장 탱크에 보관되며, 이들은 과일 제품으로 시장에 풀리기 전에 최대 1 년간 저장된다. 이 창고는 원래의 풍미를 대부분 제거하는 경향이 있으므로 많은 제조사들은 가공 중에 손실된 맛을 되살리기 위해 과육에 조미료를 첨가하게 된다. 영양사들은 과일 주스가 종종 모든 영양가가 손실될 때까지 회석되어 소비자들이 과일 상태와는 많이 떨어진 과일 맛 설탕 물을 마시고 있는 정도라고 주장한다.

G 물론, 유기농적 공정을 사용하는 제조업체가 아직 많이 남아 있지만, 그들의 제품이 시장의 선두자들보다 비싸기에 많은 고객에게 판매되지 못하고 있다. 과거에 가족들이 집에서 직접 자신의 오렌지 주스를 짜던 시대와는 많은 것이 변했다. 그 접근의 문제점은 하나의 유리컵에 담길 주스를 만드는 데에 필요했던 오렌지의 개수와 종종 풍미를 향상시키기 위해 첨가된 설탕의 양이었다. 결국, 다 같은 건강하지 못한 접근일 뿐!

문제 1-5

빈 칸에 알맞은 문자를 작성하시오.

1 두 개의 지역이 국제 오렌지 주스 판매를 독점한다. _____

2 본인의 주스를 스스로 만드는 것은 항상 경제적이거나 건강한 것은 아니다. _____

3 과일 주스에 대한 마케팅 메시지는 전부 진실이 아닐 수 있다. _____

4 식은 과일을 액체로 변화시키는 것은 매우 복잡한 공정이다. _____

5 의사들은 공정 중 많은 영양분들이 빠져나간다고 주장한다. _____

문장에 올바른 끝을 **i-vi** 중에서 고르시오. 한 선택지는 사용되지 않습니다.

---

i   도중에 없어진다.

ii   제거, 추가된다.

iii 맛이 쓰기 때문에 제거한다.

iv 영양가가 풍부하다고 전해진다.

v   20 세기 중반부터 인기 있는 음료다.

vi 저장 전에 살균 처리된다.

---

6   생과일을 사용하여 생산된 주스는 _____

7   오렌지 주스는 _____

8   그 과정에서 _____

9   착즙 후 펄프는 _____

10 맛 중 다양한 부분들이 _____

문제 11-13

아래의 문장들은 독해 지문 1 의 내용과 일치하는가?

기재하시오.

참   만약 진술이 정보와 일치하면

거짓   만약 진술이 정보와 대치되면

알 수 없음 만약 이에 상응하는 정보가 주어지지 않았으면

11 최근 과일 주스의 생산에 대한 연구는 공해를 초래했다.

12 과일의 산성은 주스의 단맛에 영향을 줄 수 있다.

13 과일이 무산소 탱크에 저장되는 데에 1 년이 걸릴 수 있다.

독해 지문 2에 해당하는 **문제 14-27번**을 푸는 데 약 20분 정도 사용하기를 권장한다.

IUCN의 멸종 위기종 목록

멸종 위기종 목록이란 국제 자연 보호 연맹(IUCN)에서 편찬한, 멸종 위기에 처한 종들의 공식 목록이다. 이 문서는 1964년에 처음으로 작성되었으며, 현재 모든 동식물 및 균류의 종들의 가장 포괄적인 정보를 보유하고 있는 데이터베이스이다. 이 목록은 현재 약 100,000개의 항목으로 구성되어 있으며, 2020년까지 160,000개에 도달하는 것을 목표로 하고있다. 항목 중 25%는 이미 어떤 식으로든 위험에 처해 있다. 문서의 정보는 단체와 정부들이 그 수를 줄이기 위해 정책을 계획하는 데 사용된다.

이 목록은 주어진 종들에 대한 광범위한 정보들을 제공해준다. 첫 번째 카테고리는 개체 수이며, 이들은 다시 하위 개체 수로 나뉘게 된다. 이 수들은 과학자들에 의해 정기적으로 대조되며, 감소하는 숫자는 기표된다. 표기의 한 예시로, 호랑이는 현재 2,154 ~ 3,159 사이의 개체 수를 가지고 있는 것으로 기재되어 있다. 호랑이가 여전히 남아있는 13개국에서 수집된 데이터를 기반으로 만든 이 자료는 개체 수가 감소한 것을 나타내고 있다. 오직 번식이 가능한 개체들만 자료의 수치에 포함되었다. 기재 되어있는 다른 카테고리로는 서식지와 생태계 - 즉, 종들이 어디서, 어떻게 생존하는지, 그리고 다른 종들과 어떻게 상호작용하는지 등이 포함된다. 검은 코뿔소와 같은 동물은 생존을 위해 나무, 관목 및 과일에 의존하며, 서식지의 모든 변화는 생존에 직접적인 영향을 미친다.

이 조사 기록은 종에 대해 자연적이거나 인위적인 모든 위협을 묘사한다. 부정적인 영향을 미칠 수 있는 인간 활동에는 상업 개발, 주택 공사, 그리고 광업 및 땅에 구멍 뚫기 등이 포함된다. 모든 건축 프로젝트나 땅, 바다에서의 자원 추출 공정들은 생명에 대한 위험을 감소시킬 수 있도록 측정을 한 뒤 계획된 방식에 따라 진행되어야 한다. 석유를 탐색한다고 해저에 구멍을 뚫는 행위뿐만 아니라, 애초에 탐사 기구들을 작업장으로 보내는 것이 해양 생물들에게 심각하게 피해를 주는 것이다.

산업 활동만이 동식물들에 영향을 미치는 것은 아니다. 하이킹, 캠핑, 스노클링 등과 같은 레크리에이션 활동들은 모두 식물과 산호를 악화시킬 수 있다. 인간들이 익숙하지 않은 동물들은 자신의 서식지를 항상 공유하고 싶어하지 않을 것이므로 다른 곳으로 이주할 것이다. 도시가 시골로 뻗어 나가면서, 다른 동물들은 인간들에게 해충으로 인식될 수 있다. 도시 여우의 경우 도시에서 강제적으로 살아야 했던 종의 예시이며, 사람들이 없애려고 열망하던 목표가 되기도 했다.

종들이 취약해질 수 있는 다른 요인들로는 댐 건설, 유역 변경 및 해변 개발 등이 있다. 이 중 어떠한 것이라도 종들에 해로운 영향을 줄 수 있다. 예를 들어, 브라질 고유의 꽃 피는 선인장인 파로디아(Parodia)는 그 수가 급속도로 감소하고 있으며, 지난 몇 년 동안 서식지에서 벌어진 다양한 활동들로 인해 개체수가 총 2,300으로 현재 설정되었다. 이 식물은 200미터가 넘는 높이까지 자라며, 채석장, 수질 관리 및 산사태의 영향으로 파괴되어 그 개체수가 많이 줄었다.

이미 명시된 정보뿐만 아니라, 이 목록은 현재의 모든 보호 활동과 미래 계획에 대한 권고 사항들을 수집분석하고 있다. 이에 대한 예시로, 뉴질랜드와 남극 출신의 노란눈펭귄은 현재 살아있는 쌍이 적기 때문에 멸종 위기 종으로 등재되어 있다. 암컷은 1년에 오직 2개의 알을 낳기 때문에, 개체 수의 회복에 대한 확률은 사용되는 전략에 달려 있다. 지역 과학자들은 잘 알려진 지역들에 모니터링 방안을 수립하였고, 더 자세히 추적할 수 있도록 꼬리표 시스템을 도입했으며 현지 학교들을 위하여 교육 프로그램을 개발했다. 펭귄들이 번식하고 먹이를 먹는 지역은 자연 보호 지역으로 지정되어 침입하는 모든 위협적인 종들은 식별이 될 수 있도록 조치하였다. 전반적으로, 이는 종에 대하여 잘 구상되고 개발된 보호 계획을 구성한다.

멸종 위기 상황에 대해, 목록은 도도새처럼 개체가 더 이상 존재하지 않는 절멸(EX)부터 등급이 부여되기 전에 종에 대한 더 많은 정보가 필요한 정보 부족(DD)까지 총 9 개의 단계로 나뉜다. 야생 절멸(EW)은 그 종이 정원이나 동물원에 아직 존재하지만 더 이상 야생에서 발견되지 않는다는 것이다. 이러한 상황에서의 전략은, 미래에서의 성장을 돕기 위해 적절한 조건이 만들어지면 종을 재도입하는 것일 수도 있다. 멸종 위기 범주를 구성하는 세 하위 범주는 가장 긴급한 것부터 절멸 위급(CR), 절멸 위기(EN) 및 취약(VU)이다. 이 범주 중 하나라도 속하는 모든 종은 이들을 보호하기 위한 전략적 계획이 필요하다. 9 가지 중 나머지 두 범주는 준 위협(NT)와 관심대상(LC)이다.

목록의 지속적인 편집은 지구의 자연 균형을 유지하는 데 기여하는 IUCN 의 주된 역할 중 하나이다. 지구상 종의 25 %를 잃게 된다면 지난 100 년간 인간이 한 투자에 비하여 매우 빈약한 수익이 될 것이다.

문제 14-18

A, B, C, D 중 정답을 고르시오.

14 현재 대략 몇개의 종들이 멸종위기에 놓여있는가?

A 10,000

B 25,000

C 100,000

D 160,000

15 데이터를 수집한 과학자들은

A 13 개국에서 수집했다.

B 번식이 가능한 사람들이다.

C 개체 수와 부분 개체 수로 나누기 위해서 수집했다.

D 감소하고 있는 종들을 파악하기 위해서 수집했다.

16 종들에 대한 자연적 위협으로는 _____를/을 포함한다.

A 기름을 찾기 위해 해저에 구멍 뚫기

B 새 주택 건축

C 다른 상업적 개발

D 적은 과일 추수

17 지문에 의하면, 다음 중 어떤 것이 산호에 위협이 되지 않는가?

A 도보여행자들

B 야영객

C 스노클링하는 사람들

D 도시 여우

18 다음 중 파로디아 식물에 영향이 없는 것은 어떤 것인가?

A 토양 퇴화

B 침입 종

C 발굴 활동

D 물 조절

문제 19-23

정보를 읽은 후, 지문의 단어들을 이용하여 문항에 답하시오. 각 문제당 **하나의 단어 혹은 하나의 숫자**로 답하시오.

19 10년 후에 기록될 종의 목표 개체 수는 얼마인가?

20 개체 통계에 포함될 수 있는 동물만 가능한가?

21 노란눈펭귄을 보호하기 위해 과학자들은 어떤 시스템을 소개했는가?

22 9개의 멸종 위기종 범주 중 우리가 도울 수 없는 범주는 어떤 것인가?

23 9개의 멸종 위기종 범주 중 오직 포획되어 있는 상태에서만 볼 수 있는 범주는 어떤 것인가?

문제 24-27

목록에 있는 **A-F**를 통해 종들을 위협 혹은 관련 활동들과 연결하시오. 한 종당 하나의 알파벳을 고르시오. 모든 알파벳을 사용하실 필요는 없다.

위협 / 행위	
A	물 조절
B	곰팡이 감염
C	나무들과 관목들의 파괴
D	지역 과학자들
E	수중 스포츠
F	인간들의 타겟팅

종

24 검은 코뿔소 _____

25 도시 여우 _____

26 파로디아 _____

27 산호 _____

독해 지문 3에 해당하는 **문제 28-40번**을 푸는데 20분 정도를 사용하는 것을 권장합니다.

생명의 나무, 혹은 나무의 생명

태초 이래 인간은 지구상에서 가장 유용하고 흔한 재료 중 하나인 목재를 사용하기 위해 나무를 베어냈다. 이들은 아직도 주택 건축, 가구 제작, 종이 생산 등 다양한 용도로 사용된다. 그러나 나무가 그토록 귀중하다는 것을 알고 있기에, 우리는 나무를 자르는 것에 훨씬 더 주의를 기울이고 있다. 이를 통해 미래 세대는 계속해서 나무를 통한 혜택을 받을 것이다. 그러나 최선의 노력에도 불구하고, 특정 산림들은 여전히 엄청난 불법 활동의 대상들이다.

전문가들에 의하면, 사람은 50 만 년 전부터 도구를 만들어왔다. 처음에는 동물의 뼈, 돌, 나뭇가지 등을 사용했다. 이 공구는 절단, 사냥, 농업뿐만 아니라 옷 만들기, 요리 및 식사에도 사용되었다. 나무는 유연하고 강하기 때문에 집을 만드는 데에 좋은 재료였으며, 집은 방수되고 단열도 잘 되었다. 그들은 또한 오랜 시간 동안 유지되었고, 영국의 한 목조 주택은 약 3,000 년 전으로 거슬러 올라간다.

사람이 청동이나 구리와 같은 금속을 발견하자 강력한 도구를 만드는 것이 가능해졌다. 그 이후, 대량의 목재들이 처리될 수 있었다. 도끼는 나무를 자르는 데 사용되었고, 금속 톱은 줄기를 필요한 크기로 자르기 위해 사용되었다. 이는 목재 산업 시작의 본질적인 부분이었다. 기원전 2560 년에 이집트인들은 세계에서 가장 큰 구조물 인 피라미드를 만들기 위해 찾을 수 있는 거의 모든 나무를 찾아 사용했다. 이들은 거대한 돌로 만들어졌고, 나무는 건축 작업이 진행되면서 그 돌들을 위아래로 움직이는 데 사용되었다.

로마인들이 유럽의 많은 지역을 침략하기 전인 수천 년 전 철기 시대에는, 벽돌이 건축을 위해 사용되기 시작했다. 벽돌은 나무로 만든 거푸집으로 만들어졌으므로 목재가 여전히 중요했다. 로마인들이 세계에서 우세해지기 시작하자, 이들은 군대와 공학적 목적으로 목재를 사용했다. 목재 투석기는 적에게 엄청난 물체를 던져 벽을 파괴할 수 있었다. 동시에, 그들은 큰 물체를 매우 높은 높이로 들어 올리는 데 사용되는 나무 기중기를 개발하고 있었다. 크레인은 이들이 세계에서 가장 인상적인 건물을 짓는 데 많은 도움을 주었다.

역사를 돌이켜 보면, 나무는 중요한 건물을 짓는 재료였다. 중국에서 유명한 Nauchan 사원은 782 년부터 목재로 만들어졌으며, 동남아시아 전역에 비슷한 건물이 있다. 중세 시대에 목수로서 존경받았다. 궁전과 성당 같은 많은 건물은 목재를 사용하여 멋진 지붕과 돔을 만들었다. 그러나 나무는 쉽게 불이 날 수 있으므로 석기와 목재의 조합이 곧 가장 안전한 방법이 되었다.

다른 국가와 무역하고 탐험하기 시작한 국가들은 종종 바다로 여정을 떠났다. 목조 선박은 상업용 및 군용으로 중요한 운송 수단이 되었다. 스페인, 포르투갈, 영국 등의 국가에서는 국내 및 해외 산림에서 목재를 대량으로 구해와서 배를 만들었다. 또한, 브라질에서는 수백만 그루의 토착 나무들이 군복 염색을 위한 붉은 색 염료를 만들기 위해 절단되었다고 한다. 이 나무들 중 많은 수가 영원히 사라졌다.

19 세기에는 세계 곳곳에서 숲이 베어졌다. 나무는 증기 엔진을 가동시키고, 건물을 짓고, 울타리와 철도를 짓는 데 사용되었다. 또한 숲은 농업 토지를 제공을 위해 개간되었다. 미국에서는 숲의 30 % 이상이 불과 50 년 만에 제거되었다. 다행스럽게도 사람들은 재성장을 위한 신중한 계획 없이는 계속할 수 없음을 깨닫기 시작했다. 물론 오늘날 목재는 보다 신중하게 보호되고 대부분의 환경 보호 전문가들은 보살펴야 할 지속 가능한 재료로 간주한다.

나무는 계속해서 유익함과 동시에 파괴적이며, 지구 온난화가 심화됨에 따라 점점 더 많은 산불이 통제 불능 상태에 빠져 주변의 모든 건물이 파괴했다. 캘

리포니아, 호주, 그리고 그리스에서의 최근 사건들을 통해, 이것이 전 지구적인 현상이며, 사람들은 비가 거의 내리지 않고 강풍이 부는 지역에서의 나무의 위험성에 대하여 신중한 태도를 유지할 필요가 있음을 증명한다.

나무는 인류의 미래를 위해 절대적으로 중요하다. 그들은 산소를 생산하고 엄청난 양의 지속 가능한 건축 자재를 제공한다. 그 대가로, 우리는 5 천 년까지 살 수 있는 나무가 미래 세대를 위해 온전히 유지되도록 조심해야 한다.

문제 28-31

A, B, C, D 중 정답을 고르시오.

28 지문에 의하면, 나무가 사용된 첫 용도 중 하나는

A 못을 만들기 위함이다.

B 도구로서이다.

C 청동이나 구리 도구들을 만들기 위해서다.

D 종이를 만들기 위함이다.

29 철기 시대에는

A 로마인들이 지구에서 우세했다.

B 나무가 군사 목적으로 사용되었다.

C 피라미드가 돌과 나무를 사용하여 만들어졌다.

D 나무는 벽돌을 만들 때에 사용되었다.

30 중세 시대에 건축물들이 돌과 나무로 만들어진 이유는

A 나무로만 만드는 것보다 안전해서이다.

B 그 당시 목수들이 매우 실력 있었기 때문이다.

C 건축가들에게 더 중요한 건물들을 만들 수 있게 해주었기 때문이다.

D 동남아시아에서 이들은 흔한 건축 자재였기 때문이다.

31 지문에 의하면, 다른 나라의 숲에서 나온 목재가 사용된 곳은

A 선박 제조이다.

B 농사다.

C 음식 만들기다.

D 투석기 만들기다.

문제 32-36

아래의 문장들이 지문의 내용과 일치하는가?

기재하시오.

참   만약 진술이 정보와 일치하면

거짓   만약 진술이 정보와 대치되면

알 수 없음 만약 이에 상응하는 정보가 주어지지 않았으면

32 나무로 만든 초기 건물은 따뜻하고 방수가 잘됐다.

33 나무로 된 투석기는 로마인들의 가장 위대한 무기였다.

34 나무로 된 지붕들은 주로 평범한 디자인을 갖고 있었다.

35 반세기 만에 미국 숲의 약 1/3 이 사라졌다.

36 날씨 관련 문제로 인한 산림에 대한 위협은 세계 많은 곳에서 일어나고 있다.

문제 37- 40

아래에 목재의 사용방법과 나라/국적들의 이름을 읽은 후, **A-F** 를 사용하여 각 설명에 맞는 나라/국적을 알맞게 연결하시오.

A	이집트인
B	로마인
C	중국인
D	영국인
E	브라질
F	미국인들

37 제복을 위해 염료를 만듦 _____

38 물건 수출을 위해 선박을 만듦 _____

39 무거운 물체를 들어올리기 위해 기구를 만듦

_____

40 거대한 건축 현장에서 돌을 운반함 _____

WRITING

WRITING TASK 1

이 과제에 답하는 데에 약 20분 정도 사용하기를 권장한다.

> 차트는 1990년부터 2020년까지의 영국의 음반 판매와 관련된 정보를 나타낸다.
>
> 주요 수치들을 골라 기술하고, 적절한 곳은 비교하며 주어진 정보를 요약하시오.

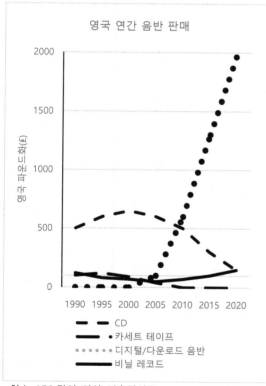

최소 150 단어 이상 기술하시오.

WRITING TASK 2

이 과제를 답하는 데에 약 40분 정도 사용하기를 권장한다.

다음 주제에 관해 쓰시오.

> 교육받은 비전문가 청중을 대상으로 다음 주제에 대하여 의견 또는 사례를 제시하여 글을 작성하시오:
> "세계화로 인해 지역 상점과 시장에 많은 해외 제품이 도입되었다."
> 이 사례에서 세계화의 주요 이점과 단점은 무엇이라고 생각하는가?

귀하의 답변에 근거를 제시하고, 당신의 지식이나 경험 중 적절한 예를 들어 설명하시오.

최소 250 단어 이상 기술하시오.

SPEAKING

PART 1

평가자는 응시자에게 자기소개, 사는 곳, 전공 등 여러 익숙한 주제에 대해 질문한다.

주말

당신은 주말에 바쁘십니까?

주말을 능동적으로 보내는 것을 선호하십니까?

아니면 수동적으로 보내시는 것을 선호하십니까?

주로 무엇을 하십니까?

당신은 혹시 영화를 보십니까?

영화

영화를 집에서 보는 것을 즐기십니까? 극장에서 보는 것을 즐기십니까? 왜 입니까?

어떠한 종류의 영화를 선호하십니까? 내용보다 액션이 더 중요합니까?

당신은 같은 영화를 한 번 이상 보십니까? 왜 입니까?

당신은 오래된 영화를 좋아하십니까? 최신 영화를 좋아하십니까?

PART 2

> 좋아하는 영화 혹은 최근에 본 TV 프로에 대해 설명하시오.
> **설명에 포함되어야 하는 요소:**
> - 내용이 무엇이었는지
> - 언제를 배경으로 하는지
> - 누가 출연했는지
>
> 그리고 왜 그것을 좋아하는지 설명하시오.

주제에 대해 1~2 분 정도 이야기할 수 있어야 한다. 사전에 무슨 말을 할지 내용을 생각할 수 있는 시간 이 1분 주어질 것이다. 필요하다면 노트 필기를 할 수 있다.

PART 3

토론 주제들 :

여가 활동

당신의 나라에서는 아직 영화관이 인기있습니까? 극장은 어떻습니까?

청년층과 노년층들이 관람에 대해 비슷한 성향을 가지고 있습니까?

더 좋은 서비스를 제공하기 위해 영화관이 할 수 있는 일은 무엇이 있습니까?

온라인 여가 활동

온라인 시청의 장점은 무엇입니까?

당신은 온라인 시청에 대한 시청료 지불을 예상하십니까?

시청 중 광고 보는 것을 좋아하십니까?

앞으로 극장이 계속 존재할 것이라고 생각하십니까?

대본

TEST 1

SECTION 1

A 안녕하세요 Redwood Hotel 입니다. 무엇을 도와드릴까요?

B 네 안녕하세요. 호텔에 관해 물어봐도 괜찮을까요?

A 그럼요, 무엇이 궁금하신가요?

B 음 약간 이상하게 들릴지도 모릅니다만, 이 호텔이 영화 Goldfinger 에 나온 호텔 맞나요? 사실 제가 James Bond 의 팬이거든요.

A 네, 맞습니다. 그리고 이상하지 않아요, James Bond 팬의 예약을 많이 받고 있거든요. 그분들은 여기서 매년 컨퍼런스까지 여는데요.

B 잘됐네요. 그렇다면 방 하나 예약하고 싶습니다.

A 방이 언제 필요하신가요?

B 제가 6 월 28 일에 도착해서 7 월 2 일에 나갑니다. 4 박이네요, 맞죠?

A 알겠습니다. 잠시만 방이 있는지 체크해 볼게요.
네, 싱글, 더블, 그리고 트윈 룸이 있네요, 스위트 룸도 있습니다.

B 그렇군요. 저는 혼자 갈 거니까요, 싱글 룸 하나면 되지 않을까 싶은데요. 싱글과 더블의 가격 차이가 많이 나나요?

A 음, 싱글 룸은 하루에 세금 포함 110 달러이고요. 더블 룸은 하루에 160 달러입니다. 사실 트윈룸은 주중에 하루에 135 달러짜리 특가가 있어요. 그래서 25 달러만 더 주시면 좀 더 큰 방을 사용하실 수 있습니다.

B 조식 포함인가요?

A 아니요, 죄송합니다. 조식은 10 달러 더 내셔야 해요.

B 아, 그렇군요. 그럼 트윈룸을 예약하고 싶습니다.

A 알겠습니다. 성함 좀 알 수 있을까요?

B Barry Teesdale 입니다. Barry 에는 R 이 두개 입니다.

A Teesdale 의 스펠링 좀 말해 주시겠어요? T E A 인가요 아니면 T 에 E 가 두 개인가요?

B T 다음 E 가 두 개에 S-D-A-L-E 입니다.

A 감사합니다. 그럼 자세한 정보는 체크인하실 때 받도록 하고, 지금은 필수 연락처 정보가 필요합니다. 이메일 주소가 있습니까?

B 음.. 네 bazza64@hotmail.com 입니다. B-A 다음 Z 가 두개에 A-64 @ 'Hotmail' 점 'com' 입니다.

A 감사합니다. 전화번호를 알 수 있을까요? 집, 직장 아니면 핸드폰 어느 것이든 괜찮습니다.

B 직장 번호를 드리는 게 가장 나을 것 같네요. 01863-679-022 입니다.

A 감사합니다. 예약을 확정하기 위해 신용카드 정보가 조금 필요한데요. 만약 못 오실 경우에는 하루치의 숙박비를 청구합니다. 그리고 남은 기간에 대한 예약은 취소됩니다.

B 네, 괜찮습니다. 좋습니다. 비자카드고요. 숫자는 4593, 7197, 9859, 1250 입니다.

A 감사합니다. 이름은 동일합니까?

B 네. Barry Teesdale 입니다.

A 카드 만료 날짜는 어떻게 되나요?

B 음, 만료 날짜는 2021 년 8 월입니다.

A 감사합니다. Teesdale 씨. 이메일로 예약 확인서를 보내 드리겠습니다. 만약 예약을 변경해야 할 일이 생기실 경우 꼭 저희에게 바로 알려주시기 바랍니다.

B 네, 그렇게 하겠습니다. 음.. 끊기 전에 하나만 더 물어봐도 될까요?

A 네?

B 그 영화의 가장 처음에 나오는 다이빙 보드 장면 있잖아요. 그 다이빙 보드가 아직도 거기에 있나요, 아니면...?

SECTION 2

여러분, 안녕하세요. 안녕하세요. 모두들 집중해 주시겠어요? 좋습니다, 감사합니다. 좋아요. 모두들 안녕하세요. Speke Hall 에 오신 것을 환영합니다. 제 이름은 Wayne 이고요, 오늘 여러분께 이 멋진 건물을 보여드릴 수 있게 되어 기쁘게 생각합니다. 그럼 먼저 이 Speke Hall 의 역사에 대해 잠깐 소개하고, 안으로 들어가 둘러보도록 하겠습니다.

좋습니다. 여러분들이 이미 많이 아시겠지만, Speke Hall 은 영국에서 가장 잘 지어진 Tudor 왕가의 반목조 저택이라고 알려져 있습니다. 지금 우리는 마당에 있고요. 보시다시피 건물의 입구 쪽을 바라보시면, 벽이 아주 근사한 검은색과 흰색의 목재로 둘러져 있습니다. 이 홀은 1490 년부터 1612 년에 걸쳐 지어졌어요. 그리고 여기, 홀의 남쪽 부분이 가장 오래된 구역입니다. 원래는 Spec Manor 라고 불렸는데요. Spec 은 고대 영어로 땔감이라는 뜻입니다. Speke Hall 은 대부분의 기간 Norris 가문의 소유였고요. 그들이 오늘날 볼 수 있는 대부분의 빌딩을 관리했습니다. 그런데 18 세기동안 Norris 가문이 힘든 시기를 보내면서, 집이 수리가 되지 않고 거의 황폐화된 적이 있었어요.

1795 년에, 이 집을 리버풀 근처에 사는 부유한 상인 Richard Watt 씨가 구입했습니다. Watt 는 이 집에 실제로 산 적은 없지만요. 그는 Speke Hall 을 다시 일으킨 장본인이고 또한 집의 복원작업을 시작한 사람입니다. 이 작업은 그의 아들 후에 손자 대에까지 이르게 됩니다.

1943 년에는 집이 National Trust 의 관리 아래에 들어가게 되는데요. 그들이 지금도 Speke Hall 을 책임지고 관리하고 있습니다.

알아요, 여러분 정말 안에 들어가고 싶으시죠? 그런데 집에 들어가기 전 잠깐만 집 안쪽의 몇몇 큰 방들에 대해 잠시 설명해드리겠습니다. 잠시 후면, 우리는 작은 식당을 지나갈 거예요. 이 룸의 벽은 목판으로 되어 있고요, 룸에는 Speke Hall 의 값나가는 스케치나 그림들이 걸려 있습니다. 근처에는 당구 혹은 게임룸이 있어요. 여기는 1550 년에 지어졌구요. 원래는 주방이었는데 1860 년대에 스누커나 당구를 치는 게임 룸으로 바뀌었어요. 게임 룸에서 나가면 도서관이 이어집니다. 이 방은 18 세기에 크게 손상이 되었었고, 그 후 완전히 복구되었습니다. 선반에는 귀하고 희귀한 책들이 많이 있는데요. 부동산 관리, 종교 같은 주제에 대한 책들 및 소설입니다. 도서관을 지나면, 총기실에 들어가게 됩니다. 이곳은 굉장히 작은 방이고요. 기록에 따르면 1624 년에 이 방은 사실 창고로 사용되었다고 합니다. 그런데 그 이전에는 예배실로도 사용되었을 수도 있어요.

이 집의 가장 유명한 방은 Great Hall 인데요. 1530 년도에 William Norris 경에 의해 지어졌습니다. 이 방은 16, 17 세기 중 연회장으로 쓰였을 것이고요.

복구 작업을 하면서 그 당시에 제작된 가구를 들여놓았습니다. 이 홀의 가장 끝 큰 창문에는 지역 교회에서 가져온 스테인드 글라스가 들어가 있는데요 거의 500 년이 가까이 된 것입니다.

자, 나중에 윗층으로 올라가면 침실에 대해 말씀드리겠습니다. 지금은 저를 따라서 집의 안쪽으로 들어가 볼게요. 첫 번째 방부터 보도록 하겠습니다.

SECTION 3

T 안녕? Dianne. 미안, 조금 늦었어.

D 안녕? Tim. 어서 들어와. Emma 는 벌써 왔어. 기다리고 있었어. 자, 그럼 이제 시작해도 되겠네.

E 안녕? Tim.

T 안녕? Emma, 늦어서 미안해. 차가 너무 막혔어.

E 괜찮아, 다 왔으면 됐지. 시작하기 전에 커피 한 잔 할래?

T 아냐, 괜찮아. 고마워. 바로 리포트로 들어가도 될 것 같은데.

E 알았어. 음.. Dianne 과 내가 우리 결과를 두 개의 주요 항목 - '통계' 그리고 '코멘트'로 분류해 봤어. 아직 이것들을 제대로 볼 시간은 없었지만 말야. 통계는 우리가 했던 설문지의 결과를 바탕으로 뽑은 것이고, 코멘트는 사람들이 인터뷰 안의 있던 질문에 대한 답변과 별개로 우리에게 이야기 해주었던 몇몇 흥미로운 이야기에 대한 것들이야.

T 좋은데. 글쎄, 나는 Dianne 으로부터 통계 자료는 다 받았어. 고마워. 그런데 Dianne,

D 물론이지.

T 해석하기가 좀 더 쉽게 내가 이 결과 전부를 파이 차트로 만들었어.

D 와, 근사한데. 잘했네. 좋았어, 그럼 먼저 설문지의 결과에 대해 우리한테 얘기해줄래? Tim?

T 응, 알았어. 알다시피 설문지는 일에 대한 사람들의 태도에 관한 것이었어. 우리는 사람들의 직업 중에 최고와 최악인 부분을 알아내려고 했잖아. 물론 우린 이 결과가 사람들이 일하고 있는 여러 직종에 따라 다양할 것으로 예상했었지. 또한 우린 근무기간이나 회사규모 같은 다른 요소들도 결과에 영향을 줄 것이라고 예측했었어.

E 맞아. 그럼 우리가 다 합쳐서 몇 명이나 인터뷰한거지?

T 음, 나는 92 명이고 너는 119 명이고 Dianne 이 173 명이니까. 와! 총 384 명이네, 표본으로 삼기 적절한 분량인걸.

E 그래. 아주 좋은데. Dianne, 넌 어떻게 그렇게 많은 사람을 인터뷰하게 된거야?

D 내가 토요일에 Warehouse 가게 쪽으로 내려가서 최대한 많이 인터뷰하려고 했지. 거기가 세일해서 굉장히 붐볐거든. 사실 훨씬 더 많이 인터뷰했는데, 대부분이 학생들이어서 그 정보는 뺐어.

T 그렇구나. 이 파이 차트의 첫번째 항목을 보면, 사람들이 일하는 다양한 분야를 보여줘. 여기 보이듯이, 대부분의 사람들이 교육 분야에 일한다고 대답했어. 약 32%야. 꽤 높은 수치지. 그런데 이 조사가 Hillcrest 근처에서 이루어졌다는 것을 기억해야 해. 그 대학에서 일하는 사람들이 많을 수 있다는 거야.

D 다른 분야는 어떻게 돼?

T 음 교육이어서, 다음으로 큰 그룹이 서비스 분야야. 가게라든지 호텔, 식당, 이런 것들이지.

D 그 그룹의 수치는 어떻게 되는데?

T 23%. 그 다음은 비즈니스 분야고 16%야. 정부 기관 분야는 그 다음으로 많은데 13%야. 가장 낮은 두 개는 농업과 농장이네. 8%이고, 그리고 기타도 8%네.

D 알았어. 다음 질문이 근무 기간이네. 이에 대한 결과가 어떻게 나왔지?

T 음. 우리는 이 파이 차트에 보이는 것처럼 답을 나누었는데, 그 결과가 꽤 놀라워.

E 어떤 점이 말이야?

T 응, 결과에 따르면 대부분의 사람들이 현재 직장에서 10 년 이상, 아주 오랫동안 일하거나 혹은 아주 짧게 일했어, 2 년 이하로. 이유는 잘 모르겠는데, 분명 좀 놀랄 일인 것 같아. 인터뷰한 사람의 4 분의 1 정도만 현재 직장에서 2 년에서 10 년 사이로 일한 셈이야.

E 우리가 이유를 한번 찾아봐야겠네, 그건 나중에 하고. 일단 다음은.

T 회사 규모에 대한 설문 결과는 아주 고르게 퍼져있어. 21%의 사람들이 10 명 이하의 직원 규모의 회사에서 일하고, 17% 가 11 명에서 20 명 직원 사이 직장에서 일하고, 16%가 21 명에서 100 명 사이의 회사, 23%가 101 명에서 500 명 사이의 회사, 그리고 마지막으로 29%가 500 이

상 직원의 회사에서 일해. 아까처럼 이것도 대학교 직원이 많아서가 아닐까 싶네.

E 좋아 음. 회사의 최고 그리고 최악의 일에 대해서는 아직 파이 차트를 만들지 않았는데, 응답 수에 따라 리스트를 만들어 봤어. 정말 흥미로웠던 점은 최상 그리고 최악 이 둘 리스트의 상위 3개가 거의 같다는 거야. 사람들이 가장 좋아하는 리스트의 상위 3개가 일의 흥미도, 친절한 동료, 그리고 좋은 업무 환경을 들었어. 그리고 직장에서 가장 싫어하는 것 3가지가 재미없고 따분한 일, 긴 업무시간 그리고 불친절한 동료를 들었어. 재밌지 않아?

D 정말 그렇네. 코멘트는 어떻게 돼? 어떻게 이것을 발표하지? 그래프로 만들기는 어렵잖아, 그렇지?

E 아마 그냥 나열해야 하지 않을까…

SECTION 4

안녕하세요. 오늘 강의에 오신 여러분을 환영합니다. 오늘은 지속 유지 경영에 대한 시리즈 강의로써, 21세기 초에 사회적, 환경적, 그리고 보건적인 측면을 분석한 많은 혁신자들에 대해, 그리고 가장 급박한 분야를 위해 그들이 개발한 개념, 제품 그리고 서비스에 대해 자세히 보도록 하겠습니다. 이러한 접근에 자선적인 측면이 있지만, 다시 말해 전체적으로 모든 사람에게 긍정적인 가치를 주는 사업 기회이지만, 나는 그것들이 여전히 견고하게 시장의 개념으로 움직이고 있다고 강조하고 싶습니다. 이것들은 더 나은 제품의 개념을 지닌 비즈니스 아이디어입니다. 또한 바로 제 논문의 핵심 부분이기도 하지요 - '큰 사업은 만약 그것이 더 친환경적인 면을 찾고, 덜 파괴적인 제품의 모델을 선택한다면 수익을 계속 낼 수 있을 것이다.'

자, 그럼 오늘 저의 이야기를 두 부분으로 나누어, 현재의 관점에 맞서, 사업성과 지속 가능성 모두를 추구하는 개념을 만들어낸 각기 다른 젊은 혁신적인 인물들에 대해 알아보겠습니다. 그럼 가장 주류의 혁신가부터 알아봐야 할 것 같은데요 - 네덜란드의 디자이너이자 환경운동가 Dave Hakkens 입니다. 자, 플라스틱 폐기물 문제가 눈에 띄게 증가하자, Hakkens 도 이 재료를 수거 및 재생하는 그의 혁신적인 방법으로 인해 주목받게 됩니다. 여러분도 아실 겁니다. 매년 300만 톤의 플라스틱 쓰레기가 발생하고 이 중 10%미만이 재활용된다는 것 말이죠. 플라스틱은 버려지는 곳에서 수십 년이 지나야 썩어 없어지기에, 수로를 오염시키거나 주변 땅을 유해한 화학물질로 오염시킵니다. 우리는 모두 각 가정에서 배출되는 플라스틱 쓰레기 더미들을 더 재활용해야 한다는 사실은 알고 있어요. 알고는 있지만, 아직도 그것을 못하고 있습니다. 이를 위해 필요한 것이 어떤 인센티브나 어떤 동기일까요? Hakken 의 해결책은 사람들이 플라스틱 쓰레기를 집에서 쓸 수 있는 귀중한 아니 적어도 재사용될 수 있는 물건으로 바꾸는 것을 장려하는 것이예요.

공학도와 함께 일하면서, Hakkens 는 오픈-소스 계획을 고안해 사람들이 가정용 재활용 센터를 짓는 일을 가능케 하고 있는데요. Precious Plastics 시스템은 3개의 간단한 기계로 이루어져 있습니다. -하나는 플라스틱 파쇄기, 다른 두 개는 재사용될 소재를 가열시키고 녹여 새로운 물건을 만드는 데 쓰이는 기계들입니다. 현재까지 이 시스템 사용자들은 재활용 램프, 컨테이너, 그리고 기구들을 만들어 냈습니다. 단순한 아이디어지만, 재활용 측면에서 큰 변화를 가져왔고 집 안에서의 해결책 덕분에 쓰레기를 수집하고 분류하는 재정비용을 감소시킬 수 있었어요. 이 시스템은 다양한 종류의 플라스틱이 서로 섞일 수 있게 해주고, 아주 단순해서 쉽게 운용될 수 있었습니다.

이런 방식의 재활용에 대한 상업적 가능성을 열어가기 위해, Hakkens 는 또한 재활용 재품을 판매하는 온라인 시장을 열었는데요. 비디오 교육자료를 따라하면 재활용품으로 판매할 수 있는 다양한 물건을 만드는 법을 배울 수 있죠. 개념에 대한 수요를 이끌어내는 것은 바로 재정적인 인센티브입니다.

두 번째로 살펴볼 친환경 혁신가는 재료 과학자인 Sam Stranks 인데 기존의 제품을 과학 전문가를 통해 질과 사용적인 측면을 개선시킨 사람입니다. Stranks 와 MIT 를 기반으로 한 팀은 아주 가볍고, 효율적이고, 유연한 인공 태양열 전도체를 개발해왔는데, perovskite 라고 알려진 값이 싼 물질입니다. 이 물질은 현재 시장에서 볼 수 있는 실리콘 기반 태양전지판의 모든 특징과 함께, 매우 얇은 필름으로 압축될 수 있는 잉크를 만들기 위해 혼합된 두 가지 소금으로 만들어졌습니다. 잉크 반 컵 미만의 양이 한 일반 가정의 전력을 공급할 수 있는 태양열 전지판의 perovskite를 생산합니다. 이 대단한 신개념 태양열 전지판은 적용 가능 분야에 대단한 잠재력이 있는데요. 기존의 태양열 전지판과는 다르게, 이 물질로 만들어지는 전도체는 굉장히 가벼워서 현재 에너지 부족을 겪고 있는 개발도상국으로 쉽게 운반될 수 있습니다. 게다가 재앙을 당한 지역을 돕기 위해 빠르게 배치될 수 있는데, 기존의 태양광 발전소를 보충해주는 저렴한 방법이 되기도 하고, 국내 재생에너지 시장에 더 비용 효율이 높은 대안이 될 수 있어요. 나아가, perovskites 을 기존 태양열 전지판에 입혀 효율성을 20%이상 높일 수 있습니다. 수명을 더 길게 만들어 주는 거지요.

더 많은 수요를 불러오는 차원에서, perovskite 는 투자자들에게 매력적인 특정 기능들이 있습니다. 가볍고, 유연하며, 규모가 큰 태양광 전지임에도 쉽고 빠르게 조립 가능하며, 설치 비용을 - 많은 소비자가 재생에너지를 사용하는데 최대 장애물이죠 - 낮춰줍니다. perovskite 의 또 다른 핵심 기능은 아주 다양한 반투명 색상으로 생산될 수 있다는 것입니다. 이 말은 태양광 전지를 신-구 고층 빌딩에 입힐 수 있다는 뜻이며, 큰 규모의 건축 프로젝트에서 환경배출물 '탄소 배출량 0'를 달성할 수 있다는 것을 의미합니다. 이러한 생각이 시장 목표와 환경 목표를 조화시켜 진정한 의미의 지속 가능성을 이끌어 냅니다.

TEST 2

SECTION 1

A 안녕하세요. Bikeworks 고객 서비스 담당 부서입니다. 무엇을 도와드릴까요?

B 안녕하세요. 최근에 온라인에서 주문했던 것 때문에 전화했습니다. 몇 가지 세부사항을 변경하고 싶은데 괜찮을까요?

A 그럼요, 주문 참조번호를 알 수 있을까요? 주문하시고 나서 이메일로 보낸 송장을 보시면 있어요.

B 주문 번호, 알겠어요.

A 보통 BWK 세 글자로 시작해요.…

B 말씀하신 거 찾았어요. BWK3944 에요.

A 네 Andrew Holmes 씨 인가요?

B 네 맞습니다.

A 네 알겠습니다. 어제 아침에 온라인으로 주문하셨던 Trek SL6 말씀하시는 거 맞죠?

B 네 맞아요. SL6.

A 지금 시스템을 확인하고 어디에 있는지 알려드리겠습니다. 현재 정비공이 보관하고 있는데 오늘 아침 중으로 점검이 끝나게 되어 있어요.

B 그게 아직 거기에 있어서 다행이네요. 죄송한데 정비공이라니 자전거에 문제가 있는 건가요?

A 전혀요. 모든 자전거는 고객들께 배송이 되기 전에 정비공에게 점검을 받게 되어 있어요. 정비공들은 자전거가 완벽한 상태인지 확인하려고 브레이크와 기어를 점검합니다. 웹사이트에 더 자세한 내용이 나와 있으니 확인해보셔도 좋아요. 자전거는 아주 잘 나왔고 가볍고 빠른 기종이에요.

B 언덕 올라가는 데 도움이 되면 좋겠네요. 몇 주 뒤 휴가 때 동생이랑 Wales 에서 자전거 타기로 했거든요. 동생은 저보다 훨씬 어리고 건강하죠.

A 동생을 경주에서 이기실 거라고는 말씀 못 드리겠지만 오르막길에 자전거가 꼭 도움이 될 겁니다. 제가 이 주문 사항에 대해 어떻게 도와드리면 될까요?

B 음, 배송 사항에 대해 변경을 좀 할 수 있을까 해서요. 다른 주소로 배송해주실 수 있나요?

A 그러면 집주소인 16 View Hill Road, Bath 가 아닌 다른 곳으로 배송 받으시고 싶다는 말씀이시죠?

B 아니오. 대신 제 직장으로 보내주실 수 있나요? 그게 더 편할 것 같아서요. 휴가 전에 여러 근무를 서야 될 것 같아서요.

A 알겠습니다. 거기서 택배를 받으실 분만 계시다면 아무런 문제가 없을 겁니다.

B 네 부서에 확인을 해봤는데 잘 받아주실 거에요. 제가 강의 중이라면 다른 사람이 서명할 거에요.

A 알겠습니다. 세부사항을 알려주시겠어요?

B 청각학 부서, Newlands 대학 병원, Bath 입니다.

A New-lands 인 거죠?

B 네 대학병원입니다.

A 우편번호 알려주세요

B 네 BA15PQ 입니다. 혹시 며칠에 배송 가능한가요?

A 기본 배송은 2-3 일 정도 걸리고 무료입니다.
   다음날 배송해드리는 서비스는 배송비를 내셔
   야 합니다.

B 알겠습니다. 주말 동안 시범운행을 하고 싶어서
   이번 주말 전에는 받고 싶은데 배송비는 얼마
   정도인가요?

A 기본요금은 4.99 파운드고 우체국이 아닌 택배
   회사가 배송하게 되어 있어요.

B 일리가 있네요. 그렇게 해주세요.

A 알겠습니다. 목요일 7 일에 배송.. 잠시만요, 고
   객님 주소로는 택배회사가 2 시에서 5 시 사이
   에 도착할 텐데 괜찮으시겠어요?

B 네 괜찮습니다. 내일 1 시부터 시작하니까 물건
   이 도착했을 때 제가 있을 거에요.

A 알겠습니다. 어떻게 결제하시겠어요? 괜찮으시
   다면 카드나 페이팔로도 결제 가능합니다.

B 요즘에는 많이 그렇게 결제하나봐요.

A 네 점점 많이 쓰이고 있죠.

B 그럼 카드로 해도 될까요? 저한테는 가장 좋은
   선택지네요.

A 그럼요. 카드에 쓰인 이름을 알려주세요.

B 네 A Holmes 입니다.

A 카드번호는요?

SECTION 2

환영합니다, 여러분... 잘 들리시나요? 좋아요... 안
녕하세요, 여러분 저는 현재 그린힐 커뮤니티 센터
장 Marjorie Canning 입니다. 연례행사에 오신 것
을 환영합니다. 여기서 관심을 갖고, 영감을 받을
수 있기를 기대합니다. 저희가 여기서 무슨 일을 하
는지 간략하게 말씀 드리고 싶습니다. 그린힐 아이
디어는 2012년에 시작되었는데, 시의회와 지역 기
업들이 쇠퇴기 이후 지역을 재건하고자 할 때였습
니다. 많은 건물들이 황폐해지고 실업률이 증가했습
니다. 소규모의 주택단지와 쇼핑센터를 개발하자는
제안이 나왔지만 결국에는 그린힐 주민들이 더 공
동체적인 것에서 혜택을 받을 수 있을 것으로 느껴
졌습니다.

따라서 지역사회에서 할 수 있는 한 많은 분야의
서비스를 제공하는 것이 저희의 소관이며, 지난 몇
년 동안 저희가 그렇게 잘 해왔다고 생각합니다. 함
께 일하는 동행 프로젝트를 통해서 그린힐은 실업
자와 신입 직원들 모두에게 기술과 아이디어를 개

발하고 다른 사람들과 교류할 수 있는 기회를 제공
했습니다. 지난 6 개월 동안 약 40 명의 청년들이
우리의 인생상담 코칭 수업을 듣고, 의사 소통에 대
한 자신감을 키우고 면접 과정에 대처하고 일자리
를 신청하는 방법을 배웠습니다.

저희는 연령대와 배경과 상관없이 농산물 재배에
직접 참여할 수 있게 해주고 녹지에서의 치료적 가
치 또한 누릴 수 있는 커뮤니티 정원을 보유하고
있습니다. 저희는 또한 지역 사회에서 지속적으로
학습할 수 있는 기회를 제공하기 위해 다양한 보조
수업을 제공하고 있습니다.

그린힐과 같은 장소는 공동체에 집중하고, 사람들이
도움을 가장 필요로 할 때 들를 수 있는 장소를 제
공하기 때문에 현대 사회에서 아주 중요합니다.

또한 기술을 향상시킬 수 있는 합리적인 옵션을 제
공합니다. 이러한 수치를 통해 많은 사람들이 오랫
동안 무시해왔던 분야에 투자하는 것이 중요하다는
것을 보여줍니다.

위치에 관해 몇 가지를 알려드리겠습니다. 현재 저
희가 있는 곳은 아트리움입니다. 이곳은 우리가 큰
회의나 토론을 하는 곳이며, 화장실 바로 옆에는 등
록 데스크가 있습니다. 참석하려는 세션이 있다면
여기서 등록해야 합니다. 제 장황한 연설이 끝나고
나면 바로 Tandoh 선생님 수업에서 학생들이 만든
작품과 함께 스트리트 댄스 공연이 펼쳐질 것입니
다. 그 후에는 모두가 참여할 수 있는 호신술 시범
이 있을 것입니다. 오후에는 교사들과 만나서 저희
가 제공하는 서비스의 혜택을 누릴 수 있는 방법에
대해 이야기하는 시간을 가질 것입니다.

저기에는 IT전용인 C 강의실이 있습니다. 이 곳은
저희가 모든 컴퓨터 기반 업무를 보는 곳입니다. 오
늘 아침 저희 IT 기술자인 Daryl과 기본 코딩을 배
워보는 시간도 있습니다. 점심 식사 이후 온라인 게
임 세션도 계획하고 있습니다. 그 수업이 굉장히 인
기가 있을 것이기 때문에 실망하지 않으려면 빨리
이름을 적어주세요. 홀 뒤쪽에 있는 이 문을 통해서
나가면 커뮤니티 정원이 있습니다. 커뮤니티 정원은
휴식을 취할 수 있는 좋은 장소입니다. 그리고 이번
여름에 재배된 과일과 야채가 자라고 있는 화단을
보셔야 합니다. 온실 안을 살펴보는 것도 잊지 마세
요- 학생들은 판매용 식물을 다양하게 재배하고 있
습니다- 판매금은 더 많은 원예 장비를 구입하는
데 사용될 것 입니다. 창고에 학생들이 관리하는 계

산대가 있습니다. 물건을 구매하시려면 거기에 돈을 지불해주세요.

이제 이 복도를 따라가면 A 강의실과 B 강의실이 나옵니다. 왼쪽에는 미술과 공예 활동을 할 수 있는 A 강의실이 있습니다. 먼저 스크린 인쇄와 자수에 대한 모든 기본 사항을 배울 수 있는 의류 디자인 세션이 있습니다. 그 후에는 핸드폰 카메라를 더 창의적으로 사용하는 방법을 배우는 디지털 카메라 워크샵이 있을 것입니다. B 강의실은 저희가 음악 수업을 하려고 지정한 곳입니다. 오늘 아침에는 약간의 소음이 예상되는 입문자를 위한 드럼 워크샵이 있습니다. 나중에는 디지털 음성 워크 스테이션 세션이 있을 것입니다. 그 세션은 나이대가 높으신 방문객 위주로 노트북이나 휴대기기를 사용해 음악을 만드는 수업입니다. 소프트웨어 패키지를 써보고 함께 작업하여 새로운 공동 작업물을 만들어낼 수 있습니다. 좋을 것 같네요. 복도 끝에는 구내식당이 있습니다. 평상시에는 자원 봉사자들이 운영하는 작은 주방이 있어서 사람들이 와서 따뜻한 음식을 먹거나, 커피와 케이크를 먹으며 친구들과 시간을 보낼 수도 있습니다. 또한 이곳에서 저희는 점점 늘어나는 지역 사회 구성원들에게 기본적인 요리 기술과 가정학을 가르칩니다. 오늘 아침 11시 30 분에 우리 지역 사회에서 흔히 볼 수 있는 다양한 종류의 음식을 선보일 수 있는 진열대가 세팅 된 음식 박람회가 있을 것입니다. 새로운 것을 시도해보고 가벼운 점심을 먹을 수 있는 좋은 기회입니다. 이후에는, 케이터링을 배우는 학생이 작년에 배운 다양한 기술을 커뮤니티 정원에서 기른 농산물을 활용하여 보여주는 요리 시연이 있을 예정입니다.

SECTION 3

Philips 교수	안으로 들어와요. 안녕하세요, Katie 맞죠? 편하게 앉아요. 제 소개를 하자면, 저는 Rodger Phillip 교수이고 이 학교에서 Katie 학생의 지도 교수에요. 간단히 말해서 저는 학생이 학교를 다니는 동안 학생의 학업을 담당해주는 사람입니다. 어떤 강의를 들어야 할지 의논하고 싶다거나 과제에 대해 걱정하고 있다면 도와줄 수 있어요.
Katie	멘토링 같은 건가요?
Philips 교수	네, 그렇다고 볼 수 있죠. 저는 여기서 학생이 졸업하기까지의 학업 과정을 지켜보고 지원해주려고 해요.
Katie	그럼 강의에 대한 조언도 해주시나요?
Philips 교수	그렇죠. 강의를 선택하거나 시간표 짤 때의 문제에 대해 조언해줄 수 있죠. 이번 학기 강의 선택하는 것에 대해 얘기하고 싶은 게 있나요?
Katie	이번 주까지 선택과목을 결정해야 하는데 어떤 걸 선택해야 할지 잘 모르겠어요. 다섯 과목 중에서 두 과목을 선택하는 거 맞죠?
Philips 교수	맞아요. 전공이 무엇이냐에 따라 다르긴 해요. 몇 과목들은 경영학에서 다뤄지는 내용이에요. 의사소통의 기술 같은 경우에는 전공과목이랑 내용이 많이 겹쳐서 적절한지는 잘 모르겠네요.
Katie	그렇다면 다른 과목을 들어야겠네요. 같은 걸 배울 필요는 없는 거 같아요. 디자인 사고는 어때요? 21세기의 창의성에 초점을 맞추려 하고 콘텐츠 디자인과 타깃 마케팅 쪽을 보네요. 저는 그런 실용적인 부분이 좋아요.
Philips 교수	경영학의 마케팅 쪽으로 더 초점을 맞추려면 유용할거예요. 그렇지만 벌써부터 너무 분야를 좁히지 않는 게 좋아요. 경제학을 더 넓게 이해하려면 통계학 개론 같은 수업이 더 적합하다고 생각합니다.
Katie	흠, 그래도 그 수업을 들을 것 같아요. 통계학은 좀 힘들 것 같아요. 기초재무를 들으면 좀 도움이 될 거라고 생각했어요. 다양한 절차에 대해 알려면 그 수업이 좋다고 들었거든요.
Philips 교수	인기가 많은 과목이죠. 수학적인 요소가 많아서 몇몇 학생들은 흥미를 잃긴 하지만 그래도 생각해볼 만한 과목이긴 하죠.

Katie	흠, 저는 수학을 그렇게 하고 싶진 않아요. 좀 더 생각해봐야 할 것 같습니다.
Philips 교수	그럼 경영 실습 수업이 남았군요. 매니저의 역할과 리더십에 대한 다양한 접근과 하향식 경영 전략에 대해 배웁니다. 전공 과목과 겹치는 부분이 좀 있지만 직장에서의 학설에 대한 아주 흥미로운 관점에 대한 내용도 있어요.
Katie	괜찮겠네요. 어떤 분이 수업하시나요?
Philips 교수	Bell 교수님이 주로 가르치시는데 지금은 출산 휴가로 부재중이세요. 사무실에서 Bell 교수님 대신 수업해주실 분에 대한 자세한 사항을 알려줄 거에요.
Katie	네. 어떤 교수님이 수업하시는지 알면 결정해야겠어요.

Philips 교수	좋아요. 생산적인 대화였네요. 오늘 또 의논하고 싶은 다른 주제가 있나요?
Katie	솔직히 작문하는 게 좀 걱정돼요. 제가 엄청 못 쓴다는 건 아니지만 장문 에세이는 많이 어렵거든요. 가끔은 구조를 짜는 게 잘 안 돼요. 여러 생각을 연결하고 명백한 논제를 쓰는 방법이요.
Philips 교수	말하길 잘했어요. 많은 학생들이 첫 번째 에세이를 쓰라고 하기 전까지는 물어보지 않다가 그 후에 굉장히 스트레스를 받습니다. 길게 봤을 때 상황을 좀 더 쉽게 만들어주기 때문에 그 문제에 대해 일찍 다루는 게 더 낫습니다. 작문 기술을 가르쳐주는 개별 튜터들과 조율해 줄 수 있습니다.
Katie	정말 그러실 수 있어요?
Philips 교수	그럼요. 도서관에서 일대일 세션을 제공하기 때문에 개인에게 집중할 수 있죠. 도움이나 집중이 필요한 학생들에게 다양한 공부 방법을 제공하기도 합니다. 작문만 도와드리

는 게 아니에요. 강의들을 때 유용한 필기방법에 대한 좋은 자료도 있어요. 여기 이 리플릿을 보면 더 많은 내용이 있습니다. …

Katie	감사해요. 도움을 받을 수 있을 거 같은 생각이 드네요. 제 친구 Allie 한테 주려고 하는데 하나 더 주실 수 있나요? 제 친구는 2학년이에요.
Philips 교수	공부 방법 세션은 신입생이나 대학생뿐만 아니라 모두에게 열려있기 때문에 친구도 언제든지 연락해도 됩니다.

SECTION 4

원격 교육이란 무엇일까요? 많은 사람들이 인터넷을 강타할 차세대 혁신으로 부르고 있으며, 이미 사이버 공간에서 가상 대학과 학위에 관해 이야기가 나오고 있습니다. 그렇지만 이 모든 것은 무엇을 의미합니까?

자, 기초부터 시작해 봅시다. 원격 학습의 필요성을 뒷받침하는 몇 가지 이유가 있습니다. 그리고 저는 원격 학습이 실제로 무엇을 의미하는지에 대한 정의를 내리려고 노력할 것입니다.

과거에 정식으로 공부하려 했던 사람들은 어떤 학교, 단과 대학 또는 대학에서 배웠으며 이런 방식은 미래에도 지속될 것으로 보입니다. 그러나 기술이 급속도로 발전함에 따라 온라인 과정은 점점 더 접근하기 쉽고 사용자 친화적이며 지난 10년 동안 이러한 발전과 평생 학습의 필요성이 크게 증가하여 엄청난 성장을 이루었습니다. 결과적으로, 온라인 과정을 수강하는 학생 수는 1998년 710,000명에서 2002년 2300만 명으로 증가했습니다. 이는 1998년에는 고등교육을 받는 학생의 5%였던 원격 교육 과정 이수자가 지금은 15%로 증가했다는 의미입니다.

이 말은 학생들이 지금 무엇을 언제 어디서 공부할지 선택할 때 다양한 선택권을 갖게 된다는 것을 의미합니다. 이것은 또한 직장인, 주부, 외진 지역의 학생들, 장애인 및 노인들이 이제 그들이 원하는 시간과 장소에서 공부할 수 있음을 뜻합니다.

자, 여러분 중 일부는 눈치챘겠지만 저는 원격 교육과 원격 학습 모두 언급했습니다. 그 차이점은 무엇입니까? 글쎄요, 그 두 개는 같은 것이고 원격 학습을 시작하는 사람들에게 그 두 개는 똑같은 것으로 생각하는 것이 가장 좋습니다. 그렇다면 원격 학습과 기존의 학습의 차이는 무엇입니까? 음, 우선 교사와 학생이 같은 장소에 있지 않다는 것입니다. 그들은 같은 도시의 다른 지역에 있거나 세계의 반대편에 있을 수 있습니다. 원격 학습의 두 번째 요소는 CD 및 CD-ROM, 인터넷, TV 및 라디오와 같은 특수 교육 매체의 사용입니다. 원격 학습의 마지막 주요 요소는 교사와 학습자 간의 양방향 의사소통을 제공하는 것입니다. 이것은 일반적인 메일, 전화 또는 더 일반적으로 이메일과 인터넷을 통해 이루어질 수 있습니다.

기존학습과 비교해 원격 학습이 갖고 잇는 장단점은 무엇일까요? 글쎄요, 먼저 제가 생각하는 원격 학습의 주요 장점을 몇 개 나열해보겠습니다. 그리고 나서 단점을 나열하겠습니다. 원격 학습의 가장 큰 장점은 아무래도 편리하다는 점입니다. 원격 학습 강의를 듣는 학생들은 편하게 집이나 직장에서 수업을 들을 수 있습니다. 두 번째로 분명한 장점은 융통성입니다. 많은 학생들이 단과대학이나 대학을 풀타임으로 다니기에 어렵거나 혹은 그냥 오고 싶지 않아 합니다. 원격 학습 강의는 이런 학생들이 그들의 학습 속도에 맞게 그들이 원할 때 공부 할 수 있게 해줍니다. 원격 학습의 세 번째 장점은 선택에 있습니다. 원격 학습은 특히 인터넷으로 공부하기 원하는 학생들에게 엄청난 수의 강의를 제공합니다. 원격 학습은 학생들이 강의실이나 도서관으로 이동하는 데 시간을 낭비하지 않아도 되기 때문에 시간을 절약할 수 있는 장점이 있습니다. 또한 다양한 배경과 문화를 갖거나 나이대가 더 높거나 열정적인 학생들이 많이 모여서 수업을 구성할 때 더 큰 다양성을 제공합니다. 마지막으로 원격학습의 장점은 그들이 공부하면서도 계속해서 일할 수 있게 해준다는 것입니다. 예를 들어 가족과 함께하는 것처럼 중요한 것일 수 있습니다. 그리고 많은 예비 학생들에게는 그것이 중요한 문제일 것입니다.

그러나 장점 못지않게 원격 학습은 단점도 많습니다. 가장 큰 단점은 원격 학습을 하는 학생들에게 필요한 헌신과 관계 있습니다. 많은 학생들이 일하거나 가족과 함께 있거나 아니면 그냥 사회 생활로 바쁠 때, 그들은 공부 할 시간을 찾기가 어렵습니다. 이 헌신, 정확히 말하면 헌신의 부족이 많은 원격 학습을 하는 학생들이 과정을 완료하지 못하는 가장 큰 이유입니다. 비슷한 이유로 시간 관리도 문제를 일으킬 수 있습니다. 학생들은 과제에 대해 잘 알고 있어야 하고 기한을 지켜야 하며 미루지 말아야 합니다. 원격 학습 학생들은 모든 강의에 대한 정보를 관리할 줄 알아야 하며 일정 수준의 컴퓨터 노하우가 있어야 합니다. 만약 학생들이 인터넷 같은 기술을 이용하는 데 편하지 않다면 원격 학습은 맞지 않을 것입니다. 마지막으로 단점은 고립되었다는 느낌입니다. 많은 학생들은 교사가 직접적으로 주는 보살핌과 관심에 익숙해져 있기 때문에 독립적인 원격 학습에 준비가 되어 있지 않습니다. 그렇지 않은 경우에는 많은 학생들은 교사와 다른 학생들과의 관계를 그리워합니다.

많은 온라인 학위는 확실히 전통적인 학위에 비해서 뒤지지 않고 인정을 받습니다. 그러나 온라인 자격의 허용 가능성에 대해 확신이 없다면 결정을 내리기 전에 항상 확인하는 것이 가장 좋습니다. 좋습니다. 넘어가서.. 어떻게 본인이 원하는 원격 학습 강의를 찾을 수 있을까요? 그건..

TEST 3

SECTION 1

M 좋아 알렉스, 결혼식에 필요한 특별식 요구사항들을 확인해보자. 우선 너의 약혼자 성의 철자를 말해줄래? 이름이 Eliza Arundell 맞지?

A 맞아, Melanie. A-R-U-N-D-E-L. 아룬델이야.

M 좋았어. 날짜는 7월 6일이고 장소는 -.

A Troughton Castle.

M 철자가 어떻게 돼? T -

A Troughton Castle, T-R-O-U-G-H-T-O-N.

M 오케이. 완벽해.

A 그리고 주소는 1 Mile Hill, Eastbourne 이야.

M 혹시 우편번호도 알아?

A 지금 당장은 모르지만, 전화기에 있어. 어디 보자. 오케이. 여기 있어.

M 말해봐.

A BN20 4DZ.

M 훌륭해. 그리고 이제... 1 인당 너의 예산이 얼마인지 알 수 있을까?

A £117.

M 응 그럴 줄 알았어. 그리고 어린이 메뉴도 12개 있고, 하나당 £25 맞지?

A 응 맞아.

M 좋아 좋아. 이제 특수한 식이 요구사항들에 대해 물어봐야겠어. 채식 식사가 몇개 필요해?

A 13.

M 그 중에 어린이 메뉴는 있어?

A 아니, 전부 어른거야.

M 그 중 비건 메뉴는?

A 없어.

M 좋아. 이제 다음 부분으로 넘어가자. 우리가 알아야 할 알레르기는 있어?

A 응. Peter Green 은 버섯 알레르기가 있어.

M 응, 전에 메모해 뒀어.

A 그리고 방금 다른 한 손님이 조개, 특히 새우 알레르기가 있다는 것을 알았어.

M 그 사람 이름이 뭔데?

A Anthea Goodall. 혹시 문제가 돼?

M 아니 전혀. 그게 다야?

A 알레르기에 대해서는, 응.

M 좋아. 마지막으로 알렉스 다른 건 없어?

A 한 가지 더 부탁이 있어.

M 응.

A 음, 차와 커피와 더불어 두유도 제공해 주겠어? 내 손님들 중 많은 사람들이 두유를 선호해서.

M 물론이지. 충분한 양의 두유가 있을 수 있도록 확인할게. 좋아, 나는 더 이상 질문은 없어. 내가 알아야 할게 또 있어?

A 음, 응. 내 생각에 모두 집에 가져갈 수 있는 작은 선물도 준비했으면 해. 우리가 너의 사무실에 처음 갔을 때 우리에게 준 그 맛있는 쵸콜릿 기억해?

M 응. 사실 집에서 직접 만든거야.

A 모두를 위해 작은 상자를 준비할 수 있을까?

M 물론이지. 전혀 문제가 안 돼. 비용이 얼마나 드는지 알아보고 곧장 연락줄게.

A 완벽해. 내 약혼자가 엄청 기뻐할 거야.

M 그래서 그게 다야?

A 응 그런거 같아 Melanie. 그게 전부야.

SECTION 2

안녕하세요.

자, 그럼 오늘은 비타민에 대해 이야기하겠습니다. 비타민들은 우리의 건강에 필수적이지만, 우리 중 대다수는 비타민이 무엇인지, 무엇을 하는지, 그리고 가장 중요하게, 우리가 비타민들을 어떻게 얻는지에 대해 거의 알지 못합니다.

먼저 우리는 8가지 주요 비타민을 살펴보고 각각의 적절한 공급원이 무엇인지에 대해 얘기할 것입니다. 우리는 니아신이라고도 알려진 비타민 B3 에서 시작할 것입니다. 닭고기와 같은 고기는 비타민 B3 의 좋은 공급원입니다. 채식주의자들에게는 견과류 또한 니아신의 훌륭한 공급원입니다. 예를 들어, 이 비타민을 아몬드와 땅콩에서 찾을 수 있습니다. 피리독신이라고도 알려진 비타민 B6 는 고기, 생선, 계란, 빵 등을 포함한 많은 음식에서 발견됩니다. 여러분은 일상생활에서 먹는 음식에서 이 비타민을 얻는 데 아무런 문제가 없을 거예요.

적혈구 생산에 필수적인 비타민 B12 도 고기, 생선, 우유, 치즈에서 쉽게 발견될 수 있습니다. 비타민 C 는 물론 모두가 알고 있듯이 과일, 특히 감귤류 과일에서 발견됩니다. 오렌지 주스 한 잔은 비타민 C 의 필요를 충족시키는 데 큰 도움이 될 것입니다.

비타민 A 는 좀 더 까다롭습니다. 비타민 A 에는 두 가지 종류가 있습니다. 첫 번째, 미리 형성된 비타민 A 는 많은 동물에 기초한 성분에서 발견됩니다. 두 번째 형태인 프로비타민 A - 카로티노이드는 시금치나 상추, 특히 당근에서 발견됩니다.

신기하게도, 몸은 햇빛에 노출만으로 자연스럽게 비타민 D 를 생성하기 때문에 실제로 비타민 D 를 위해 섭취해야 하는 어떤 음식도 없습니다. 단지 밖에서 시간을 보내기만 하면 됩니다. 하지만 달걀은 여러분의 식단에 추가적으로 비타민 D 를 제공할 수 있습니다.

사실 계란은 세상에서 가장 건강에 좋은 음식들 중 하나라는 명성을 받을 자격이 있습니다. 왜냐하면 계란은 비타민 E 의 가장 좋은 공급원 중 하나이기 때문입니다. 하지만 계란은 계란에 알레르기가 있거나 어떠한 이유 때문에 계란을 먹지 않는 사람들에게는 아무런 도움이 되지 않습니다. 한 가지 가능한 대용품은 감자튀김이나 팝콘보다 더 맛있는 간식이 될 수 있는 해바라기 씨입니다.

마침내, 우리는 비타민 K 에 도달하게 됩니다. 이 경우 'K'는 브로콜리, 브뤼셀 스프라우트처럼 이 필수 성분의 탁월한 공급원인 케일(Kale)을 위한 것입니다. 여러분은 비타민 K 를 얻는 것이 쉽다는 것을 알 수 있습니다. 어려운 점은 여러분의 자녀들에게 그 것을 먹도록 하는 것입니다.

이제 이 비타민들을 좀 더 깊이 살펴볼까요.

영양사들은 비타민을 두 그룹으로 나눕니다: 수용성 비타민과 지용성 비타민. 수용성 비타민은 우리가 과일, 야채, 곡물에서 얻는 비타민입니다. 이 비타민들을 몸에 보관할 곳이 없으니, 여러분은 이 음식들을 더 자주 먹어야 합니다. 수용성 비타민은 비타민 C 뿐만 아니라 모든 비타민 B 를 포함하고 있습니다.

두 번째 그룹인 지용성 비타민은 보통 고기와 올리브 오일과 같은 지방 제품에서 발견됩니다. 이 음식들과 지용성 비타민은 여러분의 몸에 중요하지만, 매일 먹을 필요는 없습니다.

지용성 비타민은 비타민 A, D, E, 그리고 K 입니다.

일반적으로, 여러분은 여러분이 먹는 음식에서 필요한 모든 비타민을 얻을 수 있습니다. 알약이나 다른 보충제를 복용할 필요는 없습니다. 이 규칙에는 아이들이나 임산부와 같이 몇 가지 예외가 있는데, 일반적인 성인들은 비타민 알약에 과도한 양의 돈을 투자할 필요가 없습니다. 우리가 이미 얘기한 바와 같이, 여러분이 해야 할 일은 어떤 음식들이 어떠한 비타민의 훌륭한 공급원인지 아는 것입니다.

하지만 왜 각각의 비타민이 필요한 걸까요? 비타민 B 는 일반적으로 우리가 먹는 음식에서 에너지를 방출하는 것을 포함한 여러 가지 이유로 중요합니다. 비타민 B6 는 또한 비타민 B12 와 마찬가지로 우리의 적혈구에 필수적입니다. 비타민 B3 는 건강한 뼈를 유지하는 것을 포함한 여러가지 이유로 필수적입니다.

안타깝게도, 비타민 B3 는 동물성 제품에서만 자연적으로 발견되는데, 이것은 비건주의자들에게 특별히 문제가 될 수 있습니다. 한 가지 해결책은 니아신 같은 주요 성분으로 강화된 시리얼로 하루를 시작하는 것입니다.

두 번째 비타민 그룹인 지용성 비타민으로 넘어가겠습니다.

비타민 A 와 비타민 E 는 우리의 면역 체계와 시력에 필수적입니다. 비타민 A 는 심장에도 좋습니다. 특히 비타민 A 의 좋은 공급원 중 하나는 간입니다. 그리고 만약 여러분이 간만 먹기 꺼린다면, pâté 와 meatloaf 의 주요 성분이 간이라는 것을 기억하세요.

반면에 비타민 D 는 인산염과 칼슘의 수치를 유지하기 때문에 우리의 근육, 뼈 그리고 이빨을 강하게 유지하게 해줍니다.

마지막으로, 비타민 K 로 다시 돌아갑시다. 비타민 K 는 독일어로 '코아귤레이션(Koagulation)'이라는 단어에서 유래되는데, 응고라는 뜻입니다. 응고가 우리 혈액에 필수적이기 때문입니다. 만약 비타민 K 를 충분히 가지고 있지 않다면, 피는 걸쭉해지지 않을 것이며, 응고되지 않을 것입니다. 예를 들어 여러분이 자살을 시도한다면 피가 멈추지 않아 문제가 될 수 있습니다. 다시 말하지만, 만약 여러분이 정상적인 식단을 가지고 있다면 이런 일은 일어나지 말아야 합니다. 할머니의 말씀을 듣고, 채소를 먹으세요, 왜냐면 대부분의 채소들은 중요한 성분의 풍부한 공급원이기 때문입니다.

오늘 저는 우리가 매일 먹는 음식에서 비타민을 얻는 것이 가능하다는 것을 보여줬기를 바랍니다. 비결은 항상 풍부하고 다양한 음식을 먹어서 여러분이 이 중요한 비타민들을 적절한 양으로 섭취하는 것입니다.

SECTION 3

I '도로 표지판이 전혀 없다'는 것은 무슨 뜻이야, Rhonda?

R 음 Ian, 우리 모두 징후와 표지가 가득한 세상에서 자랐어. 우리가 차를 운전할 때, 우리는 속도를 늦추고, 속도를 조절하는 등의 지시에 대해 무감각해졌어. 많은 사람들은 이러한 표지들이 우리가 숨쉬는 공기와 별 다름이 없다고 생각해. 표지들을 삶의 일부분이라고 생각해. 그러나 그렇지 않아.

L 잠시만. 도로표지판을 전부 제거한다면 결과는 완전 혼란스러울거야. 도로표지판은 사람들을 안전하게 하기 위해 존재해. 우리는 도로표지판들 없이 살 수 없어.

R 몇몇 사람들에게는 가능하고, 사실 벌써 그렇게 살고 있어 라라.

L 어디? 영국에는 없어.

R 네덜란드에는 지방 정부가 도로표지판, 흰색 선, 심지어 신호등까지 제거한 마을이 있어. 도로에서 무엇을 해야 하는지 알려주는 모든 것을 말이야.

L 그래서 어떻게 됐어?

R 사고가 줄었어.

I 어떻게 그런 일이 일어났지?

R 도로표지판을 모두 제거한 마을에서는 사람들이 더 조심스럽게 운전해. 그들은 위험을 감수하지 않아. 그들은 대부분의 경우 일방통행인지 양방향인지조차 확실하지 않아 속도를 줄이는 경향이 있어.

L 증명할 증거 있어?

R 응, 있어. 이 프로젝트가 시작된 네덜란드의 Drachten 마을을 살펴보자. 이 프로젝트를 시작하기 전에, 마을에는 15 개의 신호등이 있었고, 이 신호등을 3 개로 줄였어. 이 프로젝트의 첫 7 년 동안 도로에서 사망자가 없었어.

L 한 명도? 신호등이 제거되기 전 상황은 어땠는데?

R 3 년에 한 명꼴로 사망자가 생겼어.

L 그럼 정말로 효과가 있는 거야?

R 그래 보여. Drachten 은 5 만 명의 사람들이 사는 도시야. 이 프로젝트를 확장시켜서 하면 흥미로울 것 같아. 런던이나 버밍엄과 같은 대도시에서 효과가 있을까? 발명가는 확실히 그렇게 생각해.

I 그게 누군데?

R 그의 이름은 Hans Monderman 이고 마을 계획가야. Monderman 은 자신의 계획을 아이스링크와 비교해. 그것의 사람들은 어떠한 지시나 규칙 없이 움직이는데도 사고를 모면하잖아.

I 응, 그런데 시속 60 킬로미터로 움직이지 않잖아. 이게 영국에서도 통할지 모르겠어.

L 나도 동의해 Ian. 네덜란드 사람들이 좀 더 차분하고 책임감 있는 운전자일 가능성이 있어. 당장 영국 도로에서의 분노 수준을 봐.

R 아마도 여기 영국에서도 비슷한 계획을 도입할 계획이 있어. 이 현상은 단순히 국가적인 기질만이 아니라 심리적인 현상일 수도 있어.

I 응.

R 도로 표지판이 많은 세상에서, 사람들은 그들이 필요로 하는 모든 정보를 가지고 있어. 그들은 어디에서 차를 돌리고, 주차하고, 멈추고, 주유해야 하는지 알고 있어. 이러한 정보가 없다면 운전자들은 스스로 생각해야 돼. 즉, 다르게 말하면 간판이 적을수록 운전자의 집중도가 높아진다는 거야.

I 응, 알겠어. 그냥 신경을 끄고 다른 생각을 할 수 없겠네.

R 바로 그거야. 운전자들이 다른 생각을 할 때 많은 사고가 일어나. 이사다시피, 많은 사람들은 운전에 시간을 많이 보내잖아.

I 음, 그럼 나는 없애고 싶은 표지판 하나가 있어.

R 뭔데 Ian?

I 주차 표지판들. 가끔씩 특정 지역에 주차할 수 있는지 확실치가 않잖아. 지방 정부들이 일부러 이런 표지판들을 헷갈리게 만들었다고 확신해. 운전자들은 표지판들을 이해하지 못해서 엉뚱한 곳에 주차하고 나서 벌금을 내야 해. 모두 정부를 위한 추가적인 돈이지, 안 그래?

R 강의가 끝날 때 너의 논문에 흥미로운 연구 분야가 될 수 있겠다. 어떻게 생각해?

I 아 알았어. 한번 알아볼게.

L 그리고 나는 네덜란드에서 실행된 프로젝트를 더 깊이 연구할게.

R 좋은 제안이야 Lara. 사실 나는 이 논문들이 비슷한 근거를 갖고 있기 때문에 함께 연구할 수 있다고 생각해.

I 좋을 거 같아.

L 나도!

SECTION 4

안녕하세요. 와주셔서 감사합니다. 제 이름은 Ruth Schultz 이고 여기 기술학교의 연구원입니다. 오늘 팝업 강연에서는, 제가 진행중인 흥미로운 주요 연구 분야에 대해 말씀드리겠습니다. 우리는 태양열 비행의 문제를 해결하기 위해 노력하고 있습니다. 우리 모두는 항공 산업이 오염의 주요 원인이라는 것을 알고 있지만, 얼마나 정도가 심각한지 알고 있었나요? 런던에서 뉴욕으로 가는 상업적인 비행은 승객당 약 2.5 톤의 이산화탄소를 발생시킵니다. 이는, 유럽의 성인이 평균 매년 약 10 톤의 이산화탄소를 배출한다는 것을 의미합니다. 항공 여행은 개인의 탄소 발자국의 상당 부분, 약 ¼ 정도를 차지합니다. 그래서 우리는 이것에 대한 조치를 취해야 합니다. 아마도 태양열 비행이 중요한 역할을 할 수 있을 것입니다.

우선, 태양 에너지를 이용한 비행이 무엇을 의미하는지 정의합시다. 우리는 일반적으로 항공에서 흔하지 않은, 효과적으로 전기로 움직이는 비행기에 대해 이야기하고 있습니다. 오늘날에는 태양으로부터 온 것이든 다른 근원에서 온 것이든 배터리 전력으로 작동하는 상업용 여객기는 없습니다. 이런 것들을 조종하는 것은 소수의 부유한 사람들의 취미로 남아있습니다.

그렇다고 해서 전기 비행기가 불가능하다는 뜻은 아닙니다. 저가 항공사인 easyJet 는 180 석 규모의 전기 상용 여객기를 만들기 위해 미국 제조업체와 협력하고 있습니다. 현재 시작 단계에 머물러 있고, 개발에는 최대 10 년이 걸릴 수 있지만, 이것은 진지한 프로젝트입니다.

우리가 현재 서 있는 곳은 배터리로 움직이는 전기 비행기입니다. 하지만 태양열 비행기는 그보다 한걸음 더 나아갑니다.

태양열 비행기를 운영하려면 햇빛으로 충전된 배터리가 필요합니다. 만약 태양열이 배터리를 충전하는 유일한 수단이라면, 항공기는 많은 태양 전지를 필요로 할 것입니다. 그것은 현재로서는 대규모로 실현 가능하지 않습니다.

그럼에도 불구하고, 프로토타입들이 존재합니다. 실제로 2016 년에 Solar Impulse 2 호기는 태양력만으로 최초로 세계 일주 비행을 마쳤습니다. Solar Impulse 는 17,000 개의 태양 전지를 운반했지만, 겨우 두 명밖에 탑승시킬 수 없었습니다.

작은 규모의 프로젝트임에도 불구하고, Solar Impulse 는 후발 개발자들의 표준으로 자리잡았습니다. Solar Impulse 는 운행 도중에 화석 연료를 한 방울도 태우지 않고 4 만 2 천 km 를 여행했습니다. 물론 평균 시속 70km 의 속도로 1 년이 훨씬 넘는 505 일이라는 시간이 걸린 것은 사실입니다. 상업용 비행기는 일반적으로 시속 900 킬로미터의 운항 속도로 움직이기 때문에 어떠한 상업용 여객기도 추월할 것 같지는 않습니다.

속도 외에도, 태양열 비행을 위한 우리의 탐구에 대해 우리가 고심하고 있는 많은 다른 문제들이 있습니다. 가장 큰 문제 중 하나는, 비행기가 상대적으로 가벼워야 하기 때문에 태양열 비행기는 무거운 짐을 나르기에 적합하지 않다는 점입니다. 여객기를 만들 수 있다고 해도, 화물 운송 비행기를 만들기는 어려워 보입니다. 2018 년에만 전 세계적으로 6360 만 톤의 물자가 비행기로 운송되었고, 이 수치는 매년 증가하고 있습니다. 항공 여행에서 지구를 희생시키는 것은 여름 휴가만이 아닙니다.

마지막으로, 날씨 문제가 있습니다. 태양열 비행기는 비행 전이나 비행 중 모두 많은 햇빛을 받아야 합니다. 가벼운 항공기이기 때문에 폭풍우도 피할 필요가 있습니다. 현대 항공 승객들은 비행시간이 조금이라도 지연되면 화를 냅니다. 그들이 탑승하기 전에 며칠 동안 기다리라는 요청을 순순히 받아들일 가능성은 희박해 보입니다.

반면에, 태양열 비행기는 가스를 많이 소비하는 경쟁사들보다 한 가지 큰 이점을 가지고 있는데 그것은 공항 근처에 사는 모든 사람들에게 매우 큰 호응을 얻을 거라는 점입니다. 태양열 비행기는 거의 소리가 나지 않습니다. 태양열 비행기는 착륙할 때, 깃털만큼 아주 조그만한 혼란을 야기합니다.

저의 연구와 이 분야의 다른 사람들은 항공 산업에 진정한 변화를 일으키는 데 전념하고 있습니다. 하이브리드 자동차와 같이 하이브리드 비행기를 발명해야 할지도 모릅니다. 이런 식으로 연료 사용의 일부는 화석 연료에서 발생하지만, 나머지는 전기에 의해서 생성될 것입니다. 만약 우리가 태양 에너지나 다른 재생 에너지를 전기를 공급하기 위해 사용할 수 있다면, 그것은 세계의 탄소 사용에 큰 영향을 미칠 것입니다.

오늘날 우리는 하이브리드 자동차를 가지고 있는데, 하이브리드 항공기는 왜 아직 가지고 있지 않은 것일까요? 우선, 극복해야 할 기술적 장애물이 있습니다. 하이브리드 비행기를 작동시키는 데 필요한 배터리는 너무 무거워서 실용적이지 못할 것입니다. 그렇기는 하지만, 더 가벼운 배터리가 곧 발명될 수 있다는 희망은 매우 큽니다.

솔직히 말해서, 하이브리드 항공기는 금방 올 수는 없습니다. 명심해야 할 것은 항공산업이 이미 막대한 양의 세계 이산화탄소 배출에 기여하고 있지만, 많은 전문가들은 이 수치가 앞으로도 증가할 것이라고 믿고 있다는 것입니다. 항공 산업의 CO_2 생산량이 2050 년까지 세 배로 증가할 것이라는 예측이 있습니다. 이것은 분명이 용납될 수 없는 일이며, 이제 조치를 취해야 할 시기입니다.

태양열 비행기는 현실이지만, 제가 개략적으로 설명한 이유로 아직 상업 생산에 들어가지 않았습니다. 어떤 사람들은 그날이 결코 오지 않을 것이라고 말할지도 모릅니다. 그러나 1903 년 라이트 형제가 첫 유인 비행을 했을 때, 누가 11 년 후에 최초의 상업용 여객기가 운항 될 것이라고 상상했을까요? 항공 산업의 역사가 우리에게 가르쳐준 것은 티핑 포인트에 도달하면 변화가 매우 빨리 올 수 있다는 것입니다.

장담하건데, 비록 제 이상은 구름 속에 있지만, 이 주제에 대한 제 견해에 관해서 제 발은 땅에 닿아 있습니다. 질문 있으신가요?

T E S T 4

SECTION 1

A 안녕하세요? 어떻게 도와드릴까요?

B 혹시 가능하다면 이 가방들을 보관해 주실 수 있나요?

A 알겠습니다. 총 몇 개 맡기시는 거죠?

B 세 개 맡길 예정입니다. 총 얼마인가요?

A 큰 가방은 $55 이며 작은 가방은 $35 입니다.

B 비싸네요. 맡아주시는 시간은 몇 시간인가요?

A 가격은 24 시간 기준이며, 현재 시간은 15:30 입니다.

B 아하 그렇군요. 좋네요. 제 비행 시간은 내일 06:30 입니다.

A 혹시 저쪽에 있는 가방들이 본인 가방인가요?

B 네 맞아요. 큰 가방 두 개와 작은 가방 하나 갖고 있습니다.

A 알겠습니다. 성함이 어떻게 되시나요?

B Louis McTominay 입니다. 철자는 L-O-U-I-S M-C-T-O-M-I-N-A-Y 입니다.

A 감사합니다. 소지하고 계신 신분증 있으신가요?

B 여기 제 여권 있습니다.

A 감사합니다. 내일 타고 가시는 비행기 항공 번호 알 수 있을까요?

B AH 569 입니다.

A 569. 감사합니다. 그럼, 남겨주실 수 있는 연락처 있으신가요?

B 네, 뉴질랜드 번호이며 64 52 947 2407 입니다.

A 어디서 숙박하시나요?

B 친구들과 함께 시내에서 숙박할 예정입니다. 주소 필요하신가요?

A 우편번호만 주시면 제가 찾아보겠습니다.

B 아 네 잠시만요. 여기 있습니다. 우편 번호는 94102 네요.

A 도로명은 어떻게 되나요?

B Hayes Street 입니다. H-A-Y-E-S.

A 몇 번지에 묵으실 예정인가요?

B 잠시만요. 580, Hayes Street. Apartment 304 에서 묵을 예정입니다.

A 알겠습니다. 그러면 짐은 내일 15:30 까지 여기서 보관하실 수 있습니다. 총 금액은 $145 입니다. 결제는 어떻게 하시겠습니까?

B 비자 카드 가능한가요?

A 단말기 여기 있습니다. 비밀번호 입력하세요. 영수증 여기 있습니다. 그러면 내일 뵙겠습니다. 안녕히 가세요.

SECTION 2

네... 다들 오셨나요? 모두 안녕히들 주무셨나요? 시차 적응은 잘 하셨고요? 어쨌든, 환영합니다! Nau Mai! 저는 여러분들이 이 나라에서 환상적인 관광을 할 것이라고 믿어 의심치 않고 있지만, 여러분들 앞으로 보려고 하는 모든 것에 대한 간략한 개요를 설명하고 싶네요.

알다시피, 우리는 현재 남쪽 섬의 Christchurch 시에 있습니다. 뉴질랜드는 총 3 개의 주요 섬이 있습니다 : 우리가 다음 주에 가는 북쪽 섬, 지금 우리가 있는 곳인 남쪽 섬, 그리고 훨씬 더 작은 스튜어트 섬, 여기 지도 아래에 있습니다. 약 400 명의 사람들만 스튜어트 섬에 살고 있습니다. 인구의 대다수인 370 만 명은 북쪽 섬에 살며 남쪽 섬에는 약 백만 명이 거주하고 있습니다.

자, 여러분들도 들으셨듯이, 뉴질랜드는 세계에서 가장 마지막으로 인간이 거주하게 된 땅덩어리 중 하나로 알려져 있습니다. 처음 도착한 사람들은 태평양의 섬에서 보트를 타고 온 마오리족이었습니다. 그들은 13 세기 말경에 도착하여 주요 섬 두 개에 정착하였고, 유럽인들이 18 세기 말에 대거 도착할 때까지 5 백년 동안 살아왔습니다. 비록 영국의 쿡 선장(Captain Cook)이 뉴질랜드로 온 첫 유럽인이라고 일반적으로 생각되지만, 실제로는 네덜란드 탐험가인 아벨 타스만(Abel Tasman)에 의해 1662 년에 처음 발견되었습니다. 그는 많은 해안선을 살펴보았고 네덜란드 지명인 Zeeland 를 따서 뉴질랜드라고 이름을 붙였습니다. 쿡 (Cook) 선장은 세 번 여행으로 방문했었는데 최초로 뉴질랜드 전역을 일주하며 이 나라가 호주의 일부가 아님을 증명했습니다. 그는 1769 년에 처음으로 방문했고 1779 년에 세 번째 방문 직후 하와이에서 사망했습니다 ...

그로부터 30 년에서 40 년 동안 많은 유럽 선박들이 뉴질랜드를 방문하여 지역의 Maori 족들과 거래를 하고, 물과 신선한 음식, 목재를 대가로 도구와 총을 제공했습니다. 또한, 이 배들은 주로 고래와 물개만을 물색하는 사냥꾼들을 데려왔습니다. 같은 기간 동안 많은 유럽의 나라들이 뉴질랜드에 정착하였지만, 영국만이 뉴질랜드가 대영 제국의 일부가 되도록 식민지화 하려고 했습니다. 다음 중요 날짜는 Waitangi 조약이 체결된 1840 년 2 월 6 일입니다. 이는 서명을 한 약 500 명의 마오리 족장들과 영국 정부 사이의 조약이었습니다. 뉴질랜드는 다른 나라로부터의 보호 대가로 대영 제국의 일부가 된다는 내용을 다루었죠. 이곳에 머물면서, 여러분들이 확인하실 수 있듯이 모두가 이 조약이 완전히 공정한 조약이라고 생각하지는 않습니다.

유럽 출신의 이민자 인구는 계속 늘어났으며 1854 년에는 뉴질랜드 의회가 창설되었습니다. 1840 년대와 1870 년대 사이에는 영국과 마오리족 사이에 전투가 많았으며, 주로 영국에서 빼앗아간 땅 때문이었죠. 빼앗긴 이후, 마오리족들은 빼앗긴 땅을 되찾기 위한 시도를 많이 했습니다.

1860 년대에 대규모의 인구가 뉴질랜드로 도착한 이유 중 하나는 금의 발견이었습니다. 이후의 골드러쉬(Gold Rush)는 이곳에 너무 많은 사람들이 오게 했으며, 그로 인해 Dunedin 이 남쪽 섬에서 몇 년 동안 제일 큰 도시였답니다. 골드 러쉬 이후, 사람들은 뉴질랜드에 머물러 낚시, 벌목, 광업 및 농사 등 다른 직종을 시작했습니다. 주택, 울타리 및 선박을 만들기 위해 엄청난 수의 자생 나무가 잘려나갔다는 것 역시 상세히 기록되어 있습니다. 너무 파괴적이었던 이 현상으로 인해, 현재는 자생 나무의 약 1 % 정도만 남아 있습니다.

약 40 년 동안 오클랜드는 이 나라의 수도였지만, 1869 년에는 지리상으로 북쪽 섬의 맨 아래에 있으면서 남쪽 섬과도 가까워 더 중심적인 위치에 있는 웰링턴을 수도로 정하기로 결정했습니다. 이곳이 비록 제일 늦게 사람이 거주하게 된 국가 중 하나이지만, 우리는 매우 진보적이었고 1893 년에 여성에게도 투표권을 부여한 세계 최초의 국가였답니다.

20 세기에 뉴질랜드는 소규모 인구에 비하여 매우 활동적인 나라였습니다. 그들은 유제품과 고기를 운송할 수 있도록 냉동 기술을 개발했습니다. 그들은 두 차례의 세계 대전에 참전했으며, 1953 년에는 뉴질랜드 출신의 에드먼드 힐러리(Edmund Hillary)가 등반가인 셰르파 텐싱(Shepa Tensing 에베레스트 산의)과 함께 세계 최초로 에베레스트 산을 등반했습니다. 뉴질랜드인 인 Rutherford 는 원자 물리학의 선구자였고 또 다른 뉴질랜드인 인 피터 잭슨은 '반지의 제왕'이라는 가장 성공적인 영화 시리즈 중 하나를 만들었습니다. 뉴질랜드는 또한 번지 점프와 같은 익스트림 스포츠를 개발했고, 알다시피, 현재 All Blacks 는 세계 최고의 럭비 팀입니다.

앞으로 몇 주 동안, 제가 언급한 장소들이 많이 보일 것이며, 여러분들이 이를 통해 뉴질랜드의 풍미에 대한 아이디어를 얻을 수 있기를 바라겠습니다. 그리고 지금 풍미 얘기가 나온 김에, 좋은 뉴질랜드 양고기를 먹으면서...

SECTION 3

A 둘 다 와줘서 너무 고마워. 우리 수업 프로그램 계획하는데 학생들이 참여하다니, 보기 좋네.

B 뭐, 얘가 저번 학기에 최고 학점을 받았으니, 아마 좋은 아이디어들을 제시할 수 있지 않을까.

C 고마워. 노력해 볼게. 지난 학기에 좋았지만, 그래도 난 학기 시작할 때 이렇게 소개의 시간을 갖는 것도 좋다고 생각해. 이번주 목표는 무엇이지?

A 시작점 좋아. 내 생각에는 모든 학생들이 수업을 통해 받을 수 있었던 것에 비하여 덜 받았고, 이는 그들이 준비가 되어 있지 않아서가 아닐까라고 생각해.

B 따라서 우리는 다음 학기 첫 주 수업에 학생들이 준비할 수 있도록, 마치 오리엔테이션 주와 같이 설정하여, 특히 국제학생들을 도와줘야 한다고 생각해.

A 국내학생과 국제학생이야 Becky. 영어 강의임에도 불구하고 우리가 국내학생 수만큼이나 국제학생 수가 패스를 했다는 거 잊지 마.

C 마지막에 패스를 한 인원의 비율이 어떻게 되지?

A 약 65%정도고, 이번에 70%로 올리는 것이 우리 목표야.

B 그러면 우린 수업시간에 무엇을 가르치는 것이 좋을까?

A 음… 우선 하루 정도는 공부하는 방법을 알려줘야 할거 같아. 어떻게 자료 조사하고, 어떻게

필기를 하고, 또 쉽게 찾을 수 있도록 자료를 정리하는 방법 등을 말하는 거야.

C 그거 괜찮은데? 그 정도는 충분히 할 수 있을 거 같아!

B 우리가 해야 할 일 또 하나가 도서관에 가는 거야. 도서관 직원 중 한명은 학생들을 작은 단체로 나눠서 설명해주면서 도서관에 무엇이 있는지 파악하게 해주겠다고 제안 했어.

C 맞아. 몇몇의 학생들은 도서관에 한 번도 가보지 않고 온라인으로 자료 조사를 다 끝냈었지.

A 안타깝네. 제대로 된 조사는 책을 읽고 필기를 하는 것인데. 내 생각에는..

B 좋아, 그러면 현재 공부 방법과 도서관 방문 얘기가 나왔어. 포함해야 하는 다른 것들은 또 뭐가 있지?

A 내 생각에는 참조 관련하여 수업 한 번 해야할 것 같아. 언제, 어떻게 참조를 작성하는지, 그리고 인용은 언제 하는지. 어떻게 생각해 Clara?

C 전에도 말했듯이, 그건 학기 초에 끝낼 수 있을 것 같아. 몇몇의 강사들은 우리들이 이를 할 줄 알기를 기대했었는데, 몇 명밖에 못했었어. 꽤 중요하지.

B 그러면 얼마 정도 필요할까? 몇 시간이면 되려나?

A 최소한 몇 시간일거야. 일주일에 2 번 90 분씩 수업한다고 가정해보자. 시간 관리는 어떻게 할까? 경영학과의 Dawson 교수님은 우리를 위해 기꺼이 수업을 하나 해주신다고 하셨어. 그는 많은 고위관리자와 회사 이사들과 같이 일했으며, 우리에게 보여줄 좋은 도구들이 몇 개 있다고 하셨어. 너희들도 알듯이, 우리가 시간을 어떻게 활용하는지와 어떤 것이 다른 것보다 어떻게 더 중요한지 등등 말이야.

C 괜찮게 들리네. 조별 활동은 없나? 이것도 도움될 텐데.

B 좋은 아이디어야. 우리가 이거에 대해서 생각해본 적은 없지 Andrew? 그러나 실제로 조별로 활동하고 발표해서 유용하게 만들기 위해서는 많은 과목 연구가 필요해.

C 맞아, 특히 다른 학생들과 잘 어울리지 못하는 몇몇의 국제학생들에게 이것이 필요할 거 같아.

A 무슨 말 하는지 잘 알겠어. 발표와 관련된 수업은 어떨까?

B 그것도 매우 좋을 거 같아. 첫 과제는 4 주차에 나가고 조별로 발표하는 거잖아. 지난 학기는 정말 최악이었어. 슬라이드도 허접하고, 말도 너무 많고, 바디 랭귀지도 별로고. 그래, 괜찮을 거 같아. 다른 거 뭐 없나?

A IT 관련 수업은 항상 유용하지. 교육 관리 시스템 사용하는 방법 등과 같이 말이야.

C 말 되네. 누가 이런 수업들을 진행하지?

A Becky 와 내가 주로 하겠지만, 우리는 저번 수업 때 최고 학점 받은 학생들을 몇명 초청해서 그들의 관점에서 생각을 전달하라고 말할 계획이야.

C 생각해둔 사람은 있고?

B 음… 저번에 네가 수업을 들었었으니까…

C 난 당연히 환영이지. Lisa 한테도 물어볼 수 있을 거 같아. 특히, 그녀는 국제학생이잖아.

A 그래, 좋아. 이 정도면 꽤 많은 아이디어들이 모였어. 초본 하나 만들어서 너희들이 메모 남길 수 있도록 공유할까?

B 좋아. 다음주까지는 다 끝내야 해.

A 그건 문제 없어. 내일까지 다 끝낼게. 아이디어 제공해줘서 고마워 둘다.

C 그래.

B 좋았어.

SECTION 4

안녕하세요, 여러분. 핵심 비즈니스 주제를 재미있게 강의하는 일반 대중 경영 수업에 오신 것을 환영합니다. 마케팅 시리즈의 일환으로, 이번 주에 우리는 브랜드 제품들에 대해 살펴볼 것입니다. 회사의 이름과 그 브랜드와 관련된 가치까지도 말이죠. 오늘의 강연은 재창조에 초점을 맞출 것입니다.

저는 이번 강의를 총 4 개의 섹션으로 나누어 각기 다른 회사를 살펴볼 것입니다. 우선 세계적으로 가장 유명한 회사 중 하나이며, 이 슬라이드에서 가장 유명한 로고들 중 하나를 보유하는 회사로 시작하겠습니다. Shell 은 세계적으로 석유 제품을 판매하는 석유 회사로 유명합니다. 이 회사는 앵글로 - 네덜란드 회사로, 20 세기 초 Royal Dutch Petroleum 과 Shell Oil 합병의 결과물입니다. 오늘날 이 회사는 원유를 유전에서 정유소로 직접 운반하는 대규모 유조선들을 소유하고 있습니다. Shell 은 수백만 달러를 투자하며 석유를 찾고, 석유를 찾을 시에는 그것을 추출하려고 노력합니다.

그러나 150 년 전 Shell 은 런던의 작은 상점이었고 이름과 로고가 제시하는 것처럼 조개 껍질을 판매했습니다. 그들은 물건들을 동남아시아에서 수입하여 수집가들에게 팔았습니다. 이 가게는 마커스 사무엘이라는 사람이 운영했으며, 그의 아들이 사업을 인수하면서 보다 일반적인 수출입 회사로 확장되었습니다. 그들의 배는 영국제 도구, 기계, 직물 및 기타 제품으로 가득 채워 동남아시아로 항해했으며, 그 대가로 쌀, 도자기, 실크 등을 들여왔습니다. 19 세기 말, 자동차의 발명은 거대 석유 시장을 창출했으며, Shell 은 석유를 운송하도록 특별 설계된 선박을 최초로 건설했습니다. 이전에는 기름이 배럴에 담겨 있었지만, 1892 년에는 첫 번째 유조선이 출항되었습니다. 그때부터 Samuel 형제는 석유 사업의 주요 업체가 되었으며, 1897 년에는 Shell Transport and Trading 이라고 회사 이름을 바꿨습니다. 20 세기에는 이 회사가 점점 더 석유 사업에 관여하여 되었고, 현재 Shell 은 석유 탐사, 시추 및 거래와 즉시 연관되는 이름 중 하나가 되었습니다.

자, 그러면 제 두 번째 사례 연구로 넘어가시죠. 여기서, 여러분들은 회사가 어떻게 짧은 기간 동안 시장에 진입하고 떠날 수 있는지에 대해 확인해보실 수 있습니다. 제가 Nokia 에 관하여 이야기를 할 때, 대부분의 사람들은 초창기의 휴대폰이 나왔던 그 시절을 떠올릴 것입니다. 그들의 벨소리는 특히 잘 알려져 있었으며 하루에 수백 번 듣는 것처럼 느껴졌습니다. Nokia 는 핀란드 회사로, 1871 년에 핀란드의 한 가운데 있는 Nokia 라는 마을 근처에서 제지 공장으로 시작했습니다. 1896 년 그들은 고무 장화를 만드는 동 지역의 다른 회사와 합병했고, 1912 년에는 제 3 의 현지 회사가 합병되었습니다. 전부 Nokia 라는 이름으로 말이죠. 이 세 회사의 주된 합병 이유는 지역성이었습니다. 그들은 모두 서로 가까이에 있었습니다. 그들의 첫 번째 성공은 인기를 얻은 Nokia Boots 에서 비롯되었으며, 수년 동안 그들의 이름은 부츠를 대표했습니다. 1963 년에 Nokia 는 핀란드 군대를 위한 라디오를 개발하여 통신 업계에 첫발을 내딛었습니다. 이것은 곧 카폰 제조로 이어지고 결과는 성공적이었습니다. 1998 년부터 2012 년까지 Nokia 는 전 세계 다른 회사보다 더 많은 휴대 전화를 판매했지만, Apple 과 Samsung 과 경쟁하기 위해 휴대 전화에서 스마트폰으로 상품을 바꾸는 데에 문제가 있었습니다. 그들은 Microsoft 와 합작 투자를 시도했지만 성공하지 못했으며, 기업을 경영한 지 30 년이 채 지나지 않아 2013 년에 Microsoft 사에 회사를 부분적으로 팔게 되었습니다. 오늘날, Nokia 의 핵심 비즈니스는 모바일 네트워크입니다.

이제, 핵심 제품의 유용성이 급하락하여 사업을 변경해야 했던 회사를 살펴 보겠습니다. 이런 상황은 우리가 알고 듣는 것보다 더 자주 발생합니다. 디지털 카메라가 먼저 출시된 다음, 스마트 폰에 카메라가 장착되자, 가장 유명한 미국의 카메라 회사 중 하나인 Kodak 은 스스로 새로운 사업을 찾아봐야 했습니다. 불행하게도 그들은 실패했습니다. 그들은 자신들만의 디지털 카메라를 발명했지만, 그러한 제품이 카메라와 필름 판매하는 본인들의 주요 사업을 파괴할 것 같아 걱정했습니다. 결국 디지털로 전환하는 대신, 그들은 카메라 사업을 매각하고 공장을 폐쇄하며 직원 수를 기하급수적으로 줄였습니다. 그들은 의료 스캐닝 장비와 상업용 프린터에 집중하려 했지만 어느 것도 성공하지 못했습니다. 1976 년에는 카메라 시장의 85 %를 가진 회사에서, 그들은 거의 아무것도 없이 끝났고, 주식은 모든 가치를 잃었습니다.

Kodak 이 재창조에 실패한 회사의 예시라면, Smiths 는 재창조의 완벽한 본보기입니다.. Smith 는 1860 년대 런던에서 보석상으로 시작하였고, 백 년 동안 보석에서 시계로, 시계에서 악기로, 최초로 자동차 속도 측정한 다음 항공기들의 비행 높이를 측정했습니다. 그들은 이미 시장에 있는 작은 회사를 사서 그것을 개발했습니다. 그들은 이 방식이 새로운 시장에서 0 부터 시작하는 것보다 더 나은 것이라고 판단했습니다. 현재 그들은 50 개국에서 2 만 3 천 명을 고용하고 있습니다. 그들은 세계에서 가장 유명한 브랜드는 아니지만 확실히 혁신의 전문가입니다.

Writing Tasks 의 모범 답안

TEST 1

WRITING TASK 1

2007 년도와 2014 년도 사이에 모든 과정의 입학생이 늘어난 것을 보면, 등록금 제도의 시작이 사람들의 대학 지원을 가로막지 않은 것이다. 그러나 몇몇 과정들은 다른 것보다 더 많이 증가했다.

가장 큰 변화를 보여준 것은 간호학이었다. 입학자가 2007 년부터 2014 년 사이에 세 배로 뛰었고 현재는 과목 중 가장 인기 있는 과정이다. 심리학 또한 성장해서 입학자가 20,000 명이 되었고, 기초의학과 역시 약간 늘어났다. 모든 의학 과정들은 변함없이 인기를 유지했다.

2007 년도엔 법학이 가장 인기 있는 과정이었는데 지금도 그 인기가 여전하다. 입학자 100,000 명을 넘는 단 3 개의 과정 중 하나이다.

다른 두 개의 과정은 2007 년부터 2014 년 사이에 아주 큰 증가를 보여주었다. 디자인과가 70,000 명에서 100,000 명으로 입학자가 크게 늘었고, 컴퓨터 공학을 하는 학생 수는 약 55,000 명에서 75,000 명으로 7 년동안 50% 늘었다.

사실, 어느 과정에서도 입학자가 줄지 않았는데 이는 모든 과목들이 끊임없이 신입생들에게 인기가 있다는 것을 보여준다.

WRITING TASK 2

우리 사회의 남녀 평등을 이루기 위한 큰 도약이 있어 왔지만, 아직도 가야 할 길이 많이 남아있다. 여성들은 여전히 대부분의 직장과 사회에서 차별로 인해 고통받고 있다. 법적으로 말하자면, 여성과 남성은 현재 동등하다.

나란히 투표에 참여할 수 있고, 정치권에 들어갈 수 있다. 이것은 20 세기 초에는 있을 수 없는 일이고, 여성들은 선거에서 투표를 하는 권한을 얻기 위해 투쟁해야만 했다. 더군다나, 여성은 재산문제에 대해 남성들과 동일한 권리를 갖고 있다. 이 또한 과거에는 있을 수 없는 일이었다.

그럼에도 불구하고 여성들은 많은 다양한 형태의 간접차별로 인해 괴로워하고 있다. 통계적으로 여성들은 여전히 남성들보다 평균적으로 임금을 덜 받는다. 법적으로 같은 직장에서 동등한 월급을 보장해줬음에도 불구하고, 남성들은 관리 직책에서 군림하는 반면, 여성들은 행정 및 지원하는 역할을 담당한다. 그들의 평균 임금은 결과적으로 더 낮게 된다.

더욱이, 아이를 돌보는 부담은 아빠보다 엄마가 훨씬 더 많이 지게 된다. 많은 회사들이 20 대 후반이나 30 대 초반의 여성을 고용하기 꺼리는데 여성들이 임신할 경우 육아비용을 지불하는 것에 대한 부담을 회사가 지고 싶지 않아서이다. 이는 수치화 되지 않고 단단히 숨겨져 있는 부분이다.

여성들은 직업에서 또 직업 안에서 성공하는 데 상대 남성들처럼 동등한 권리를 가지고 있지만, 그들은 우리 사회 곳곳에 있는 감춰진 차별로 인해 이러한 기회가 거부당한다. 법이 바뀌어 여성들의 권익을 지지하지만, 일반 대중의 태도의 극격한 변화를 필요로 하는 이 숨겨진 차별이 사라지지 않는 한 우리 사회는 여전히 불공평할 것이다.

TEST 2

WRITING TASK 1

도표는 영국에서 개인이 온라인으로 수행한 활동을 보여줍니다. 설문 조사에 응한 사람들의 84 %는 인터넷을 사용하여 이메일을 보내고 받음으로써 직접적인 통신이 가장 많은 사람들이 한 활동임을 보여줬습니다. 소셜 네트워킹 또한 인기 있는 취미 활동이었지만 이메일보다 20 % 적은 사람들이 참여했습니다. 두 번째로 가장 많은 사람들이 한 활동은 제품과 서비스를 찾아 보는 것이었습니다 - 응답자의 77 %는 인터넷을 이런 용도로 사용한다고 답했습니다. 재미있는 사실은 응답자의 3/4 이상이 제품에 대한 정보를 조회하는 반면, 4 분의 1 만이 온라인으로 제품이나 서비스를 판매한다는 것입니다. 인터넷의 다른 주요 용도는 온라인 뱅킹 (69 %) 및 엔터테인먼트입니다. 다양한 형태의 엔터테인먼트 중에서 온라인 비디오를 보는 것이 62 %로 가장 인기가 많습니다. 비슷한 수의 응답자가 음악을 듣고 TV 를 온라인으로 스트리밍합니다. 응답자 중 가장 인기가 없는 온라인 엔터테인먼트 유형은 온라인 게임 (31 %)으로, 온라인 비디오 시청의 절반 정도의 인기를 얻었습니다.

WRITING TASK 2

점점 더 많은 사람들이 가짜 뉴스의 출현 증가와 부정확한 온라인 보고로 인해 온라인 뉴스를 신뢰할 수 없다고 생각합니다. 그들은 전통적인 미디어가 더 신뢰할 수 있는 정보원이라고 생각합니다. 저는 온라인 뉴스 보도를 무시하고 기존의 저널리즘을 신뢰해야 한다고 생각하지 않습니다.

첫째, 정확성에 문제가 있는 경우도 가끔 있지만 온라인 저널리즘은 훨씬 직접적이고 역동적인 미디어 형식을 제공합니다. 온라인 보고는 인쇄된 것보다 훨씬 최신이고 급변하는 상황에 대한 세부 정보를 제공합니다. 즉, 전체 이야기를 실시간으로 전달할 수 있으며 새로운 정보가 나오자마자 세부 정보가 추가됩니다. 인정받는 언론인은 보통 매우 전통적인 방식으로 일하기 때문에 이야기를 전하는 능력이 떨어집니다. 그들이 상황을 전할 때는 이미 다른 상황으로 변하게 되는 경우가 종종 있습니다.

생각해봐야 할 또 다른 요점은 기존 미디어 자체의 정확성과 신뢰성입니다. 주요 사건이나 정치 상황을 보도 할 때 언론인은 신문이나 TV 방송국의 의견에 영향을 받아 이야기의 한 면만 제공할 수 있습니다. 반면에 온라인 뉴스는 종종 많은 관점에서 보여줍니다. 이는 우리가 받아들이는 정보가 더 균형잡혀 있음을 뜻합니다. 독자로서 가장 신뢰할 만한 이야기를 결정하는 것이 중요합니다. 그리고 이것은 사건에 대한 평가가 둘 이상 일 때 더 쉽습니다.

결론적으로 온라인에서의 이야기들은 신뢰할 수 없을 수 있다는 문제가 있지만 이것이 검증된 저널리스트만 믿어야 한다는 것을 의미하지는 않습니다. 가능한 한 많은 정보원에서 정보를 얻는 것이 중요합니다.

TEST 3

WRITING TASK 1

이 표는 2017 년 세 개의 다른 영어 학교에 등록한 학생들의 수에 대한 정보를 보여줍니다. 전반적으로, Mayfair School of English (MSE) 학교에 등록한 학생들의 수는 한 해 동안 크게 증가한 반면, 연초에 가장 많은 학생 수를 가지고 있던 Best Communication English Academy (BCEA) 학교에 등록한 학생들의 수는 12 개월 동안 감소했습니다.

MSE 는 3 개 학교 중 가장 적은 135 명의 학생들로 한 해를 시작했습니다. 하지만 학생들의 수가 꾸준히 증가한 결과, 연말인 11 월-12 월 시기에 472 명의 많은 학생들로 증가했습니다. 마찬가지로, New Zealand Centre for Languages (NZCL)의 학생 수도 1 월부터 8 월까지 증가하여, 1-2 월 시기에는 314 명의 학생들로 시작했지만, 7-8 월 기간에는 683 명의 학생 수까지 기록했습니다. 하지만 8 월 이후, 학생 등록 수는 꾸준히 감소하여 연말에는 수가 496 명으로 떨어졌습니다.

그에 반해서, BCEA 는 1-2 월 시기에는 398 명의 학생수로 연초에 가장 많은 학생들이 등록했습니다. 다음 시기에는 학생 등록 수는 491 명으로 증가했지만, 그 후 7-8 월 시기에는 등록 수는 212 명으로 급감했습니다. 학생 수는 그 다음 기간에 267 명으로 약간 증가했지만, 연말에는 209 명으로 수치가 다시 떨어졌습니다.

WRITING TASK 2

관광산업은 전 세계적으로 성장하고 있는 산업입니다. 종종, 이러한 성장은 발전하고 있는 나라들에서 일어나고 있는데, 이것은 인구의 대다수가 여전히 가난하게 살고 있고, 즉 사람들은 관광이 대다수에게 혜택을 주지 못하고 있다고 느낍니다. 이 글은 관광수입이 가난한 사람들에게 혜택을 줄 수 있는 방법을 확인하고, 전통적인 지역문화가 관광에 의해 손상되지 않는 방법을 제안할 것입니다.

관광수입을 직접적으로 그리고 간접적으로 가난한 사람들을 돕는 데 활용할 수 있는 방법은 여러가지가 있습니다. 첫째, 가난한 사람들을 고용하여 관광업에 종사하게 함으로써 소득을 직접 공유할 수 있습니다. 이것은 가난한 사람들이 버는 돈을 곧바로 그들의 가족에게 보낼 수 있다는 것을 의미하고 가난한 공동체들 사이에서 공유될 수 있다는 것을 의미합니다. 관광 수입이 가난한 사람들에게 혜택을 줄 수 있는 간접적인 방법 중 하나는 지원 서비스와 시설에 재투자하는 것입니다. 예를 들어, 의료 시설을 개선하거나 대중 교통 요금을 인하하는 방법 등이 있습니다. 이러면, 관광객들은 가난한 지역 주민들의 지원에 기여하게 될 것입니다.

관광으로 인한 추가적인 수입은 혜택을 가져올 수 있지만, 관광 증가는 전통 문화와 삶의 방식을 손상 시킬 우려도 야기합니다. 관광이 전통문화를 파괴하지 않도록 보장하는 한 가지 방법은 전통문화를 지역관광산업의 중심으로 만드는 것입니다. 많은 관광객들이 특정 장소를 방문하는 이유는 지역 전통과 음식, 그리고 문화를 즐기기 위해서입니다. 그래서 전통문화를 보존하는 행동은 관광산업과 삶의 전통방식에 도움이 될 것입니다. 또한, 휴가 경험의 일환으로 방문객을 위한 교육 활동을 장려하는 것은 전통 문화에 대한 인식을 증진시키는 좋은 방법이 될 수 있습니다.

요약하자면 지역 사람들, 특히 사회에서의 가장 가난한 사람들와 관계를 맺는 것은 가난한 사람들에게 혜택을 주는 좋은 방법이 될 수 있고, 동시에 전통 문화의 보존은 도울 수 있습니다. 합리적인 접근을 통해, 이러한 문제들은 쉽게 해결될 수 있습니다.

TEST 4

WRITING TASK 1

이 그래프는 1990 년에서 2020 년 사이 영국의 연간 음반 판매에 대한 정보를 보여줍니다. 전반적으로 이 기간 동안에는 디지털의 매출이 크게 증가한 반면, 다른 음악 매체 판매는 크게 감소한 것으로 나타났습니다.

CD 판매는 1990 년에 5 억 파운드의 매출로 기간 내 가장 큰 판매액을 기록했습니다. 연간 CD 판매량이 향후 10 년 동안 꾸준히 증가하여 2000 년에는 6 억 5 천만 파운드로 최고점을 기록했습니다. 그러나, 이후 CD 판매량은 2020 년에 1 억 5 천만 파운드로 꾸준히 감소했습니다.

카세트 테이프 판매량도 1990 년 이후 감소했습니다. CD 판매와 마찬가지로, 카세트 테이프 매출도 1990 년 1 억 파운드에서 1995 년 약 1 억 2천만 파운드로 약간 증가했습니다. 그러나 1995 년 카세트테이프 판매가 크게 감소하고, 2010 년 이후에는 카세트 테이프가 판매되지 않았습니다.

레코드판은 1990 년에 두 번째로 높은 연간 매출액인 1 억 5 천만 파운드를 기록했으나, 판매량은 향후 15 년 동안 꾸준히 감소하여 2005 년에는 3,000 만 파운드에 불과했습니다. 그러나 레코드판 매출은 2010 년에 증가했으며 2020 년에는 1990 년 수준인 1 억 5 천만 파운드로 돌아갈 것으로 예상됩니다

다른 유형의 음악 매체와 달리, 디지털 음반 판매는 크게 바뀌었습니다. 1990 년에는 디지털 음반은 판매되지 않았지만 2000 년 이후로 다운로드 된 음반 판매가 크게 상승했으며 2020 년까지 20 억 파운드의 높은 가격으로 상승 할 것으로 예측됩니다.

WRITING TASK 2

세계화는 전 세계 사람들의 삶에 영향을 미치며, 그 영향은 모든 국가의 상점과 시장에서 판매하는 상품에서 드러납니다. 그러나 현지 상점에서 해외 제품을 살 수 있다는 것에 대해 많은 사람들이 긍정적으로 생각함에도 불구하고, 이는 일부 단점들이 있습니다. 이 에세이는 지역 경제와 문화에 대한 세계화의 이점과 단점을 모두 논의할 것입니다.

세계화의 첫 번째 이점은 소비자가 전 세계의 최신 제품에 대한 접근성을 높일 수 있다는 것입니다. 즉, 최신 아이폰이나 새로운 패션 트렌드와 같은 제품을 뉴델리와 뉴욕에서 동시에 만나볼 수 있다는 뜻입니다. 이것은 사람들이 세계

곳곳의 물건을 손에 쥐기 위해 더 이상 몇 달 또는 몇 년을 기다릴 필요가 없다는 것을 의미합니다.

세계화의 두 번째 이점은 소비자가 쇼핑을 할 때 훨씬 더 많은 선택권을 부여한다는 것입니다. 단순히 현지에서 만든 제품을 선택하는 것보다, 다른 곳에서 비슷한 제품을 구입할 수 있습니다. 결과적으로 경쟁이 치열해지면서 가격 경쟁도 치열해지므로, 소비자들은 원하지 않는 현지 제품을 더 비싸게 지불할 필요가 없습니다.

그러나 이러한 명백한 장점에도 불구하고, 여러 가지 단점들이 있습니다. 첫 번째는 세계화가 지역 경제에 미치는 영향입니다. 통상 과일과 채소와 같은 대부분의 신선한 농산물은 현지에서 조달되었을 것입니다. 그러나 항공화물 운송의 개선으로 48 시간 이내에 지구 반대편의 시장으로 신선 농산물을, 심지어 더 저렴하게 얻는 것이 가능합니다. 이는 지역 상인들이 상품을 현지에서 판매하기가 더 어려워지기 때문에 현지 경제에 부정적인 영향을 미칠 수 있습니다.

또 다른 단점은 지역 문화의 손실입니다. 점점 더 많은 해외 제품이 지역 상점을 강타함에 따라, 주변의 사람들은 같은 옷을 입고 같은 음악을 듣고 같은 음식을 먹을 가능성이 더 커졌습니다. 그 결과, 전통 문화, 음악 및 음식이 대중성을 잃음에 따라 현지 문화가 사라질 수 있습니다.

전반적으로 세계화가 전 세계 많은 사람들에게 중요한 긍정적 영향을 미쳤음이 분명합니다. 그러나 지역 경제와 문화가 보존될 수 있도록 현지 생산된 제품의 중요성을 인식하는 것 역시도 매우 중요합니다.

Speaking 의 모범 답안

TEST 1

PART 1

E 안녕하세요 제 이름은 Robert 입니다. 이름이 어떻게 되시죠?

C 제 이름은 Helen Wood 입니다.

E 어디에서 오셨지요? Helen?

C 중국에서 왔습니다.

E 가족에 대해서 조금 말해줄 수 있나요?

C 네 저는 결혼했구요. 제 가족은 4 명입니다. 남편과 2 명의 자녀 그리고 저입니다. 그런데 대가족으로 보면, 저는 부모님이 계시고 그리고, 오빠의 가족이 있습니다. 역시 아주 가까이 살고 있어요

E 그럼 어디에 살고 계시죠? Helen?

C 저는 현재 뉴질랜드 Hamilton 에 살고 있습니다.

E 주택에 사시나요? 아니면 아파트에 사시나요?

C 주택에 살고 있습니다.

E 집에 대해서 조금 얘기해 줄 수 있나요?

C 집은 크지 않고요 방은 3 개뿐입니다. 또 꽤 오래됐어요. 30 년, 30 년 전에 만들어졌네요. 정원도 딸려 있습니다. 그리고 배수구역도 있습니다. 우리 모두 그 집에서 아주 행복하게 살고 있습니다.

E 네 그럼 지금 학생인가요? 아니면 일하고 있나요?

C 일하고 있습니다. 교사입니다.

E 그러세요? 어떤 것을 가르치시죠?

C 수학을 가르칩니다.

E 와! 가르치는 학생들의 연령대는 어떻게 되지요?

C 고등학생입니다.

E 그러면 스스로를 어떤 선생님이라고 생각하세요?

C 저는 좀 엄격해요. 네 그게 본래 제 모습이라고 생각합니다. 그리고 저는 선생님은 엄격해야 한다고 생각해요. 고등학생들을 대할 땐 특히 그렇습니다. 그들이 해야만 하는 일들이 있

고 또 하지 못하는 일이 있다는 것을 알 필요가 있기 때문이죠. 그리고 일을 열심히 합니다. 왜냐하면 저는 누구도 열심히 내지 않으면 일을 잘할 수 없다고 믿기 때문이에요. 그리고 저는 또한 이해심이 깊습니다. 저의 십대 시적을 기억하거든요. 제가 어떠했는지 말입니다. 그래서 네, 학생들에게 잘해주려고 노력합니다.

E 그러면 왜 선생님이 되려고 결심한거죠?

C 제가 선생님이 되려고 결정한 것이 아니에요. 그것은 음.. 제가 어렸을 때는 제가 무엇을 원하는지 정말 몰랐어요. 하지만 그런데 제가 정말 근처에도 가고 싶지 않은 두 가지가 있었는데요. 그중 하나가 선생님이 되는 것이었고, 다른 하나는 회계사가 되는 것이었어요. 그런데 불행하게도 저는 지금 선생님이 되어 있네요. 뭐 행운이라고 할까요, 이제는 저의 지금이 좋다고 느껴지니까요.

E 좋습니다. 그럼 취미에 대해 한번 얘기해 볼까요? 주말에 주로 무슨 일 하세요?

C 저는 특정한 취미가 있는 것 같지 않아요. 주말에 저는 보통 굉장히 바쁩니다. 그러니까 저는 토요일에도 종종 일하고요 그리고 일요.. 일요일에는 집안일을 합니다. 아이들과 남편과 시간을 좀 보내고요, 그이가 일을 하지 않을 때요. 네 꽤 지루하죠.

E 그럼 주말에 가족과 함께 주로 어디 가세요?

C 해변에 갑니다. 여러 해변들이요. 가족 모두 물을 좋아하거든요. 그런데 만약 주말을 부모님이나 오빠 가족이랑 보내면, 그분들은 산으로 가는 것을 좋아합니다. 네.

E 가족들은 물에서 어떻게 보내죠?

C 수영합니다. 서핑도하고 그리고 저는 지켜봅니다. 그게..

E Helen 은 물에 안 들어 가세요?

C 네 안 들어가요.

E 왜죠?

C 수영을 못해요. 그리고 수영을 배울 생각도 없어요. 그래서 그냥 지켜보고 가족들이 노는 모습을 찍곤 합니다.

E 아 헬렌은 산을 좋아하시나봐요?

C 네 저는 좀 맞춰주는 타입이에요. 직장에서든지 집에서든지 그렇습니다. 남을 잘 따라가줘요. 그들이 원하는 것을요. 저는 그냥 가족의 일부로 함께 하는 것입니다.

E 감사합니다.
C 감사합니다.

PART 2

E 자 그럼 이 제목을 한번 보시겠어요, 그리고 잠깐 생각해 보세요. 가장 선호하는 교통수단 입니다. 잠시 시간을 드릴 테니까 무엇을 말할지에 대해 생각해 보세요.

E 좋습니다. 준비되셨나요?

C 네 저는 기차를 타고 이동하는 것을 가장 좋아합니다. 왜냐하면 빠르잖아요 음. 제 말은 특히 최근에 최근 개발된 것들을 보면 그렇습니다. Bullet 기차는 한 시간에 300 킬로미터 이상 갈 수 있습니다. 정말 빨라요. 그리고 안전하기까지 합니다. 그리고 제겐 비행기를 타고 하늘을 나는 것보다 지상으로 이동하는 것이 더 안전하게 느껴집니다. 제 생각에, 아마도 기사를 비교해 보면 사실이 아닐 수 있는데요, 하지만 저는 개인적으로는 사고가 덜 날 것이라고 생각합니다. 저는 기차로 이동하는 것이 또한 편안한데요. 왜냐하면 공간이 충분하기 때문입니다, 비행기 안에 쪼그려 있는 것과 비교하면 그렇습니다. 저는 기차가, 음, 기차로 여행을 하면 더 편안하고 정말 공간을 이동하는 것 같습니다. 그리고 음, 경치 보러 갈 수도 있어요. 아시겠지만 창 밖을 보고 지나가는 경치를 동시에 볼 수 있어요. 그런데 하늘에서 이동할 때는 확실히 볼 수 없잖아요. 또 배 안에서도요. 왜냐하면 볼 수 있는 것이라곤 물 밖에 없으니까요. 그리고 음. 내가 그것을 좋아하기 시작한 것이 오래되지 않았을 거에요. 아마도 제가 지난 번에 중국에 갔을 때였을 거예요. 1 년 전이에요. 전에 제가 어렸을 때, 대학교 시절에 기차를 많이 탔어요. 제가 대학교에 갔다가 집에 돌아올 때 항상 기차를 탔어요. 그런데 그 때는 기차가, 아시겠지만, 자리가 없었고요, 더러웠고, 상태가 전혀 좋지 않았습니다. 그리고 또 냄새도 많이 났어요. 그런데 지금은 많이 좋아졌습니다. 그래서 지난 번에 제가 중국에 갔을 때 놀랐어요, 굉장히 깨끗하고 또 질서정연했거든요, 사람들이 기다렸다가 기차에 오를 때 말입니다. 음.. 저는 긴 거리와 짧은 거리 여행 다 좋아하는데요. 왜냐하면 말씀드렸다시피, 시간을 많이 절약해주고요 혼자

운전을 해야 한다고 생각하면 아시겠지만 정말 피곤하잖아요. 특히 장거리 여행을 해야 하는 상황에서는요. 하지만 기차는 그냥 편안히 있으면 됩니다. 그리고 짧은 거리라고 할지라도, 저는 우등버스나 버스랑 비교해보면 가는 길의 경치가 훨씬 좋아요 왜냐하면 버스나 우등버스에서는 주변 사람들이나 자동차를 보게 되거든요. 그리고 지난 번 제가 기차를 이용했을 때 크리스마스 휴가 중이었는데요 중국에서요.

E 네 좋습니다. 그럼 교통수단에 대해 좀 더 얘기해보도록 하죠.

PART 3

E 자 당신이 방금 과거에는 대중교통이 좋지 못했다고 했고 지금은 나아졌다고 말했습니다. 당신 국가의 대중교통은 전체적으로 괜찮나요?

C 네 훨씬 좋아지고 있습니다.

E 어떻게 그렇죠?

C 음.. 제가 볼 때 정부가 아니 중국이 경제적으로 발전하게 되면서, 정부와 개개인이 어떤 일을 하는데 훨씬 많은 자금을 가지게 되었습니다. 그래서 정부가 대중 교통의 환경을 개선하는 데 많은 부분을 지출한 것으로 생각이 됩니다.

E 많은 사람이 그것을 이용하나요?

C 네 그렇습니다. 왜냐하면 효율적이기 때문입니다. 그리고 많은 인구가 자가용을 갖고 싶어하는데 제 생각은 좋은 생각 같지 않아요, 중국에서는요. 왜냐하면 아시다시피 인구가 너무 많습니다. 도로에 차가 항상 너무 많아요

E 그렇군요.

C 그래서 제 생각엔 대중 교통이 여기서 아주 중요한 역할을 한다고 봅니다. 그리고..

E 그럼 관광객이 중국에서 대중교통을 이용하기 쉽다고 생각하시나요?

C 네 음.. 과거에는 그렇지 않았을 거에요 하지만 지금은 분명 훨씬 좋아졌습니다. 버스 정류장과 사인 등을 봐도, 항상 병음을 집어넣는데요, 제 말은 중규모 이상의 도시들에서 그렇습니다. 서양인들이나 외국인들이 이름들을 발음하기 쉽고 어느 정류장이 어디에 있는지 찾기에도 쉽습니다.

225

E 티켓을 사거나 그 외에 다른 것들에 대해서는 요?

C 네 많은 부분들이 그, 자동화되어 있습니다. 사람들은 대체로, 사람에게 가기보다 기계를 사용합니다. 사람이 일하는 것 같은 창구, 사람과 같은 정신을 가진 창구라 할까요. 그래서 많이 소통할 필요가 없어요. 스크린의 지시만 잘 따르면 됩니다.

E 좋네요. 교통수단을 발전시키는 것에 대해 어떻게 생각하세요? 지금 대중교통으로 인해 일어나는 어떤 문제가 있다고 생각하나요?

C 네 가장 뚜렷한 것이 교통체증이죠 왜냐하면 사람들이 도로에 더 많이 나오면 그럴 수록 통근시간이 더 느려집니다. 이상적인 모습이 아니죠. 그리고 효율적이지도 않습니다. 오염도 또 다른 문제입니다.

E 그렇군요 차가 막히는 것이나 오염 같은 문제를 해결할 수 있는 방법이 있을까요?

C 네 제가 볼 때 카풀이 좋은 방법 같습니다.

E 음.. 조금 더 말씀해주시겠어요?

C 아마 같은 곳에서 일하고 같은 지역에 사는 사람들은 돌아가면서 본인 차를 이용해 가는 길에 동료를 태워갈 수 있을 것입니다.

E 좋은 생각이네요.

C 네 그러면 교통체증이 줄지 않을까요. 제 생각입니다.

E 그러면 대중교통이 당신 국가의 환경에 좋다고 생각합니까?

C 그렇기도 하고 아니기도 합니다. 제 생각은 더 많은 사람들이 대중교통을 이용하면 더 적은 사람들이 본인의 자가용을 사용할 것입니다. 그러면 오염과 교통체증을 같은 것을 줄일 수 있어요. 둘 다 가능할 것입니다. 만약 우리가 길에 다니는 자동차 수를 줄일 수 있다면, 분명 교통체증과 같은 상황은 개선될 수 있습니다.

E 항공 운송에 대해서는 어떻게 생각하세요? 환경에 좋을까요?

C 음 제가 그것에 대해서는 미처 생각하지 못했는데요. 아마도 그럴 것입니다. 하지만 여행하는 것이 즐겁지 않을 거예요. 잘 모르겠습니다.

E 괜찮습니다. Helen 굉장히 즐거운 대화였습니다. 대단히 감사합니다.

C 감사합니다.

PART 1

E 안녕하세요. 제 이름은 Robert 예요. 이름이 무엇입니까?

C 제 이름은 Andrea Fester입니다.

E 좋아요. Andrea, 가족들에 대해 좀 말해주시겠어요?

C 저는 4명의 형제자매가 있습니다. 3명의 자매 그리고 한 명의 형제가 있고 부모님 두 분은 돌아가셨습니다. 그리고 저는 6명의 조카가 있습니다.

E 어디 사시나요?

C 지금은 뉴질랜드의 캠브리지라는 마을에서 살고 있습니다.

E 예전에는 어디서 사셨나요?

C 남아프리카 공화국 케이프 타운에서 살았습니다.

E 학생인가요 아니면 직장인 인가요?

C 직장인입니다. 캠브리지의 한 고등학교에서 지리학을 가르치고 있어요.

E 학생들이 지리학을 좋아하나요?

C 학생들이 지리학을 선택해서 공부하는 것이기 때문에 대부분의 학생들은 좋아합니다. 몇 명은 물리학을 공부하지 않아도 되기 때문에 지리학을 선택한 거 같기는 합니다.

E 당신이 생각했을 때 당신은 어떤 선생님 같나요?

C 저는 학생들한테 많이 집중한다고 생각해요. 수업 중에 제가 할 수 있는 한 많이 학생들이 즐거울 수 있도록 상호작용을 하려 합니다. 저는 다양한 자원을 이용하려고 노력합니다. 특히 온라인 자원은 학생들이 정보를 이용하는 데에 핸드폰과 기술을 쓸 수 있다는 것을 좋아합니다. 학교에서는 핸드폰 사용에 문제가 있지만 저는 교육적인 목적으로 쓰는 것이기 때문에 괜찮다고 생각합니다.

E 좋습니다. 보통 몇 시쯤에 일하러 가십니까?

C 보통은 7:30 에 일하러 가지만 8:30 부터 수업을 시작합니다.

E 그러면 몇 시에 끝나나요?

C 수업은 3:10 에 끝나지만 보통은 회의가 있기 때문에 4:30 이나 5 시에 갑니다.

E 그렇군요. 그럼 이제 취미활동에 대해 말씀해 보세요. 취미가 있으신가요?

C 네. 첫 번째 취미로는 독서를 좋아합니다. 그리고 영화 보는 것도 좋아하고 밖에서 하는 취미는 정원을 가꾸거나 트램핑을 좋아합니다.

E 트램핑이요? 트램핑이 무엇인가요?

C 트램핑이요? 제가 살던 나라처럼 다른 곳에서는 하이킹이라고 하는데 산 속에서 걸어 다니는 활동이에요. 매 두 번째나 세 번째 주말에 산에서 여름철 도보 여행을 하려고 해요.

E 좋네요. 저녁에는 보통 뭐하세요?

C 저녁에요? 제 남편이 요리를 아주 잘해서 남편이 요리하거나 제가 하고 저녁을 먹으면서 아니면 다 먹고 나서 TV 로 뉴스를 보곤 해요. 그리고 나서 잠깐 산책하거나 집 근처에서 무언가를 할 때도 있죠. 최근에는 스칸디나비안 시리즈에 빠져서 밤에 자기 전에 늦게까지 봐요.

E 그렇군요. 감사합니다.

PART 2

E 이제 카드에 써 있는 주제에 대해 물어볼 건데 준비할 시간을 1 분 드릴게요. 가장 좋아하는 계절에 대해서 말해주세요. 1 분 동안 생각할 시간을 드립니다. 이제 1 분이 끝났네요. 가장 좋아하는 계절에 대해서 말해주세요.

C 저한테는 좀 어렵네요. 왜냐면 저는 하나의 계절을 좋아하는 게 아니라 계절과 계절 사이를 좋아하기 때문이에요. 저는 봄이 끝나면서 여름이 오기 시작하는 그쯤을 가장 좋아합니다. 가장 큰 이유는 저는 너무 뜨겁거나 추운 것을 좋아하지 않지만 약간 따뜻한 건 좋아하기 때문입니다. 그리고 항상 좋아했던 것 같아요. 사실은 원래 여름을 더 좋아했었는데 나이가 들어갈 수록 미드 시즌을 더 좋아하게 되었습니다. 그리고 모든 것이 성장하고 새로운 활력을 주는 것이 연상이 되기 때문에 정말 좋아합니다. 그리고 그때를 생각할 때 겨울처럼 춥지 않고 또 뻣뻣한 공기가 아니라 신선한 공기가 떠오릅니다. 기분이 좋은 온도죠. 뉴질랜드에서는 여름이 되어가면서 트램핑, 소풍과 캠핑에 대해 계획하고 얘기하기 때문에 그때쯤 여름 휴가를 계획하기 시작합니다. 그때쯤에 시작하는 정원에서 야외 공연들도 있습니다. 이런 활동들을 매우 좋아합니다. 그래서 봄이 끝나갈 무렵 여름이 시작될 때 그런 활동들이 연상된다고 생각합니다. 그리고 음 다른 나라들을 보았을 때, 예를 들어 휴가 때 고향인 남아프리카 공화국에 간 적이 있는데 뉴질랜드랑 비슷하지만 공연 같은 야외활동이 더 많은 것 같다고 생각합니다. 심지어 야외에서 하는 라이브 콘서트, 오페라 같은 활동도 있습니다. 그 시기에는 더 많은 활동들이 있습니다. 그리고 제가 갔었던 북반구의 나라들을 생각해보면 그 시기에는 아직 춥다고 생각합니다. 봄이 3 월쯤이라고 보면 그들한테는 아직 좀 춥습니다. 거기는 좀 다르다고 생각합니다.

PART 3

E 계절에 따라 기분이 어떻습니까?

C 우선 저는 계절에 따라 기분이 그렇게 크게 변하지 않습니다. 그렇지만 겨울에는 좀 변하는 것 같습니다. 특정 부분에 있어서는 포용력이 떨어집니다. 그리고 그건 제가 SADS 라는 병에 걸려 있기 때문이기도 합니다. SADS 는 열이 부족한 것처럼 느껴지고 피부가 따뜻하지 않은 병입니다...그래서 저는 겨울에 나가서 햇볕을 좀 쐬려고 노력합니다. 그래서 균형이 좀 맞는다고 생각합니다.

E 계절에 따라 어떤 매장이 영향을 받을까요?

C 제가 생각했을 때는 아마도, 크리스마스 시즌처럼, 크리스마스 장식품을 파는 상점들이 몇 개씩이나 있는데 제 생각에는 그런 상점들이 계절에 따라 영향을 받을 것 같습니다. 왜냐면 보통 그때만 여니까 뭐랄까.. 이제 점점 일찍 열고 있는 것 같긴 합니다. 크리스마스 상점들이 벌써 9 월에는 엽니다. 그리고 다른 상점들은 관광객들과 관련 있는 상점들이라고 생각합니다. 관광객을 위한 다양한 야외활동을 위한 상점들, 예를 들어 스키 상점은 겨울에는 더 많은 수익을 얻습니다. 여름에 더 많이 팔리는 캠핑이나 바비큐 상점은 당연하게도 여름에 제일 잘 나갑니다. 그런 식으로 계절이 가장 크게 영향을 미치지 않을까 생각합니다. 그리고 숙박업소도 겨울에는 닫지만 여름에는 엽니다.

E 각 계절에 연상되는 것이 무엇인가요?

C 봄에는 말씀 드렸다시피 식물, 야채 그리고 모든 것의 새로운 활력이 떠오릅니다. 그리고 여름은 열기와 그리고 해변에서의 여유로운 날이 떠오르고 가을은 겨울을 위한 준비처럼 느껴집니다. 조금 쌀쌀하고 식물들이 죽기 시작하는 것과 아름다운 낙엽..그리고 겨울은 히터를 켜놓고 벽난로와 따뜻하게 대부분의 시간을 실내에서 보내는 것이 연상됩니다.

E 마지막으로 계절과 관광업에 대해 얘기해보죠. 언제가 당신의 나라를 여행하기가 좋은 계절인가요?

C 여름에는 비즈니스를 포함한 모든 게 더 생기가 넘치기 때문에 남아프리카공화국과 뉴질랜드 둘 다 여름이라고 생각합니다. 여름이라고 한 이유는 사람들이 뉴질랜드와 아프리카공화국에서 여름 활동이 더 많고 날씨가 아주 좋고 야외에서 시간을 보낼 수 있기 때문입니다. 그렇지만 여름에는 두 곳 다 사람이 엄청 많습니다. ..네 그렇습니다.

E 두 나라는 계절마다 모습이 다른가요? 뉴질랜드는 어떤가요? 어떻게 다른가요? 계절마다 다른 모습인가요?

C 그 차이를 가장 잘 알 수 있는 방법은 초목들의 성장이라고 생각합니다. 여름에는 푸른 나무들을 볼 수 있습니다. 모든 게 번성하고 가을이 되면 나뭇잎이 주변에 떨어집니다. 겨울은 당연히 모든 게 황폐하고 삭막합니다. 그렇지만 그 나름대로 아름답습니다. 그리고 다시 봄이 되면 모든 게 자라고 다시 시작합니다. 그렇게 구분할 수 있는 것 같습니다.

E 계절에 따라 어떤 활동을 할 수 있습니까? 여름에는 할 수 있는 야외 활동이 훨씬 더 많습니다. 특히 뉴질랜드는 매우 습니다. 그리고 여름에 땅이 말랐을 때 산에서 야외활동을 하는 것이 훨씬 낫습니다. 그리고 뉴질랜드에서의 봄은 아니 겨울 아니 여름에서 가을로 넘어왔어요. 저한테 가을은 뭔가 주고 받는 느낌입니다. 언제는 여름에 할 만한 것들을 할 수는 있지만 언제는 좀 더 조심해야 하고 상황이 바뀌게 됩니다. 그래서 사람들이 스파에 가는 것 같은 활동을 많이 하는 경향이 있습니다. 뉴질랜드에서는 겨울에 스키, 스노우보딩과 같은 활동이 인기 있습니다. 겨울철과 봄철 사이 저는 사람들이 캠핑, 낚시 같은 그 모든 활동

을 계획하기 시작하는 시기라고 생각합니다. 그리고 독서, 독서는 언제 하시는 편입니까?

C 저는 독서를 아주 좋아해서 매일 책을 읽습니다. 그렇지만 대부분 밤에 자기 전에 책을 읽습니다. 그리고 겨울 동안에 제일 많이 책을 읽게 되는 것 같습니다. 그리고 4주에서 5주 동안의 여름 방학 때 급격히 많이 읽습니다. 그래서 아마 이렇게 두 기간 동안 제일 많이 읽습니다.

TEST 3

PART 1

E 안녕하세요 Mohammed.

C 안녕하세요.

E 스포츠에 대해 잠시 얘기해봅시다. 당신의 나라에서는 어떤 스포츠가 가장 인기 있습니까?

C 좋습니다. 우리나라에서는 배드민턴과 축구가, 특히 젊은 세대에게, 인기가 가장 많습니다. 그들은 다른 어떤 스포츠도 아닌 축구와 배드민턴을 좋아합니다.

E 그럼 사람들은 구경만 합니까 아님 직접 운동합니까?

C 대부분은 구경보다 직접 운동합니다.

E 당신은 운동하는 것을 좋아합니까?

C 저는 운동하는 것을 매우 좋아합니다. 전 항상 운동, 특히 어렸을때부터 했던 배드민턴을 좋아하는 사람이고, 아직까지도 운동을 합니다.

E 그리고 얼마나 자주 운동합니까?

C 가능하면 일주일에 3일은, 적어도 일주일에 2, 3일은 배드민턴을 칩니다.

E 그래서 당신은 배드민턴치는 게 왜 좋습니까?

C 저는 건강을 유지하기 위해서 운동을 좋아합니다. 육체적 운동을 하고 건강을 유지하기 위해서, 네.

E 효과가 있습니까?

C 효과가 있습니다. 많이 도움이 됩니다. 네.

E 그럼 당신은 어렸을 때보다 지금 더 많은 운동을 하고 있습니까?

C 사실 어렸을때 운동을 더 자주 한 것 같고, 지금은 직장과 다른 일로 바빠서 운동할 시간이

그다지 많지 않습니다. 그래서 네, 저는 어렸을 때 운동을 더 많이 하고 더 활동적이었던 것 같습니다.

E 지금 사람들은 모든 아이들이 운동을 안 한다고 하는데, 모든 아이들이 학교에서 운동을 해야 한다고 생각합니까?

C 저는 운동이 학생들에게, 특히 학교에서 하는 운동은 좋은 것 같습니다. 아이들은 다른 운동에 소개될 수 있고, 그들은 학교에서 하고 싶은 운동을 선택할 수 있습니다. 제 생각에는 하는 게 좋을 것 같습니다...

E 운동을 잘 하지 못하는 학생들은 어떻게 합니까?

C 음 운동을 잘 못하는 아이들이 있지만, 그래도 분명 할 수 있는 게 있을 겁니다. 아이들이 더 활동적으로 변할 수 있습니다.

E 그럼 다들 운동을 해야 한다고 생각합니까?

C 네, 모두 운동을 해야 한다고 생각합니다.

E 알겠습니다, 그럼 잠시 책들에 대해 이야기해봅시다. 집에 책이 많습니까?

C 집에 책은 별로 없지만, 일할 때 자주 사용하는 몇 권의 글과 독서물이 있습니다.

E 좋습니다. 그럼 당신은 현재 일을 하고 있습니까 아니면 학교에 다니고 있습니까?

C 일하고 있습니다.

E 자 그럼 당신이 어렸을 때, 부모님이나 선생님이 책을 읽어 주셨습니까?

C 사실 제 부모님은 아주 좋은 이유로 제게 책을 읽어주신 적이 없습니다. 저는 영어기반의 교육을 받았고, 부모님은 영어를 하지 못했습니다. 그래서 부모님은 제게 책을 읽는 것을 도울 수 없었고, 그래서 저는 직접 책을 읽어야 했고, 다른 사람들의 도움을 받아야 했습니다.

E 그래서 어떤 언어부터 읽었습니까?

C 제 모국어는 신할레스어와 아랍어를 혼합한 Devehi 어입니다.

E 그래서 당신은 Divehi 어를 영어 전에 배웠습니까 아니면 영어 후에 배웠습니까?

C 아, 네. 저는 영어를 읽기 시작하기 전에 Divehi 어를 먼저 읽었습니다.

E 좋습니다. 그럼 지금 어렸을 때보다 더 많이 독서합니까?

C 어렸을 때보다 책을 더 많이 읽는 것 같습니다, 특히 제가 하고 있는 일 때문에. 제가 어렸을 때는, 저의 독서는 특정한 종류의 독서로 매우 제한되어 있었지만, 지금은 제한적이지 않게 독서합니다.

E 당신은 책이 인쇄됐을때, 컴퓨터에 있을 때, 기기에 있을 때 중 어느 것을 선호합니까?

C 저는 인쇄된 책이 가지고 다니기 더 편리하기 때문에 더 선호합니다. 그리고 그냥 인쇄된 책을 가지고 있는 것을 좋아합니다.

E 좋습니다, 완벽합니다. 파트 1 은 이렇게 마치겠습니다.

PART 2

E 이제부터 2 번째 부분입니다. 저는 당신이 정말로 사고 싶었지만 살 수 없었던 것에 대해 설명해달라고 질문할 것입니다. 준비 시간은 지금부터 1 분입니다.

E 자, 준비됐어요?

C 준비됐습니다.

E 주제에 대해 말씀해주세요.

C 내가 사고 싶었던 한 가지를 결정하기는 어렵습니다. 사고 싶은 많은 물건들이 있지만, 제가 꼭 사고 싶은 한 가지는 집입니다. 집, 가능하면 큰 집을 사고 싶습니다. 나는 큰 뒷마당, 앞마당과 정원이 있는, 어쩌면 뉴질랜드에서 크다고 여겨지는 침실 4 개짜리인 집? 가능하면 방이 5 개짜리인 집, 침실 하나를 공부방으로 쓸 수 있게 위해서 입니다.

E 괜찮네요.

C 그 다음에 가족을 위한 침실 세개와 가능하면 위에 다락방도 있었으면 좋겠어요. 그거 정말 좋을 것 같네요. 어, 수영장도 있으면 좋겠지만, 그것은 그렇게 중요하지 않아요. 제가 지금 말한바와 같은 집을 사고 싶은데 아쉽게도 지금은 살 형편이 안 되지만 언젠가는 집을 사는 꿈이 있습니다. 모든 사람들이 집을 사고 새 차를 사는 그러한 꿈들을 가지고 있다고 생각합니다. 어, 대부분의 사람들은 본인의 집을 가지고 싶어 하지만, 집을 살 돈과 여유가 없을 때 집을 임대합니다. 그게 현재 제가 하고 있는 것입니다. 저는 임대한 집에서 살고 있으며, 대부분의 사람들에게 집을 사는 것은 꿈입니다.

PART 3

E 자, 이제 파트 3 입니다. 돈과 신용에 대해 더 이야기해보죠. 집을 사는 것에 대해 이야기 하셨잖아요. 왜 사람들은 아직도 금전적으로 감당할 수 없는 것들을 사는 것을 좋아하는 걸까요?

C 아, 그거 정말로 좋은 질문이네요. 많은 사람들은 꿈을 가지고 있고, 물건을 사고 싶어 하고, 사치품을 가지고 싶어 하는 욕심을 가지고 있습니다. 음, 그들 중 몇몇은 돈이 없어서 살 형편이 안 돼요. 하지만 저는 사람들이 사치스러운 삶을 살기 위해 물건을 사는 꿈을 가지고 있다고 생각해요.

E 그리고 당신은 오늘날 돈을 빌리는 것이 너무 쉽다고 생각하나요?

C 외상으로 물건을 살 수 있기 때문에 쉽다고 생각합니다. 어, 오늘날은 아주 편리해요, 어...

E 그리고 당신은 젊은 사람들이 나이든 사람들보다 신용카드를 더 많이 사용한다고 생각합니까?

C 신용카드는 나이든 사람들보다 젊은 사람들에게 더 편리해서 젊은 사람들이 더 많이 사용하는 듯해요. 신용카드는 모두에게 편리하지만, 주로 젊은 사람들을 위한 것이고, 젊은이들은 신용카드를 매우 좋아합니다.

E 그리고 너무 많은 돈을 빌리거나 너무 많은 신용을 사용할 때 생기는 문제에는 어떤 것들이 있을까요?

C 매우 높은 이자율을 내게 되는데, 이것은 은행에 지불하는 돈이 더 많아진다는 뜻이죠. 문제가 있는데, 그것은 이자를 지불할 수 없고 파산한다면, 네 그것은 젊은 세대들의 문제입니다.

E 그럼 너무 많은 신용카드를 가지고 있는 것을 추천하지 않으세요?

C 네, 신용카드를 너무 많이 가지라고 권하지 않을 것 같아요.

E 그러면 젊은이들은 신용카드를 사용하는 것 보다, 저축을 해야 할까요?

C 그런 것 같아요. 그리고 이것은 젊은 사람들만을 위한 것이 아니라, 모든 사람들이 신용카드를 사용하기보다 저축을 해야한다고 생각해요.

E 하지만 우리는 소비자 사회에서 살고 있어요. 자, 이제 소비자주의에 대해 조금 이야기해 보겠습니다. 광고와 광고의 양은 사람들의 소비 선택에 어느 정도 영향을 미칩니까?

C 저는 많은 광고들이 사람들이 무엇을 사야 하는지, 특히 젊은 세대들의 선택에 영향을 준다고 생각합니다. 젊은 사람들은 새로운 것을 시도하는 것을 좋아하고, 이것을 광고 회사들은 공략적함으로써 매우 효과적인 광고들을 만듭니다.

E 요즘 이런 광고들은 어디서 하나요?

C 주로 인터넷과 TV 에서 찾아볼 수 있습니다.

E 어떤 종류의 광고들이 정기적으로 광고되고 있는지......

C 젊은 세대는 주로 사치품에 빠지고, 구매하고, 소비합니다.

E 어떠한 제품들이 TV 에서 자주 광고되나요?

C 가정용품, 주방용품, 그리고 다른 많은 제품들이 광고됩니다.

E 그리고 제품들 몇몇은 꽤 비쌉니다. 비싼 물건들이 항상 최고의 품질을 가지고 있다고 생각하십니까?

C 반드시 그렇다고 생각하지 않습니다. 그러나 대부분의 사람들은 비싼 제품들이 더 좋은 품질을 가지고 있다고 생각해서 구매합니다. 이렇게 말했지만 비싼 제품들 중 좋은 품질의 물건들이 있습니다. 하지만 꼭 그런 것은 아닙니다.

E 비싼 물건을 갖고 있으세요?

C 아니요, 아무것도 없습니다. 내가 쓰는 물건들 중에서는, 음 뭐였더라, 노트북 외에는 비싼 물건이 없습니다.

E 네.

C 제 노트북은 비싼 물건이고, 좋은 제품이면서 품질도 좋고, 현재 저는 제 노트북을 5년째 사용하고 있습니다.

E 노트북을 구매할 때 왜 그 브랜드를 선택하셨나요?

C 사실 특정 브랜드를 선택하지 않았고, 판매자들이 브랜드를 고르는 것을 도와줬습니다.

E 네.

C 왜냐하면 판매자들이 그 특정 브랜드가 더 믿을 만하다고 생각했고, 사실이기 때문이죠.

E 그리고 5 년뒤 당신은 증명할 수 있네요.

C 네 아직도 가지고 있습니다.

E 그리고 사람들은 과거보다 더 많은 사치품을 사나요?

C 그러는 것 같습니다. 사람들이 그런다고 생각합니다. 대부분의 사람들은 사치품을 삽니다. 다시 말하지만, 이것은 젊은 세대에서 매우 흔합니다. 오늘날 젊은 사람들은 과거보다 더 많은 사치품을 구입합니다. 왜냐하면 사치품 구매가 더 쉬워서 그럴수도 있지요. 몇몇 광고회사들은 사치품들을 쉽게 살 수 있는 특정한 단체의 사람들을 끌어들이는 방식으로 광고를 합니다. 네.

E 좋습니다. 정말 감사합니다.

C 감사합니다.

T E S T 4

PART 1

E 자 그럼 성함을 전체 다 말해주실 수 있나요?

C Margaret Shovelton 입니다.

E 감사합니다. 저는 Robert McLarty 입니다. 지금부터 우리는 주말들에 대해서 대화할 것입니다. Margaret. 혹시 주말에 많이 바쁘신가요?

C 네, 꽤 바쁩니다. 음… 저는 휴식과 음.. 정원일과 집안일 사이에서 균형을 잡는 거 같아요.

E 그럼 혹시 주말에 능동적인 것을 좋아하십니까, 수동적인 것을 좋아하십니까?

C 저는 둘의 조화를 좋아합니다. 따라서 저는 토요일 아침에는 침대에 누워서 책도 읽고 아침도 먹지만, 한번 일어나면 그때부터 부단하게 움직여서 집을 리모델링하고, 물건들을 만듭니다.

E 그러면 주로 활동적이실 때 무엇을 하시나요? 어떤 활동을 하시나요?

C 음… 요즘은 제 정원에 울타리를 만들고 있어요. 매우 중요한 일이지요. 아 그리고 얼마 전에 문을 만들었어요. 차고 문 말이죠. 아, 그리고 정원일을 많이 합니다. 특히 잡초 제거를 많이 하죠. 뉴질랜드 같은 날씨에서는, 식물들은 정말 빠르게 자란답니다.

E 아하, 밖에서는 매우 능동적이시군요. 그렇다면 실내 취미 활동은 없으신가요?

C 비슷한 일들이죠 거의. 집 보수 공사하고, 바닥 공사하고, 페인트칠하고, 벽지 붙이고. 아 그렇지만, 저 바느질이랑, 음… 독서를 매우 좋아합니다.

E 독서 좋아하시나요? 영화는 혹시 안 보시나요?

C 영화도 봅니다. 최근에 아이를 가져서 이전에 비해서는 그렇게 많이 보는 편은 아니지만, 그렇지만 아이들 영화를 많이 봤던 거 같네요.

E 좋아요, 그러면 영화에 대해서 좀 얘기해봅시다. 음… 본인이 아이들이랑 영화 본다고 하셨는데, 집에서 보시는 것을 즐기시나요, 영화관 가서 보시는 것을 즐기시나요?

C 음… 우리는 영화관 가는 것을 매우 즐기는데, 문제는, 뉴질랜드에 영화 보는 비용이 매우 비싸요, 특히 군것질을 사달라고 하는 아이들과 같이 간다면요. 영화표랑 간식, 음료까지 다 사고 나면 $50 정도 사용하게 되는데, 이는 특별한 날에만 가능합니다. 음.. 그 이외에는 DVD나 Netflix를 통해 영화를 많이 본답니다.

E 아하, 그렇다면 집에서 영화 보는 것과 밖에서 영화 보는 것의 차이는 무엇일까요?

C 음… 영화관에서는 더 집중이 됩니다. 영화관 안이 어두워서 밝은 스크린에만 집중하게 되는 거죠. 더 큰 화면이랑 더 큰 음향도 있으며, 또 저는 옆에 있는 사람이랑 더 친밀해질 수 있다고 생각합니다. 집에서 영화를 볼 때에는 사람들이 멀리 떨어져 있고 딴 짓을 하게 되면 산만해져서 집중하기 힘들죠. 어찌되었든 더 친밀도도 높고, 즐길 거리가 많은 곳이 영화관입니다.

E 좋아요, 그러면 어떤 스타일의 영화를 좋아하시나요?

C 음… 저는 다 좋아합니다. 별로 개의치 않아요. 코미디 장르도 좋아하며, 사극이나 역사 소설들도 매우 좋아합니다.

E 아하.

C 유일하게 안 보는 장르는 공포물이네요.

E 아하.

C 제가 싫어해서는 아니고, 겁이 많아서 그렇습니다. 너무 오래 기억에 남아요.

E 그리고 같은 영화를 한번 이상 보시나요?

C 음…네, 그러나 요즘은 덜하죠.

E 아하.

C 제가 정말로 하고 싶은 것은, 제가 어린 시절 보았던 영화, 특히 옛날 흑백 전쟁 영화와 같은 것들을 다시 보는 것입니다. 그러나 비디오 샵들이 요즘 사라져서 그것들을 볼 기회가 없네요.

E 그렇다면 오래된 영화를 좋아하시나요, 옛날 영화를 좋아하시나요, 아니면 둘 다 좋아하나요?

C 제 생각에는 둘 다 좋아하는 거 같습니다. 저는 어렸을 때도 오래된 영화를 좋아했어요. 30년대 40년대 영화들이었죠. 음… 그러나 이미 말했듯, 요즘은 그런 영화들을 볼 기회가 많이 사라졌어요. Netflix는 최신 영화, 그리고 미국 영화만 있기 때문에 좀 더 선택의 제한이 있습니다. 그렇지만 전 최신 영화를 좋아합니다. 어제 밤에도 재미있는 영화 한 편을 봤어요.

E 그렇군요. 이로서 part 1을 마치겠습니다.

PART 2

E 자, 그럼 part2에서 저는 당신에게 카드에 적힌 것에 대해서 말해보라고 지시를 할 것입니다. 거기에는 이렇게 적혀 있습니다: 당신이 최근에 본 가장 좋아하는 영화나 TV 쇼에 대해서 얘기해주세요. 당신은 약 1분의 생각할 시간을 가진 후, 1-2분 정도 주제에 대해서 얘기하시면 됩니다.

C 흠… 알겠습니다.

E 좋아요, 시간이 다 끝났습니다. 자 그럼, 당신이 제일 좋아하는 영화나 TV 쇼에 대해서 말씀해주십시오.

C 음…. 어제 밤에 저는 우연히 영화를 보러 갔습니다. 저는 원래 친구와 함께 가기로 약속되어 있었는데, 그녀가 앓아 눕는 바람에 아들과 애 아빠와 함께 갔습니다. 우리는 보헤미안 랩소디를 보러 갔는데, 그 작은 음…. 아 케임브리지에 있는 Rialto 시네마라는 곳에 가서 봤습니다. 매우, 매우 좋았어요. 영화관 의자 대신에 소파가 있으며, 와인 한잔 마시면서 영화를 볼 수 있었죠.

E 내용은 무엇이었나요?

C 저는 한동안 보헤미안 랩소디를 보고 싶어 했죠. 그것은 퀸에 관한 영화였습니다. 퀸은 결코 제가 좋아하는 밴드가 아니었지만, 저는 항상 프레디 머큐리를 매우 좋아했으며, 이 영화 역시 프레디 머큐리에 관한 영화인 줄 알았습니다. 그러나 실제로는 전체 밴드와 그들의 진보에 관한 내용이었습니다. 점점 더 큰 성공과 그들의 상호 관계, 어떻게 프레디 머큐리가 밴드와 분리되었는지, 그리고 어떻게 재결합하게 되었는지에 대해서 다룹니다.

E 그렇군요.

C 배경은 1970년에 시작됩니다. … 사실 저는 이것이 그리 오래 전 일인지는 알지도 못했죠. 그는 91년에 세상을 떠났고, 영화는 영국을 배경으로 했으며 프레디 머큐리는 1970년 히드로 공항에서 수하물 처리 업체에서 일하기 시작했고, 지역 대학 밴드에 합류하였습니다. 점점 커지고 커져서 투어들을 돌고 Live Aid로 끝내며 긍정적인 엔딩을 보여줍니다. 그 이후에 분명히 그의 인생은 꽤 슬퍼 졌기 때문입니다. 음, 주연 배우가 라미 아, 이름이 기억 안 나네요..

E 괜찮습니다.

C 그에 대해서 들은 것은 없으나, 공교롭게 이들은 Emmy 상을 수상했다고 들었습니다. 그러나 그는 명백하게 상을 받을 자격이 있습니다. 너무 훌륭했습니다. 그는 내가 기억하고 있는 Freddie Mercury를 정확하게 재연했고, 노래와 연기 모두 뛰어났습니다. 그의 존재는 주목할 가치가 있었습니다. 음 .. 그래서 ..

E 그러면 다 연기자들이었단 말인가요?

C 네, 제가 추측하건데 실제로 노래도 불렀던 거 같습니다.

E 그렇군요.

C 음, 하지만, 확실하지 않습니다. 아, Mike Myers도 실제로 영화에 출연했습니다. 그가 어떤 카메오 역할을 했는지 알아내려고 했는데, 그는 밴드가 예술적인 길을 따라 가지 못하게 해서 그들을 잃은 음반 제작자였습니다. 음... 너무나도 놀라웠습니다. 마지막 20분은 20분짜리 Live Aid로 기억합니다. 하지만 그 당시에는 학생이었음에도 불구하고 실제로는 본 적은 없었습니다.

E 왜 그 영화가 그렇게 좋았나요?

C 그냥.. 음악이 너무 좋았어요. 저는 제가 그들의 노래를 그렇게 많이 알고 있다는 사실을 인지하지 못했습니다. 음... 그리고 새로운 노래가 올 때마다 저는 "음, 그 노래를 잊고 있었

구나."라고 생각했습니다. 그래서 좋았어요. 캐릭터도 ... Freddie Mercury, 엄청 존재감이 컸죠. 저는 그에 대해 더 많이 알고 싶었습니다. 저는 다른 밴드 멤버들에 대해 사실은 많이 알지 못했는데, Mercury 가 4 명의 밴드 멤버들 사이에서 균형이 잡혀서 좋았습니다. 그래서인지 다른 밴드 멤버들에 관해서도 뭔가 더 알고 싶었어요. 그리고 공연은 너무 훌륭했습니다. 시간이 엄청 빨리 지나갔고, 제 아들도 그 영화를 너무 좋아했습니다. 우리는 영화가 처음에는 아들이 봐도 되는지 확신할 수 없었습니다만, 저희 아이는 마침 드럼을 배우고 있었고, 그는 Queen 의 드러머를 보고 감동을 받았어요. 그리고 그 사람의 연주 스타일을 카피하고 싶다고 생각하더라고요.

PART 3

E   훌륭합니다. 이로써 part 2 는 끝났습니다. Part 3 에서 우리는 여가에 대해서 조금 더 얘기해보겠습니다. 먼저 영화관에 대해서 얘기해보겠습니다. 당신의 나라에서는 영화관이 아직 대중적인가요?

C   놀랍게도 그렇네요. 당신이 Netflix 나 Light box 에 대해서 생각하신다면 그렇지 않을 거라고 생각하실 수도 있는데, 실제로 영화관이나 멀티 플렉스 같은 곳에 가면 사람들이 엄청 많고, 특히 아이들 영화에 사람들이 많습니다. 그리고…

E   그렇다면 왜 영화관들은 아직 이렇게 대중적일가요?

C   제 생각에는, 전에도 언급했듯이, 사람들이 특별한 날에 영화관을 많이 찾아가는 것 같아요. 그저 영화만 보는 것이 아니라, 가족 행사로서 말이죠. 음… 그리고 이는 매우 색다른 경험을 제공해줍니다. 특히 요즘 영화관들은 스크린도 크고 사람들이 빨려 들어갈 수 있도록 하니까요. 몇 년 전에 친구 한 명이 영화 수업을 들었는데, 영화에 빨려 들어가기 위해 항상 첫째 줄이나 두번째 줄에 앉았다고 합니다. 저도 이를 경험하기 위해 항상 첫째나 두번째 줄에 앉게 되었고, 이로 인한 경험은 너무나도 특별했습니다. TV 보는 것과는 완전 다릅니다.

E   그렇다면 당신은 어린 아이들이 영화관을 많이 간다고 했는데, 나이가 많은 사람들은 어떠한가요? 이들도 비슷한 경향을 갖고 있나요?

C   저는 뉴질랜드에서 저보다 나이 많은 사람들을 개인적으로 많이 알지 못합니다. 음… 그러나 제가 본 것을 바탕으로 말할 때, 영화관에는 주로 어린 아이들과 ….

E   그들의 부모 말씀하시는 거죠?

C   10 대들과 아이들의 부모들을 말하는 겁니다. 주로 나이 많은 사람들은 안 보이지만, 그들은 따로 받을 수 있는 혜택이 있으므로 아마 다른 시간대에 가는 것이 아닐까 싶습니다.

E   그렇다면 영화관들이 손님을 끌기 위해서 할 수 있는 일은 무엇이 있을까요?

C   제 생각에 핵심 방안은 값을 저렴하게 바꾸는 것입니다.

E   네?

C   왜냐하면 많은 사람들이 가격 문제로 자주 못 찾기 때문이죠. 요즘은 특별 행사들이 있죠. 그리고 그 행사날에 맞추고 조건에 맞는 카드를 갖고 가서 결제해도, 너무 비쌉니다. 따라서, 그들이 더 좋은 할인 아이템을 제시할 수 있다면 더 많은 사람들이 영화관을 찾을 것 같습니다.

E   좋습니다.

C   Cambridge 의 Rialto 영화관과 같이 작은 부티크 영화관은 조금 더 비싸지만, 포근한 이불을 덮은 듯, 좋은 분위기를 자아냅니다.

E   매우 좋네요.

C   그리고 와인 한 잔과 함께, 이는 너무나도 포근한 경험이며, 사람들도 소파에 앉아서 그런지 더 대화를 나누는 경향이 있습니다

E   좋아요.

C   그리고 영화에 대해 평가를 하는데, 소통하는 모습이 보기 좋습니다.

E   그렇다면 영화관들은 당연하게도 온라인 매체들과 경쟁을 하고 있으니, 온라인 매체를 얘기하면서 마무리하도록 하겠습니다. 영화관에 대해서 말씀하셨는데, 온라인 매체를 통한 장점은 무엇이 있을까요?

C   매우 저렴하다는 것입니다. 제가 계속 돈 얘기 꺼내는 것을 알고 있지만, Netflix 는 매우 저렴하여 다른 사람들과 아이디를 공유해도 월 $7.5 정도 밖에 안 나갑니다. 그에 관한 많은

것들은 별로기는 하지만, 의지만 있다면 정말 좋은 컨텐츠들이 많습니다. 음… 저는 Youtube 를 통해 검색을 하는것이 좀 짜증스러운데요, 가끔씩은 무언가를 찾았다는 기쁨이 생기다가도, 어떠한 이유로 영상이 지워진 것을 확인하면 화가 날 수밖에 없습니다. Youtube 음…

E   온라인으로 무언가를 볼 때 돈 낼 것을 감안하시나요?

C   좋은 질문입니다. 저는 최대한 피하려고 합니다. 평소 같으면 '돈이야 뭐 기꺼이 낼 수 있지'라고 생각할 수 있지만, 막상 제 카드 번호와 제 돈을 주는 상대가 누구인지 확실히 모를 때에는 조금 불편합니다. Netflix 는 이런 면에서 매우 안심이 됩니다.

E   혹시 관람하실 때 광고가 나오는 것을 좋아하시나요?

C   아니요, 저는 광고가 나오는 것을 질색합니다. 이유는 음… 제가 TVNZ On Demand 를 한동안 봤었는데, 어느 시점부터 광고들이 매우 거슬리더라구요. 저는 차라리 광고없는 DVD 를 사서 끊김 없이 보겠어요.

E   DVD 가게에서 말이죠?

C   네. 온라인에서, 특히 그 Mighty Ape 이라는 온라인 가게에서요. 네, 저는 아직도 DVD 를 꽤 사서 보네요. 그리고 창고 같은 곳에서 이들은 엄청 저렴해요.

E   광고도 없고요?

C   광고도 없죠.

E   감사합니다. Margaret.

C   아닙니다. 고생하셨습니다.

Secret Career를 보유한 현지 IELTS 전문가들과
ed:m education 연구진들이 함께 IELTS에 대한 연구를 오랜시간 진행해 왔습니다.

최고의 교육컨텐츠가 만들어지고
여러분이 학습하기까지 ed:m이 기울이는 노력들을 소개합니다.

ed:m 어학연구소

01 끊임없는 연구와 국제 교류

국내외 IELTS 전문가들과의 지속적인 교류를 통해 IELTS 교수법, 시험출제, 채점의도 등을 연구합니다.

02 커리큘럼 선정

강의와 교재에만 의존하지 않고 출제/채점기준에 맞춰 커리큘럼을 추가하거나 빠른 학습진행을 위해 커리큘럼을
기획하여 최적의 학습과정을 위한 뼈대를 만듭니다.

03 컨텐츠 내용 구성

커리큘럼에 따라 더 좋은 학습 방법을 연구해 최적의 컨텐츠 내용을 구성합니다.

04 최종 컨텐츠 검증

최종 구성된 컨텐츠는 국내외 IELTS 전문가들과 다시 한번 논의를 하여 적합성 여부를 확인하고 빠르고 효과적으로
학습할 수 있도록 2차 검증을 진행합니다.

최고의 ed:m IELTS 컨텐츠를
지금 확인해보세요.

www.edmclass.com

ed:m IELTS
Please complete all required fields.

IELTS Listening Answer Sheet

Centre number :

Test date (shade ONE box for the day, ONE box for the month and ONE box for the year.)

Day : 01 02 03 04 05 06 07 08 09 10 11 12 13 14 15 16 17 18 19 20 21 22 23 24 25 26 27 28 29 30 31

Month : 01 02 03 04 05 06 07 08 09 10 11 12   Last 2 digits of the Year : 19 20 21 22 23 24 25 26 27 28

1		V X	21		V X
2		V X	22		V X
3		V X	23		V X
4		V X	24		V X
5		V X	25		V X
6		V X	26		V X
7		V X	27		V X
8		V X	28		V X
9		V X	29		V X
10		V X	30		V X
11		V X	31		V X
12		V X	32		V X
13		V X	33		V X
14		V X	34		V X
15		V X	35		V X
16		V X	36		V X
17		V X	37		V X
18		V X	38		V X
19		V X	39		V X
20		V X	40		V X

Total Score		Band Score	

ed:m IELTS

Please complete all required fields.

Centre number :

Test date (shade ONE box for the day, ONE box for the month and ONE box for the year.)

Day : 01 02 03 04 05 06 07 08 09 10 11 12 13 14 15 16 17 18 19 20 21 22 23 24 25 26 27 28 29 30 31

Month : 01 02 03 04 05 06 07 08 09 10 11 12   Last 2 digits of the Year : 19 20 21 22 23 24 25 26 27 28

1		v x	21		v x
2		v x	22		v x
3		v x	23		v x
4		v x	24		v x
5		v x	25		v x
6		v x	26		v x
7		v x	27		v x
8		v x	28		v x
9		v x	29		v x
10		v x	30		v x
11		v x	31		v x
12		v x	32		v x
13		v x	33		v x
14		v x	34		v x
15		v x	35		v x
16		v x	36		v x
17		v x	37		v x
18		v x	38		v x
19		v x	39		v x
20		v x	40		v x

| Total Score | | Band Score | |

ed:m IELTS

Please complete all required fields.

IELTS Writing Answer Sheet - TASK 1

Candidate Name		ID	

Module (shade one box) : Academic ☐ General Training ☐

Teacher	
Current score	
Submission date	

Target score	
Use time	

Test date

D	D	M	M	Y	Y	Y	Y

Do not write below this line

238

ed:m IELTS

Please complete all required fields.

Candidate Name		ID	

Module (shade one box) :   Academic ☐   General Training ☐

Test date

D	D		M	M		Y	Y	Y	Y

Teacher	
Current score	
Submission date	

Target score	
Use time	

ed:m IELTS
Please complete all required fields.

Centre number :

Test date (shade ONE box for the day, ONE box for the month and ONE box for the year.)

Day : 01 02 03 04 05 06 07 08 09 10 11 12 13 14 15 16 17 18 19 20 21 22 23 24 25 26 27 28 29 30 31

Month : 01 02 03 04 05 06 07 08 09 10 11 12   Last 2 digits of the Year : 19 20 21 22 23 24 25 26 27 28

1		V X	21		V X
2		V X	22		V X
3		V X	23		V X
4		V X	24		V X
5		V X	25		V X
6		V X	26		V X
7		V X	27		V X
8		V X	28		V X
9		V X	29		V X
10		V X	30		V X
11		V X	31		V X
12		V X	32		V X
13		V X	33		V X
14		V X	34		V X
15		V X	35		V X
16		V X	36		V X
17		V X	37		V X
18		V X	38		V X
19		V X	39		V X
20		V X	40		V X

Total Score		Band Score	

ed:m IELTS

Please complete all required fields.

IELTS Reading Answer Sheet

Centre number :

Test date (shade ONE box for the day. ONE box for the month and ONE box for the year.)

Day : 01 02 03 04 05 06 07 08 09 10 11 12 13 14 15 16 17 18 19 20 21 22 23 24 25 26 27 28 29 30 31

Month : 01 02 03 04 05 06 07 08 09 10 11 12   Last 2 digits of the Year : 19 20 21 22 23 24 25 26 27 28

1		✓ ✗	21		✓ ✗
2		✓ ✗	22		✓ ✗
3		✓ ✗	23		✓ ✗
4		✓ ✗	24		✓ ✗
5		✓ ✗	25		✓ ✗
6		✓ ✗	26		✓ ✗
7		✓ ✗	27		✓ ✗
8		✓ ✗	28		✓ ✗
9		✓ ✗	29		✓ ✗
10		✓ ✗	30		✓ ✗
11		✓ ✗	31		✓ ✗
12		✓ ✗	32		✓ ✗
13		✓ ✗	33		✓ ✗
14		✓ ✗	34		✓ ✗
15		✓ ✗	35		✓ ✗
16		✓ ✗	36		✓ ✗
17		✓ ✗	37		✓ ✗
18		✓ ✗	38		✓ ✗
19		✓ ✗	39		✓ ✗
20		✓ ✗	40		✓ ✗

Total Score		Band Score	

ed:m IELTS Please complete all required fields.

IELTS Writing Answer Sheet - TASK 1

Candidate Name _____ ID _____

Module (shade one box) : Academic ☐ General Training ☐

Test date

D	D	M	M	Y	Y	Y	Y

Teacher	
Current score	
Submission date	

Target score	
Use time	

Do not write below this line

ed:m IELTS

Please complete all required fields.

IELTS Writing Answer Sheet - TASK 2

Candidate Name		ID	

Module (shade one box) :   Academic ☐   General Training ☐

Test date

	D	D	M	M	Y	Y	Y	Y

Teacher	
Current score		Target score	
Submission date		Use time	

ed:m IELTS

Please complete all required fields.

Centre number :

Test date (shade ONE box for the day, ONE box for the month and ONE box for the year.)

Day : 01 02 03 04 05 06 07 08 09 10 11 12 13 14 15 16 17 18 19 20 21 22 23 24 25 26 27 28 29 30 31

Month : 01 02 03 04 05 06 07 08 09 10 11 12   Last 2 digits of the Year : 19 20 21 22 23 24 25 26 27 28

1		V X	21		V X
2		V X	22		V X
3		V X	23		V X
4		V X	24		V X
5		V X	25		V X
6		V X	26		V X
7		V X	27		V X
8		V X	28		V X
9		V X	29		V X
10		V X	30		V X
11		V X	31		V X
12		V X	32		V X
13		V X	33		V X
14		V X	34		V X
15		V X	35		V X
16		V X	36		V X
17		V X	37		V X
18		V X	38		V X
19		V X	39		V X
20		V X	40		V X

Total Score		Band Score	

ed:m IELTS

Please complete all required fields.

Centre number :

Test date (shade ONE box for the day. ONE box for the month and ONE box for the year.)

Day : 01 02 03 04 05 06 07 08 09 10 11 12 13 14 15 16 17 18 19 20 21 22 23 24 25 26 27 28 29 30 31

Month : 01 02 03 04 05 06 07 08 09 10 11 12   Last 2 digits of the Year : 19 20 21 22 23 24 25 26 27 28

#		v x	#		v x
1		v x	21		v x
2		v x	22		v x
3		v x	23		v x
4		v x	24		v x
5		v x	25		v x
6		v x	26		v x
7		v x	27		v x
8		v x	28		v x
9		v x	29		v x
10		v x	30		v x
11		v x	31		v x
12		v x	32		v x
13		v x	33		v x
14		v x	34		v x
15		v x	35		v x
16		v x	36		v x
17		v x	37		v x
18		v x	38		v x
19		v x	39		v x
20		v x	40		v x

Total Score		Band Score	

ed:m IELTS

Please complete all required fields.

IELTS Writing Answer Sheet - TASK 1

Candidate Name		ID		

Module (shade one box) :   Academic ☐   General Training ☐

Test date

D	D	M	M	Y	Y	Y	Y

Teacher			
Current score		Target score	
Submission date		Use time	

_____

Do not write below this line

ed:m IELTS

Please complete all required fields.

Candidate Name		ID			Teacher	

Module (shade one box) : Academic ☐ General Training ☐

Current score		Target score	

Test date

D	D	M	M	Y	Y	Y	Y

Submission date		Use time	

ed:m IELTS

Please complete all required fields.

IELTS Listening Answer Sheet

Centre number :

Test date (shade ONE box for the day, ONE box for the month and ONE box for the year.)

Day : 01 02 03 04 05 06 07 08 09 10 11 12 13 14 15 16 17 18 19 20 21 22 23 24 25 26 27 28 29 30 31

Month : 01 02 03 04 05 06 07 08 09 10 11 12   Last 2 digits of the Year : 19 20 21 22 23 24 25 26 27 28

#		V X	#		V X
1			21		
2			22		
3			23		
4			24		
5			25		
6			26		
7			27		
8			28		
9			29		
10			30		
11			31		
12			32		
13			33		
14			34		
15			35		
16			36		
17			37		
18			38		
19			39		
20			40		

Total Score		Band Score	

ed:m IELTS Please complete all required fields.

IELTS Reading Answer Sheet

Centre number :

Test date (shade ONE box for the day, ONE box for the month and ONE box for the year.)

Day : 01 02 03 04 05 06 07 08 09 10 11 12 13 14 15 16 17 18 19 20 21 22 23 24 25 26 27 28 29 30 31

Month : 01 02 03 04 05 06 07 08 09 10 11 12   Last 2 digits of the Year : 19 20 21 22 23 24 25 26 27 28

1	v x	21	v x
2	v x	22	v x
3	v x	23	v x
4	v x	24	v x
5	v x	25	v x
6	v x	26	v x
7	v x	27	v x
8	v x	28	v x
9	v x	29	v x
10	v x	30	v x
11	v x	31	v x
12	v x	32	v x
13	v x	33	v x
14	v x	34	v x
15	v x	35	v x
16	v x	36	v x
17	v x	37	v x
18	v x	38	v x
19	v x	39	v x
20	v x	40	v x

Total Score		Band Score	

ed:m IELTS

Please complete all required fields.

IELTS Writing Answer Sheet - TASK 1

Candidate Name		ID	

Module (shade one box) :   Academic ☐   General Training ☐

Test date

D	D	M	M	Y	Y	Y	Y

Teacher	
Current score	
Submission date	

Target score	
Use time	

Do not write below this line

ed:m IELTS

Please complete all required fields.

Candidate Name		ID	

Module (shade one box) : Academic ☐ General Training ☐

Test date

D	D	M	M	Y	Y	Y	Y

Teacher	
Current score		Target score	
Submission date		Use time	

Note

Note

Note

Note